Wissenschaftliche(s) Arbeiten
in den Wirtschaftswissenschaften

Jan Goldenstein · Michael Hunoldt ·
Peter Walgenbach

Wissenschaftliche(s) Arbeiten in den Wirtschaftswissenschaften

Themenfindung – Recherche – Konzeption – Methodik – Argumentation

Jan Goldenstein
Lehrstuhl für ABWL/Organisation,
Führung und HRM
Friedrich-Schiller-Universität Jena
Jena, Deutschland

Peter Walgenbach
Lehrstuhl für ABWL/Organisation,
Führung und HRM
Friedrich-Schiller-Universität Jena
Jena, Deutschland

Michael Hunoldt
Lehrstuhl für ABWL/Organisation,
Führung und HRM
Friedrich-Schiller-Universität Jena
Jena, Deutschland

ISBN 978-3-658-20344-3   ISBN 978-3-658-20345-0 (eBook)
https://doi.org/10.1007/978-3-658-20345-0

Die Deutsche Nationalbibliothek verzeichnet diese Publikation in der Deutschen
Nationalbibliografie; detaillierte bibliografische Daten sind im Internet über http://dnb.d-nb.de
abrufbar.

Springer Gabler
© Springer Fachmedien Wiesbaden GmbH, ein Teil von Springer Nature 2018
Das Werk einschließlich aller seiner Teile ist urheberrechtlich geschützt. Jede Verwertung, die
nicht ausdrücklich vom Urheberrechtsgesetz zugelassen ist, bedarf der vorherigen Zustimmung
des Verlags. Das gilt insbesondere für Vervielfältigungen, Bearbeitungen, Übersetzungen,
Mikroverfilmungen und die Einspeicherung und Verarbeitung in elektronischen Systemen.
Die Wiedergabe von Gebrauchsnamen, Handelsnamen, Warenbezeichnungen usw. in diesem
Werk berechtigt auch ohne besondere Kennzeichnung nicht zu der Annahme, dass solche Namen
im Sinne der Warenzeichen- und Markenschutz-Gesetzgebung als frei zu betrachten wären und
daher von jedermann benutzt werden dürften.
Der Verlag, die Autoren und die Herausgeber gehen davon aus, dass die Angaben und
Informationen in diesem Werk zum Zeitpunkt der Veröffentlichung vollständig und korrekt sind.
Weder der Verlag noch die Autoren oder die Herausgeber übernehmen, ausdrücklich oder
implizit, Gewähr für den Inhalt des Werkes, etwaige Fehler oder Äußerungen. Der Verlag bleibt
im Hinblick auf geografische Zuordnungen und Gebietsbezeichnungen in veröffentlichten Karten
und Institutionsadressen neutral.

Gedruckt auf säurefreiem und chlorfrei gebleichtem Papier

Springer Gabler ist ein Imprint der eingetragenen Gesellschaft Springer Fachmedien Wiesbaden
GmbH und ist ein Teil von Springer Nature.
Die Anschrift der Gesellschaft ist: Abraham-Lincoln-Str. 46, 65189 Wiesbaden, Germany

Vorwort

Dieses Buch richtet sich an Studierende der Wirtschaftswissenschaften, und hier insbesondere der Managementwissenschaften. Warum aber ist es überhaupt notwendig, ein weiteres Buch zum wissenschaftlichen Arbeiten vorzulegen, da es doch bereits eine Vielzahl von Büchern, Ratgebern und Leitfäden zu diesem Thema gibt? Ein Grund liegt darin, dass unserer Wahrnehmung nach bis dato keine Einführung in das wissenschaftliche Arbeiten in den Managementwissenschaften existiert, welche Studierenden an konkreten Beispielen veranschaulicht, wie bspw. Literaturübersichtsarbeiten oder empirische Studien praktisch umgesetzt werden können, und dabei illustriert, was gute wissenschaftliche (Abschluss-)Arbeiten ausmacht. Das vorliegende Buch soll deshalb als Lehrtext dienen, um die wesentlichen Kernbausteine wissenschaftlichen Arbeitens sowie deren praktische Umsetzung nachvollziehen und umsetzen zu können.

Ein weiterer Grund, warum wir uns entschieden haben, dieses Buch zu schreiben, ist ein eher persönlicher. Im Rahmen der zahlreichen Abschlussarbeiten, die wir bislang betreut haben, kam bei uns eine zunehmende Unzufriedenheit auf. Diese Unzufriedenheit resultierte zum einen daraus, dass wir losgelöst vom spezifischen Thema einer Abschlussarbeit mit den immer gleichen Fragen, Problemen und Unsicherheiten von Seiten der Studierenden konfrontiert wurden. Zum anderen hat sich unsere Betreuungsleistung jedoch nicht zwingend in besseren Ergebnissen der Abschlussarbeiten niedergeschlagen. Wir möchten hierbei betonen, dass Letzteres gewiss nicht am Unvermögen der Studierenden lag, sondern vielmehr daran, dass die Betreuung durch die repetitive Beantwortung immer gleicher formaler Fragen nicht zum eigentlichen inhaltlichen Kern vordringen konnte, welcher wissenschaftliches Arbeiten spannend und abwechslungsreich macht.

Wir haben uns daher die Frage gestellt, wie es uns gelingen kann, Studierenden in kondensierter Form das notwendige Rüstzeug für das erfolgreiche Verfassen einer wissenschaftlichen Abschlussarbeit zu vermitteln. Die Antwort auf diese Frage halten Sie gerade in der Hand. Dieses Buch und die intensive Beschäftigung damit, so ist unsere Überzeugung, ermöglicht es, die Betreuung wieder stärker auf die eigentlich wichtigen Aspekte von Abschlussarbeiten auszurichten: die inhaltlichen und kreativen Elemente. Wissenschaft lebt davon, Neues zu entdecken und zu erforschen. Wir meinen, dass eine solche Fokussierung in der Betreuung daher eine gezieltere Hilfestellung bei der Bearbeitung des spezifischen Themas ermöglicht und sich dies schlussendlich in der Qualität der Arbeit niederschlagen sollte.

Darüber hinaus sind wir davon überzeugt, dass Kenntnisse wissenschaftlichen Arbeitens, wie wir sie in diesem Buch vermitteln, für Studierende auch im Rahmen ihrer späteren Berufspraxis (z. B. in Unternehmen) relevant sind. Wissenschaft basiert zu nicht unerheblichen Teilen auf systematischem und analytischem Arbeiten. Gleiches gilt für die Praxis. Diese Fähigkeit zu besitzen ist aus unserer Sicht essentiell für den Typus des reflektierten Praktikers, welchen wir hoffen durch das Studium der Managementwissenschaften hervorbringen zu können.

Den Studierenden und Kollegen, welche auf die eine oder andere Weise zu diesem Buch beigetragen haben, sind wir zu großem Dank verpflichtet. Insbesondere danken wir unseren Kollegen *Sebastian Händschke* und *Simon Oertel* für ihre wertvollen Ratschläge und ihre substanzielle Unterstützung in drei Kapiteln dieses Buches. Weiterhin zu nennen sind die Studierenden, die am „*Kolloquium Wissenschaftliches Arbeiten*" an der Friedrich-Schiller-Universität Jena teilgenommen haben, in dem wir große Teile des hier vorliegenden Textes erprobt und, auf Basis des studentischen Feedbacks, überarbeitet haben. Zu danken haben wir auch *Peter Ellwein* und *Elena Saal*, die mit viel Engagement den Text sowie sämtliche Abbildungen und Tabellen auf inhaltliche Unklarheiten durchgesehen haben.

Jena, im November 2017   Jan Goldenstein, Michael Hunoldt und
                                                      Peter Walgenbach

Inhaltsverzeichnis

1 **Grundlagen wissenschaftlichen Arbeitens** 1
   1.1 Worum es in diesem Buch geht 1
   1.2 Was heißt es, Wissenschaft zu betreiben? 3
   1.3 Charakteristika wissenschaftlichen Arbeitens 4
   1.4 Typen wissenschaftlicher Arbeiten 6
   1.5 Wissenschaftliches Arbeiten als Prozess 8
   Literatur 11

2 **Entwicklung und Konkretisierung einer Forschungsidee** 13
   2.1 Am Anfang war die Forschungsidee... 13
   2.2 Wege zur Forschungsidee 16
      2.2.1 Rückgriff auf bereits erfolgte Literaturaufarbeitungen .. 16
      2.2.2 Generierung von Forschungsideen aus der bestehenden Literatur zu einem Thema in Ihrem Fachbereich 18
      2.2.3 Entwicklung der Forschungsidee aus einem Theorie-Praxis-Abgleich 20
   2.3 Weiter zur Forschungsfrage 24
   2.4 Hilfe auf dem Weg zur Forschungsidee und -frage 25
   Literatur 27

3 **Theorien generieren, nutzen und testen** 29
   3.1 Die Rolle von Theorie 29
   3.2 Theorien in den Managementwissenschaften 34
   3.3 Grundpositionen wissenschaftlich-empirischer Forschung 37
      3.3.1 Vorbemerkungen 37
      3.3.2 Theorien generieren – Induktion 39

		3.3.3 Theorien testen – Deduktion	40
		3.3.4 Verhältnis Induktion – Deduktion	42
	3.4	Entwicklung eines übergeordneten Forschungsdesigns	43
	Literatur		45

4 Erfassung und Umgang mit relevanter wissenschaftlicher Literatur 49
- 4.1 Notwendigkeit zur Erfassung relevanter wissenschaftlicher Literatur 49
- 4.2 Arten wissenschaftlicher Literatur 52
- 4.3 Die Literaturrecherche 56
  - 4.3.1 Übergeordnete Rechercheschritte 56
  - 4.3.2 Rechercheplattform/-quellen 57
  - 4.3.3 Recherchestrategien 60
- 4.4 Die Literaturbeschaffung 62
- 4.5 Wie entscheide ich, ob „potenziell" relevante wissenschaftliche Literatur „tatsächlich" relevante Literatur ist? 65
- 4.6 Wie lese (und verstehe) ich relevante wissenschaftliche Literatur? 67
  - 4.6.1 Überblick 67
  - 4.6.2 Grobstruktur wissenschaftlicher Aufsätze 68
  - 4.6.3 Feinstruktur spezifischer Unterkapitel 69
- 4.7 Wie gehe ich mit der Vielzahl an wissenschaftlichen Veröffentlichungen zum Thema meiner Arbeit um? 72
- Literatur 73

5 Literaturübersichtsarbeiten sowie theoretisch-konzeptionelle Arbeiten 75
- 5.1 Literaturübersichtsarbeiten 75
  - 5.1.1 Charakterisierung verschiedener Arten von Literaturübersichtsarbeiten 75
  - 5.1.2 Narrative Review 77
  - 5.1.3 Systematic Literature Reviews und Meta-Analysen . . . 81
- 5.2 Theoretisch-konzeptionelle Arbeiten 85
  - 5.2.1 Was eine theoretisch-konzeptionelle Arbeit leistet 85
  - 5.2.2 Beispiel: Meyer und Rowan (1977) 85
  - 5.2.3 Kernbausteine einer theoretisch-konzeptionellen Arbeit . 86
  - 5.2.4 Ermunterung zur Theorieentwicklung in Abschlussarbeiten 88
- Literatur 89

6 Empirisch-qualitative Forschung 91
6.1 Was ist qualitative Forschung und wann ist sie sinnvoll? 91
6.2 Beispiel 1: Elsbach und Kramer (2003) 93
  6.2.1 Untersuchungsgegenstand und theoretischer Hintergrund 93
  6.2.2 Setting 94
  6.2.3 Interviews und Beobachtungen als Methoden zur Datenerhebung 95
  6.2.4 Datenanalyse mittels qualitativer Inhaltsanalyse 96
  6.2.5 Würdigung 97
6.3 Beispiel 2: Gephart (1997) 98
  6.3.1 Die Fallstudie 98
  6.3.2 Einen Analysefokus generieren 99
  6.3.3 Durchführung der Inhaltsanalyse 100
  6.3.4 Zusammenführung und Implikationen der Ergebnisse ... 101
6.4 Wissenschaftliches Schreiben im Kontext qualitativer Forschung 102
6.5 Gütekriterien qualitativer Forschung 103
Literatur 105

7 Empirisch-quantitative Forschung 107
7.1 Charakterisierung quantitativer Forschung 107
7.2 Entwicklung des Untersuchungsmodells 110
  7.2.1 Konstrukte und deren Operationalisierung 110
  7.2.2 Variablenarten 113
7.3 Festlegung des Forschungsdesigns 120
7.4 Ausgestaltung des Untersuchungssamples (Stichprobendesign) . 122
7.5 Methoden der Datenerhebung 125
7.6 Wahl geeigneter statistischer Verfahren 127
7.7 Statistiken und deren Interpretation 129
Literatur 133

8 Schreiben wissenschaftlicher Arbeiten 135
8.1 Aspekte wissenschaftlichen Schreibens 135
8.2 Übergeordnete Aspekte 136
  8.2.1 Schreibprozess 136
  8.2.2 Formalia und Textgestaltung 138
  8.2.3 Gliederung 143
  8.2.4 Argumentieren 144
  8.2.5 Zitieren 146

8.3	Kapitelspezifische Aspekte	151
	8.3.1 Einleitung	151
	8.3.2 Theorieteil	152
	8.3.3 Methodenteil	154
	8.3.4 Diskussion	156
Literatur		159
Anhang		161

Grundlagen wissenschaftlichen Arbeitens 1

> **Lernziele**
> Am Ende des Kapitels sollten Sie ...
>
> - Kenntnisse über die Charakteristika wissenschaftlichen Arbeitens erlangt haben.
> - die Typen wissenschaftlicher Arbeiten unterscheiden können.
> - eine Unterscheidung wesentlicher Prozessphasen wissenschaftlichen Arbeitens vornehmen können.

1.1 Worum es in diesem Buch geht

Im Verlauf Ihres Studiums wird von Ihnen gefordert, dass Sie wissenschaftliche Arbeiten in verschiedenen Formen verfassen. Neben Seminararbeiten sind dies vor allem Ihre Abschlussarbeiten (Bachelor- und Masterarbeit). Was aber kennzeichnet eine wissenschaftliche Arbeit und wie können Sie deren Charakteristika und Anforderungen in Ihrer Abschlussarbeit geeignet umsetzen?

Dieses Buch soll Ihnen Antworten auf diese elementaren Fragen liefern und Sie bei der Anfertigung Ihrer Abschlussarbeit unterstützen. Zudem möchten wir durch konkrete Beispiele und Handlungsanleitungen zum Ausprobieren anregen, denn wissenschaftliches Arbeiten kann, wie nahezu jede Tätigkeit, erlernt und geübt werden. Da das Verständnis wissenschaftlichen Arbeitens zwischen Wissenschaftsdisziplinen variiert, beziehen sich unsere Aussagen auf die Wirtschaftswissenschaften und im Speziellen auf die Managementwissenschaften in der Betriebswirtschaftslehre. Sie werden dies vor allem an den Beispielen bemerken, die wir in diesem Buch diskutieren und über die wir Ihnen die Praxis des wissenschaftlichen Arbeitens näherbringen wollen. Unter Managementwissenschaften in

© Springer Fachmedien Wiesbaden GmbH, ein Teil von Springer Nature 2018
J. Goldenstein et al., *Wissenschaftliche(s) Arbeiten in den Wirtschaftswissenschaften*,
https://doi.org/10.1007/978-3-658-20345-0_1

der Betriebswirtschaftslehre fassen wir insbesondere, aber nicht ausschließlich, die Themenfelder Organisation, Führung, Personal, Marketing, Strategisches Management sowie Internationales Management.

Dieses Buch ist als Begleiter des Prozesses der Erstellung Ihrer Abschlussarbeiten konzipiert. Es kann jedoch auch im Kontext der Erstellung einer Seminararbeit und auch ganz generell im Verlauf Ihres Studiums nützlich sein, da wir systematisch all jene Schwierigkeiten und Hürden thematisieren, mit denen Studierende beim wissenschaftlichen Arbeiten konfrontiert sind. Zudem geben wir Ihnen ganz konkrete Hilfestellungen an die Hand, wie Sie diese Schwierigkeiten bewältigen und Hürden überspringen können.

Konkret werden wir Ihnen Anregungen dazu geben, wie Sie eine Forschungsidee für Ihre Abschlussarbeit entwickeln können (Kap. 2), welche verschiedenen Rollen Theorien im Rahmen Ihrer Abschlussarbeit einnehmen können (und unserer Ansicht nach sollten; Kap. 3) und welche Strategien der Literaturrecherche und -nutzung sich anbieten (Kap. 4). Darüber hinaus stellen wir Ihnen anwendungsorientiert die grundlegenden Formen wissenschaftlicher Arbeiten vor (Kap. 5, 6 und 7) und erläutern abschließend zentrale Aspekte des Schreibens einer wissenschaftlichen Arbeit (Kap. 8).

Bevor wir uns jedoch den einzelnen, spezifischen Teilaspekten wissenschaftlichen Arbeitens widmen, möchten wir Ihnen zunächst einen grundlegenden Überblick über das Betreiben von Wissenschaft im Allgemeinen vermitteln. Deshalb werden wir Ihnen nachfolgend die grundlegenden Charakteristika wissenschaftlichen Arbeitens darlegen, Typen wissenschaftlicher Arbeiten voneinander unterscheiden und Ihnen schließlich einen Einblick in den Prozess der Anfertigung einer wissenschaftlichen Arbeit vermitteln.

Diese rahmenden Ausführungen sind uns deshalb besonders wichtig, da die Gliederung dieses Buches den Eindruck erwecken könnte, dass wissenschaftliches Arbeiten ein streng linearer Prozess wäre, welcher im Vorfeld minutiös durchgeplant werden könnte. Dieser Vorstellung möchten wir entgegenwirken und Ihnen näherbringen, dass Wissenschaft nicht linear verläuft, sondern iterativ und von einem steten „vor und wieder zurück" geprägt ist. Deshalb sind alle in diesem Buch behandelten Aspekte fast in jeder Phase Ihres Arbeitsprozesses relevant; jedoch in unterschiedlichem Umfang.

1.2 Was heißt es, Wissenschaft zu betreiben?

Mit „Wissenschaft betreiben" ist in erster Linie gemeint, sich mit anderen Wissenschaftlern in einem Austausch zu befinden. Diese Einsicht ist für Wissenschaftler[1] so grundlegend, dass sie oftmals vergessen, diese an ihre Studierenden weiterzugeben. Was ist nun aber mit „Austausch" gemeint?

Wissenschaft kann, auf einer abstrakten Ebene, mit einer (intensiven) Unterhaltung zwischen Ihnen und Ihren Kommilitonen verglichen werden. Wenn Sie mit einem Kommilitonen sprechen, dann steht für gewöhnlich ein Thema im Mittelpunkt (z. B. Fußball, Prüfungen, etc.). Das Thema in der Wissenschaft ist der Gegenstand der Forschung (z. B. neue Konzepte der Personalentwicklung oder ein neues Managementkonzept). Manchmal wird das Thema auch Forschungsfeld genannt. Die Begriffe „Gegenstand der Forschung" und „Forschungsfeld" legen grob fest, worüber wissenschaftlich gesprochen werden soll.

Wenn Sie mit einem Kommilitonen reden, dann kommen sie ggf. auch auf Themen zurück, über die sie vorher, beispielsweise vor einer Woche, schon einmal gesprochen haben. Dies machen Sie dadurch deutlich, dass Sie Ihren Gesprächspartner explizit darauf hinweisen, was er oder sie letzte Woche gesagt hat. Erneut ergibt sich eine gewisse Verwandtschaft zur Kommunikation in der Wissenschaft. Im Kontext der Wissenschaft heißt es, wenn auf einen Gegenstand der Forschung oder ein Forschungsfeld Bezug genommen wird, einen „wissenschaftlichen Diskurs" zu führen. Wissenschaftler diskutieren gemeinhin über Veröffentlichungen, d. h. über das, was ein Kollege „letzte Woche" gesagt hat. Über den Eintritt in einen Diskurs machen sie anderen Wissenschaftlern deutlich, womit sie sich beschäftigen (Gegenstand der Forschung, Forschungsfeld) und mit wem sie kommunizieren wollen. Letzteres geschieht im Allgemeinen über die explizite Benennung des Forschungsfeldes und/oder eher implizit über Bezugnahme auf die relevante Literatur. Da diese Veröffentlichungen auch von anderen Wissenschaftlern gelesen werden, tritt man nicht nur mit den Verfassern der zitierten Literatur, sondern auch mit interessierten Lesern dieser Literatur in einen Diskurs.

Wenn Sie sich mit einem Kommilitonen austauschen, können sie einer Meinung mit ihm sein. Dann unterstützen sie sich in ihren Gedanken. Sie können ihm

---

[1] Um die Lesbarkeit zu verbessern, wird auf die zusätzliche Formulierung der weiblichen Form verzichtet. Es wird an dieser Stelle explizit darauf hingewiesen, dass wir in diesem Buch die ausschließliche Verwendung der männlichen Form geschlechtsunabhängig verstehen. Wir bitten insbesondere die Leserinnen dieses Buchs um Verständnis.

jedoch auch widersprechen. Dann konkurrieren sie gewissermaßen in ihren Aussagen und versuchen, ihn von Ihrem eigenen Standpunkt zu überzeugen. Im sich nun anschließenden Streitgespräch kommt einzelnen Argumenten, aber auch ganzen Argumentationsketten eine zentrale Rolle zu. In der Wissenschaft findet dies auf sehr ähnliche Art und Weise statt. Im wissenschaftlichen Diskurs existieren unterschiedliche, wissenschaftlich fundierte Aussagen (v. a. Theorien und Hypothesen) über bestimmte Sachverhalte in der Welt. Im einfachsten Fall finden Sie zu einem Gegenstand der Forschung bzw. in einem Forschungsfeld exakt zwei Parteien, die miteinander konkurrieren. Die Mitglieder der einzelnen Parteien unterstützen sich in ihren Argumenten (d. h. mit begründeten Behauptungen) und versuchen die der anderen zu widerlegen. Freilich wird dieser Extremfall nur sehr selten vorkommen. Unsere etwas überzeichnende Darstellung soll Ihnen jedoch näherbringen, dass Wissenschaft ein Wettbewerb der Ideen und Argumente ist.

Wenn Sie nun mit Ihrem Kommilitonen über ein Thema streiten, dann werden Sie versuchen, Belege für Ihre Argumente zu finden. Dies geschieht in der Wissenschaft durch die logische, stringente Verknüpfung von Argumenten oder durch den Bezug auf Forschungsergebnisse, welche durch akzeptierte Analyseverfahren gewonnen wurden. Dies bedeutet aber auch, dass eine aktuelle Diskussion auf den Stand des Diskurses in der Vergangenheit zurückgreift und zurückgreifen muss bzw. auf diesem basiert. Gelegentlich ergeben sich Diskussionen auch durch unerwartete Forschungsergebnisse. Aus diesem Grund wird oftmals davon gesprochen, dass Wissenschaftler stets auf den „Schultern von Riesen" stünden, ohne welche die Grundlagen des wissenschaftlichen Diskutierens der Erzeugung neuen Wissens fehlen würden.

Wenn Sie mit Ihren Kommilitonen diskutieren, dann haben Sie unterschiedliche Möglichkeiten Ihre Argumente durchzusetzen. Sie können polemisch werden, versuchen ihn oder sie lächerlich zu machen oder aber eben auch sachlich zu überzeugen. In der Wissenschaft gibt es nur einen legitimen Weg im Diskurs mit anderen Wissenschaftlern zu interagieren, auch wenn gelegentlich andere beschritten werden. Dieser Weg basiert auf der Einhaltung wesentlicher Charakteristika wissenschaftlichen Arbeitens, welche wir im Folgenden kurz charakterisieren.

1.3 Charakteristika wissenschaftlichen Arbeitens

Wissenschaftliche Arbeiten bauen insbesondere auf den nachfolgend skizzierten Charakteristika auf, die sich auch in den weiteren Kapiteln dieses Buches wiederfinden.

1.3 Charakteristika wissenschaftlichen Arbeitens

(1) **Systematik:** Wissenschaftliches Arbeiten zeichnet sich dadurch aus, dass es mit einem klar umrissenen Ziel beginnt. Dieses Ziel findet seinen Ursprung in einer Forschungsidee, welche in Form einer Forschungsfrage konkretisiert wird (Kap. 2). Anschließend wird dargestellt, warum die Forschungsfrage auf der Basis einer bestimmten Theorie (Kap. 3) sowie mit einer bestimmten Methodik (Kap. 5, 6 und 7) bearbeitet werden soll. Abschließend werden die Ergebnisse der Arbeit im Kontext der Forschungsfrage und der verwendeten Theorie diskutiert (Kap. 8).

(2) **Nachvollziehbarkeit:** Eine wissenschaftliche Arbeit ist dann nachvollziehbar bzw. transparent, wenn sie die Begriffe, die in ihrem Verlauf genutzt werden, präzise definiert und diese über den gesamten Verlauf der Arbeit nicht anders belegt. Dies bezieht sich gleichermaßen auf Begriffe im Kontext von Theorie und Methodik. Des Weiteren trägt das strukturierte Vortragen von Argumenten zur Nachvollziehbarkeit bei. Argumentation zielt hierbei einerseits auf die stringente und nachvollziehbare Struktur von Gedanken und andererseits auf die Überzeugung des Lesers. Nur wenn Sie schlüssig argumentieren, können Sie dem Leser die Relevanz Ihrer Forschungsidee und -frage und die Passung der genutzten Theorie und Methodik sowie die Folgerichtigkeit der Interpretation Ihrer Ergebnisse verdeutlichen (Kap. 8).

(3) **Theorieorientierung:** Wissenschaftliches Arbeiten ist stets theorieorientiert. Theorien eröffnen den Zugang zur Welt, in dem sie nur einen Ausschnitt der Wirklichkeit behandeln. Theorien treffen somit Aussagen über die Beschaffenheit bestimmter Aspekte der Wirklichkeit, während sie zu anderen schweigen. Ein wesentliches Motiv hierfür ist die Reduzierung von Komplexität. Theorieorientierung in einem wissenschaftlichen Sinne bedeutet nun, dass eine wissenschaftliche Arbeit auf die Bestätigung (wenn Forschungsergebnisse die Theorie unterstützen), die Widerlegung (wenn Forschungsergebnisse die Theorie nicht unterstützen) oder die Weiterentwicklung (wenn Forschungsergebnisse dazu führen, die Theorie weiter auszudifferenzieren) fokussiert (Kap. 3, 5, 6 und 7).

(4) **Allgemeingültigkeit:** Die empirisch erzielten Ergebnisse einer wissenschaftlichen Arbeit müssen den Kriterien der Objektivität, Validität und Reliabilität genügen. *Objektivität* bedeutet hier, dass die Ergebnisse unabhängig von der Person sein müssen, die diese erzielt hat. *Validität* bedeutet, dass die Methodik einer wissenschaftlichen Arbeit auch zu dem passt, was sie untersucht. Oder anders: Valide ist eine wissenschaftliche Arbeit dann, wenn sie tatsächlich das untersucht, was sie zu untersuchen vorgibt. *Reliabilität* heißt, dass sich die Ergebnisse einer wissenschaftlichen Arbeit unter gleichen Bedingungen mit den gleichen Methoden reproduzieren lassen (Kap. 6 und 7).

(5) **Eigenständigkeit:** Eine wissenschaftliche Arbeit wiederholt nicht nur die Ergebnisse, die andere bereits erzielt haben. Vielmehr baut sie auf ihnen auf, indem sie sich intensiv mit ihnen auseinandersetzt, Bezüge zwischen wissenschaftlichen Arbeiten herstellt, deren Ergebnisse diskutiert, Forschungslücken aufzeigt oder eigene Fragestellungen auf der Basis bestehender Arbeiten entwickelt (Kap. 5, 6 und 7).

(6) **Schreibstil:** Die Art des Schreibens in wissenschaftlichen Arbeiten zeichnet sich durch einen klaren, verständlichen und präzisen Stil aus. Hierzu gehört auch die einheitliche Befolgung von Formalien, wie beispielsweise bei der Art des Zitierens (Kap. 4 und 8).

1.4 Typen wissenschaftlicher Arbeiten

Am Anfang jeder wissenschaftlichen Arbeit steht die Forschungsidee (vgl. Kap. 2). Darüber hinaus werden Sie aber auch vor der Wahl stehen, wie Sie Ihre Forschungsidee umsetzen und somit welche Art von Abschlussarbeit Sie anfertigen wollen. Im Kern können vier Typen wissenschaftlicher Arbeiten unterschieden werden, welche am Lebenszyklus von Forschungsgegenständen bzw. -feldern verdeutlicht werden können (vgl. Abb. 1.1).

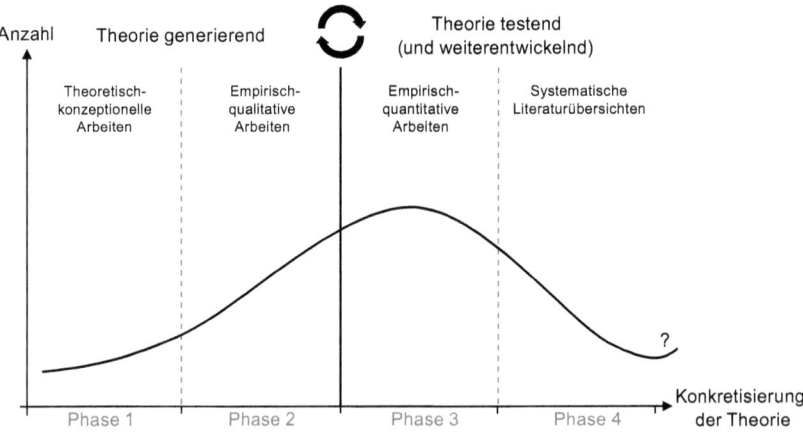

Abb. 1.1 Der Lebenszyklus von Forschungsgegenständen bzw. -feldern

1.4 Typen wissenschaftlicher Arbeiten

Der Lebenszyklus von Forschungsfeldern kann anhand von vier Phasen beschrieben werden. Während eines solchen Lebenszyklus wandeln sich die Arten der Forschungsfragen, die eingesetzten Methoden sowie die angestrebten Erkenntnisse. Hiermit möchten wir Ihnen verdeutlichen, dass sich somit je nach Phase auch der Typus des wissenschaftlichen Arbeitens verändert.

(1) **Phase 1 – Theoretisch-konzeptionelle Arbeiten** dienen der Schließung konzeptioneller Lücken (fehlender Erklärungen) durch Entwicklung neuer theoretischer Zusammenhänge bzw. der Übertragung bestehender Theorien auf neue Sachverhalte.

Beispiel
Meyer, J. W.; & Rowan, B. (1977): Institutionalized organizations: formal structure as myth and ceremony. *American Journal of Sociology*, 83(2): 340–363.

(2) **Phase 2 – Empirisch-qualitative Arbeiten** dienen der Beantwortung einer wissenschaftlichen Forschungsfrage vor einem theoretischen Hintergrund. Ziel ist es dabei, durch tiefe Beobachtung und Abstraktion Theorien weiterzuentwickeln.

Beispiel
Gephart, R. (1997): Hazardous measures: an interpretative textual analysis of quantitative sensemaking during crisis. *Journal of Organizational Behavior*, 18(1): 583–622.

(3) **Phase 3 – Empirisch-quantitative Arbeiten** dienen der Beantwortung einer wissenschaftlichen Forschungsfrage durch theoriegeleitete Erhebung, Analyse und Interpretation von Daten. Ziel ist es dabei, Theorien an einer großen Fallzahl zu überprüfen.

Beispiel
Mannor, M. J.; Shamsie, J.; & Conlon, D. E. (2016): Does experience help or hinder top managers? Working with different types of resources in Hollywood. *Strategic Management Journal*, 37(4): 1330–1340.

(4) **Phase 4 – Systematische Literaturübersichten** dienen der qualitativen Aufarbeitung (Literature/Narrative Review) oder der quantitativen Integration und statistischen Analyse (Meta-Analyse) bisher vorliegender wissenschaftlicher Erkenntnisse.

Beispiel (Literature/Narrative Review)
Simsek, Z.; Fox, B. C.; & Heavey, C. (2015): "What's past is prologue": a framework, review, and future directions for organizational research on imprinting. *Journal of Management*, 41(1): 288–317.

Beispiel (Meta-Analyse)
Lee, D.; & Madhavan, R. (2010): Divestiture and firm performance: a meta-analysis. *Journal of Management*, 36(6): 1345–1371.

Die Forschungsfragen, -methoden und -erkenntnisse der einzelnen Phasen bauen dabei jedoch simultan aufeinander auf und führen in einem Wechselspiel (von Theorieentwicklung und -überprüfung) zu einer Evolution des Gegenstands der Forschung bzw. des Forschungsfeldes. Diese vier Grundformen wissenschaftlicher Arbeiten stellen somit auch die prinzipiellen Möglichkeiten für das Verfassen von Abschlussarbeiten dar.

1.5 Wissenschaftliches Arbeiten als Prozess

Wir sind uns bewusst, dass das Anfertigen einer wissenschaftlichen Arbeit für Sie unter Umständen eine völlig neue Anforderung bedeutet. Wir denken, dass diese Aufgabe die Übernahme einer etwas anderen Rolle erfordert, als derjenigen, die Sie bislang aus Ihrem Studium gewohnt sind. Bislang haben Sie Vorlesungen gehört, in Übungen mitgearbeitet oder Seminare besucht. Sie waren „Student" und zu Lernendes wurde Ihnen vermittelt und oftmals vorgegeben. Nun stehen Sie vor der Aufgabe, selbstständig eine eigene Forschungsidee zu finden und hierzu ein Konzept zu entwickeln, an dem Sie sich während der Anfertigung Ihrer Abschlussarbeit orientieren. Sie sind dabei, Ihre ersten Schritte auf wissenschaftlichem Terrain zu machen. Das klingt nun womöglich sehr groß und kompliziert. Ein Ansatz, dieser Komplexität zu begegnen, kann darin gesehen werden, eine Systematisierung und Strukturierung notwendiger Arbeitsschritte vorzunehmen. Wir sind der Auffassung, dass das Anfertigen einer Abschlussarbeit als ein in sich geschlossenes Projekt mit einzelnen Phasen und Arbeitsschritten aufgefasst werden kann (vgl. Abb. 1.2). Die grauen Balken sollen Ihnen zudem einen Eindruck davon vermitteln, wie viel Zeit Sie für die jeweilige Arbeitsphase ungefähr einplanen sollten. Wir verzichten hierbei bewusst auf konkretere Zeitangaben, da diese starken themen- und personenspezifischen Schwankungen unterliegen können.

Es ist zu berücksichtigen, dass eine solch strikte Phaseneinteilung Wechselwirkungen zwischen einzelnen Phasen vernachlässigt. Das heißt, die einzelnen Phasen

1.5 Wissenschaftliches Arbeiten als Prozess

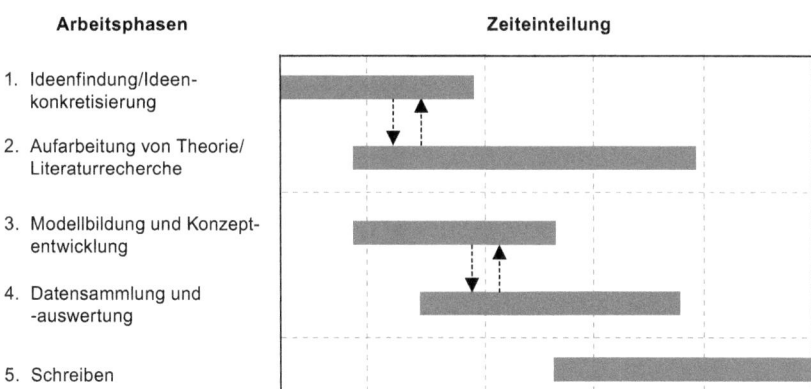

Abb. 1.2 Wesentliche Schritte wissenschaftlichen Arbeitens

sind in der Realität nicht klar voneinander abgrenzbar. Vielmehr sind Wechselwirkungen, wie z. B. zwischen dem Finden einer Forschungsidee sowie dem Recherchieren und Lesen wissenschaftlicher Literatur die Regel. So konkretisiert sich zumeist durch das Literaturstudium die Forschungsidee zur Forschungsfrage, was häufig die Recherche neuer Literaturquellen erforderlich macht. Demnach gleicht das Anfertigen einer wissenschaftlichen Arbeit zumeist eher dem in Abb. 1.3 dargestellten Muster.

Abb. 1.3 verdeutlicht, dass wissenschaftliches Arbeiten oftmals einem chaotisch anmutenden Prozess gleicht, da sich wissenschaftliche Arbeiten nur sehr begrenzt am Reißbrett entwerfen lassen. Im Prozess des wissenschaftlichen Arbeitens lernen Wissenschaftler immer wieder neue Aspekte hinzu (z. B. wenn weitere relevante Literatur identifiziert wird, die einen neuen Blickwinkel erlaubt), stellen u. U. fest, dass sich manche Ideen bzw. Methoden als Sackgasse erweisen und deshalb verworfen werden müssen, realisieren, dass manche Argumente nicht

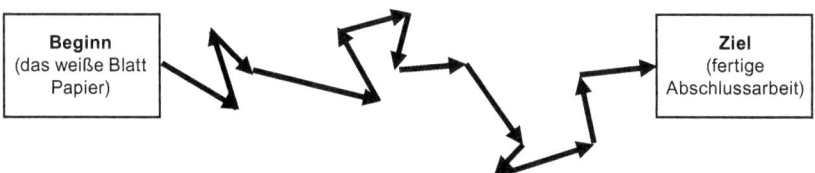

Abb. 1.3 Wissenschaftliches Arbeiten als iterativer Prozess

überzeugen, erkennen, dass manche Ansätze weiterentwickelt bzw. gänzlich neu entwickelt werden müssen, etc.

Dies verdeutlicht, dass wissenschaftliches Arbeiten ein „Vor-und-zurück" ist. Mit Bezug auf Ihre Abschlussarbeit kann dies wie folgt illustriert werden: Sie starten mit einer Forschungsidee und recherchieren hierzu Literatur. Sie bemerken, dass es schon viele Arbeiten zu Ihrer Idee gibt. Sie gehen einen Schritt zurück und identifizieren in der bestehenden Literatur Forschungslücken auf deren Basis Sie Ihre ursprüngliche Idee modifizieren. Anschließend entwickeln Sie erste Hypothesen, die Sie testen möchten. Beim Erheben der notwendigen Datenbasis fällt Ihnen jedoch auf, dass bestimmte, erforderliche Daten nicht zugänglich sind. Sie gehen wieder einen Schritt zurück und reformulieren ihre Hypothese bzw. operationalisieren Ihre Konstrukte auf eine andere Art und Weise. Die Schilderungen des „Vor-und-zurück" in wissenschaftlichen Arbeiten ließen sich auf vielfältige Weise fortsetzen. An dieser Stelle ist uns nur Ihre Erkenntnis wichtig, dass ein „Vor-und-zurück" zum wissenschaftlichen Arbeiten dazugehört und Sie sich von dieser Erfahrung nicht frustrieren lassen sollten.

Obwohl nach unserem Wissenschaftsverständnis das Anfertigen wissenschaftlicher Arbeiten dem skizzierten evolutionären Prozess folgt, erscheint es uns auch aus didaktischen Gründen zielführender bei der Strukturierung dieses Buches eine striktere Trennung der einzelnen Phasen vorzunehmen, um die Komplexität unserer Ausführungen für Sie so weit wie möglich zu reduzieren. Aus diesem Grund finden Sie jede der in Abb. 1.3 dargestellten Arbeitsphasen in einem oder mehreren Kapiteln dieses Buches wieder. Während einzelne Aspekte in den Arbeitsphasen übergreifender Natur sind, variieren andere bezüglich der unterschiedlichen Typen wissenschaftlicher Arbeiten. Es erscheint uns demnach zwingend geboten, auch die Besonderheiten der unterschiedlichen Typen wissenschaftlicher Arbeiten adäquat zu berücksichtigen. Daher ergibt sich für die Struktur dieses Buches ein Mix aus Arbeitsphasen und Typen wissenschaftlicher Arbeiten, d. h.:

- In Kap. 2 gehen wir ausführlich auf Möglichkeiten der Ideenfindung und Formulierung von Forschungsfragen ein.
- In Kap. 3 stellen wir Ihnen das Operieren mit wissenschaftlichen Theorien vor.
- In Kap. 4 zeigen wir Ihnen verschiedene Wege der Literaturrecherche auf.
- In Kap. 5 skizzieren wir anwendungsnah die Praxis systematischer Literature/Narrative Reviews bzw. Meta-Analysen sowie die Erstellung theoretischkonzeptioneller wissenschaftlicher Arbeiten.
- In den Kap. 6 und 7 diskutieren wir anwendungsnah qualitative und quantitative Methodiken wissenschaftlichen Arbeitens.

- In Kap. 8 beschäftigen wir uns eingehend mit dem Aufbau und Stil wissenschaftlicher Arbeiten.

Am Beginn eines jeden Kapitels finden Sie zudem Lernziele, für deren Erreichung wir Ihnen innerhalb des jeweiligen Kapitels das notwendige Wissen an die Hand geben wollen. Des Weiteren werden wir unsere Ausführungen mit Verweisen auf weiterführende Literaturempfehlungen anreichern, die unserer Ansicht nach sinnvolle Ergänzungen zum vorliegenden Text darstellen.

Literatur

Gephart, R. (1997). Hazardous measures: an interpretative textual analysis of quantitative sensemaking during crisis. *Journal of Organizational Behavior, 18*(1), 583–622.

Lee, D., & Madhavan, R. (2010). Divestiture and firm performance: a meta-analysis. *Journal of Management, 36*(6), 1345–1371.

Mannor, M. J., Shamsie, J., & Conlon, D. E. (2016). Does experience help or hinder top managers? Working with different types of resources in Hollywood. *Strategic Management Journal, 37*(4), 1330–1340.

Meyer, J. W., & Rowan, B. (1977). Institutionalized organizations: formal structure as myth and ceremony. *American Journal of Sociology, 83*(2), 340–363.

Simsek, Z., Fox, B. C., & Heavey, C. (2015). "What's past is prologue": a framework, review, and future directions for organizational research on imprinting. *Journal of Management, 41*(1), 288–317.

Entwicklung und Konkretisierung einer Forschungsidee 2

> **Lernziele**
> Am Ende des Kapitels sollten Sie ...
>
> - verschiedene Wege kennen, eine Forschungsidee zu entwickeln.
> - dafür sensibilisiert sein, dass eine Kombination dieser Wege sinnvoll sein kann.
> - aus einer Forschungsidee eine Forschungsfrage ableiten können.

2.1 Am Anfang war die Forschungsidee ...

Gleich zu Beginn dieses Buches möchten wir Ihnen eine gute Nachricht mit auf den Weg geben. Wissenschaftliche Arbeiten wirken zwar zumeist sehr komplex und bedeutungsschwer, jedoch basieren sie zumeist auf einer recht prägnanten und manchmal sogar sehr einfachen Forschungsidee. Dies heißt – und nun die eher betrübliche Nachricht – allerdings leider nicht, dass einfache Ideen auch leicht zu identifizieren wären. Ganz im Gegenteil. Das Identifizieren sowie das Konkretisieren einer Forschungsidee setzen bereits einige zentrale Fähigkeiten des wissenschaftlichen Arbeitens voraus. Insbesondere gilt es, aus der ersten groben Idee eine relevante Forschungsfrage zu erarbeiten. Relevant bedeutet in diesem Kontext, dass nicht jedwede Frage für eine wissenschaftliche Arbeit herangezogen werden kann, sondern dass deren Beantwortung für einen wissenschaftlichen Diskurs von Bedeutung sein muss. Sie liefern mit Ihrer Arbeit demnach einen Beitrag zu einem wissenschaftlichen Streitgespräch.

Um zu einer spannenden und relevanten Forschungsidee zu gelangen ist zunächst einmal die Verortung in einem inhaltlichen Thema notwendig. Mit „Thema" ist hiermit der übergeordnete Gegenstand der Forschung bzw. das Forschungsfeld

Tab. 2.1 Charakterisierung von Forschungsfeld, Forschungsidee und Forschungsfrage

	Thema/ Forschungsfeld	Forschungsidee	Forschungsfrage(n)
Definition/ Erläuterung	Gegenstand, mit dem sich die Forschung beschäftigt (Gegenstand der Forschung), bzw. der Bereich, in dem Wissenschaftler miteinander in Diskurs treten (Forschungsfeld)	In den seltensten Fällen kann ein Thema vollumfänglich bearbeitet werden. Deshalb wird ein Schwerpunkt innerhalb des Themas gesetzt	Die Frage(n), die an den Schwerpunkt innerhalb des Themas herangetragen werden. Sie definieren das exakte Erkenntnisinteresse
Konkretisierung	Gering	Mittel	Hoch
Beispiel 1	Ausgestaltung von Teamarbeit	Effekte teilautonomer Teamarbeit auf die Kompetenzen der Teammitglieder	(1) Wie beeinflusst teilautonome Teamarbeit die Entwicklung von Fach- und Sozialkompetenzen? (2) Welche Umweltfaktoren beeinflussen diesen Wirkungszusammenhang?
Beispiel 2	Einflussfaktoren auf die erfolgreiche Finanzierung von Crowdfunding-Projekten	Charakteristika der Crowdfunder als Erfolgsfaktor für die Finanzierung von Crowdfunding-Projekten	Beeinflusst die Signalisierung projektspezifischer Fähigkeiten (z. B. Humankapital und Sozialkapital) durch die Crowdfunder den Finanzierungerfolg von Crowdfunding-Projekten?

gemeint (z. B. „Ausgestaltung von Teamarbeit"). Mit dem Begriff „Forschungsidee" meinen wir den Schwerpunkt, der innerhalb des Themas gesetzt wird (z. B. „Effekte teilautonomer Teamarbeit auf die Kompetenzen der Teammitglieder"). Konkreter kann die Forschungsidee auch als grundlegende Leitfrage betrachtet werden, die an den Gegenstand der Forschung herangetragen wird. Ist die Forschungsidee gefunden, ist es in einem letzten Schritt notwendig, diese in eine oder mehrere konkrete Forschungsfragen zu überführen und deren Relevanz entsprechend zu begründen (vgl. Tab. 2.1).

Beachten Sie bitte, dass die Forschungsfrage per se losgelöst vom Typus Ihrer Abschlussarbeit betrachtet werden kann. D. h., ein und dieselbe Forschungsfrage kann sowohl theoretisch-konzeptionell, empirisch qualitativ, empirisch quantitativ als auch als systematische Literaturübersicht adressiert werden. Zumeist beeinflusst jedoch der aktuelle Stand eines Forschungsfeldes auch den Typus Ihrer Abschlussarbeit.

In diesem Kapitel möchten wir Ihnen einige Wege aufzeigen, um eine Idee für Ihre Forschungsarbeit zu entwickeln. Sie werden sehen, dass die Entwicklung einer Forschungsidee ein längerer und oftmals schwieriger Prozess ist.

Im Kern lassen sich drei Wege unterscheiden, wie Sie zur finalen Forschungsidee Ihrer Abschlussarbeit gelangen können:

(1) Auf bereits erfolgte Aufarbeitungen der Literatur und identifizierte Forschungslücken zurückgreifen. (Abschn. 2.2.1)
(2) Selbständige Aufarbeitung der Literatur und Ableitung entsprechender Forschungslücken (Abschn. 2.2.2)
(3) Theorie-Praxis-Abgleich (Abschn. 2.2.3)

Den genannten Wegen ist gemein, dass die eigene Forschungsarbeit immer in einen wissenschaftlichen Diskurs eingebunden sein muss. Dies verdeutlicht, dass bereits im Rahmen der Themenfindung und -konkretisierung die intensive Auseinandersetzung mit der wissenschaftlichen Literatur essentieller Bestandteil des wissenschaftlichen Arbeitens ist. Insofern empfiehlt es sich zwingend, in der Phase der Themenfindung bereits auch Kap. 4 dieses Buches aufzuarbeiten.

Während vor allem die Wege 1 und 2 als sehr rational und logisch strukturierte Prozesse der Identifikation einer Forschungsidee charakterisiert werden können, zeichnet sich Weg 3 stärker durch einen kreativen Charakter aus. Die im Folgenden dargestellten Wege zur Forschungsidee sollten jedoch nicht als einander ausschließend verstanden werden. Vielmehr kann jeder Weg die Ausgangsbasis darstellen, der Einbezug der weiteren Wege jedoch einen wichtigen Mehrwert liefern.

2.2 Wege zur Forschungsidee

2.2.1 Rückgriff auf bereits erfolgte Literaturaufarbeitungen

2.2.1.1 Themenausschreibungen und Forschungsschwerpunkte des wissenschaftlichen Personals an einem Lehrstuhl

Auf den ersten Blick erscheint ein erster, recht einfacher Weg zu einer Forschungsidee zu sein, sich an den bestehenden Forschungsinteressen Ihres Betreuers zu orientieren. So können Sie zum einen beispielsweise recherchieren, ob es Ausschreibungen für Themen an den Lehrstühlen gibt, für die Sie sich interessieren. Zum anderen können Sie sich auf den Homepages des wissenschaftlichen Personals über aktuelle Themen informieren und überlegen, ob Sie vielleicht daran anknüpfen können.

Was auf den ersten Blick einfach erscheint, ist auf den zweiten gar nicht trivial. Oftmals können Sie sich nur einen vagen Eindruck davon verschaffen, woran das wissenschaftliche Personal arbeitet, und vielfach ist die wissenschaftliche Relevanz der Themen nicht offenkundig, sondern bedarf einer gewissen Kenntnis von Theorien und Forschungsergebnissen. Hier ist Ihre Intuition gefragt.

Überlegen Sie, welches der ausgeschriebenen Themen bzw. welcher der Forschungsschwerpunkte am Lehrstuhl Ihrer Wahl Ihnen interessant erscheint. Sie werden am Ende Ihres Studiums eine grundlegende Vorstellung davon haben, ob Sie sich beispielsweise für Unternehmensführung oder für Produktionsplanung interessieren. In diesem Zusammenhang greifen Sie vor allem auf Kenntnisse zurück, die Sie während Ihres Studiums erworben haben.

Ein nächster Schritt sollte dann sein, das Gespräch mit dem entsprechenden wissenschaftlichen Experten zu suchen. Um sich auf ein solches Gespräch vorzubereiten, schlagen wir Ihnen vor, sich konkrete Fragen zu notieren. Fragen Sie, wie die Themenstellung in der Ausschreibung bzw. in der aktuellen Forschung zu verstehen ist. Erkundigen Sie sich nach Literatur, die Ihnen den Einstieg in das Thema ermöglicht oder stellen Sie konkrete Fragen zu Veröffentlichungen des Wissenschaftlers, mit dem Sie sprechen.

Durch dieses Vorgehen erhalten Sie einen tiefergehenden Einblick, was unter Themenvorschlägen bzw. Forschungsgebieten zu verstehen ist und ob Sie diese gleichermaßen interessant finden.

2.2.1.2 Systematische Literaturübersichten

In bestimmten Arten von wissenschaftlichen Aufsätzen wird der aktuelle Forschungsstand zu bestimmten Forschungsfeldern und/oder Theorien aufgearbeitet. Beispielhaft können folgende Überblicksaufsätze aufgeführt werden:

- Simsek, Z.; Fox, B. C.; & Heavey, C. (2015): "What's past is prologue": a framework, review, and future directions for organizational research on imprinting. *Journal of Management*, 41(1): 288–317.
- Giambatista, R.; Rowe, W. G.; & Riaz, S. (2005): Nothing succeeds like succession: a critical review of leader succession literature since 1994. *The Leadership Quarterly*, 16(6): 963–991.
- Loewenstein, J.; Ocasio, W.; & Jones, C. (2012): Vocabularies and vocabulary structure: a new approach linking categories, practices, and institutions. *The Academy of Management Annals*, 6(1), 41–86.

Ein großer Vorteil solcher systematischen Literaturübersichten ist, dass hierin noch existierende Forschungslücken sowie damit einhergehend zukünftige Forschungsfelder zumeist sehr explizit benannt werden. Zwingend zu berücksichtigen ist jedoch, dass nur sehr aktuelle Aufsätze den gegenwärtigen Forschungsstand reflektieren können. Es gibt Journals, die sich überwiegend auf die Veröffentlichung derartiger Überblicksarbeiten konzentrieren. Hierbei sind z. B. aus dem Bereich den Managementwissenschaften in der Betriebswirtschaftslehre die Zeitschriften Academy of Management Annals und Journal of Management zu nennen.

2.2.1.3 Themenvorschläge von Journals (Call for Papers)

Ein weiterer Weg eine Forschungsidee zu identifizieren ist es, aktuelle „Call for Papers" einschlägiger Journals zu Rate zu ziehen. Beispielhaft finden Sie in Anhang 1 einen solchen Call for Papers der Zeitschrift Strategic Organization zum Thema „Strategic Management Theory and Universities". Wie Sie an diesem Beispiel gut nachvollziehen können, definieren derartige „Call for Papers" i. d. R. sehr explizit, wo in einem bestehenden Forschungsfeld Erkenntnislücken existieren und u. U. auch welche Art von Studien zu deren Schließung notwendig sind. Ebenfalls wird ersichtlich, dass bereits auch eine Auswahl sehr konkreter Fragestellungen aufgelistet wird, deren Beantwortung zur Schließung der Erkenntnislücken beitragen kann. Darüber hinaus werden oftmals einschlägige wissenschaftliche Grundlagenarbeiten oder Überblickswerke genannt, die Sie für einen Einblick in das Thema nutzen können.

Da sich „Call for Papers" allerdings an graduierte Wissenschaftler richten, sollten Sie sich klar vor Augen führen, dass der Anspruch an Ihre eigene Abschlussarbeit nicht auf dem gleichen Anspruchsniveau angesiedelt ist. Es bietet sich somit auch in diesem Fall an, das Gespräch mit dem wissenschaftlichen Personal des Lehrstuhls Ihrer Wahl zu suchen.

Eine Sammlung aktueller „Call for Papers" im Bereich der Managementwissenschaften in der Betriebswirtschaftslehre finden Sie beispielsweise unter folgenden Quellen:

- European Group of Organizational Studies:
  http://www.egosnet.org/calls_for_papers_special_issues_of_journals
- Academy of Management:
  http://apps.aom.org/Calls/CfP/paper_list.asp
- European Academy of Management:
  http://www.euram-online.org/newsroom/news.html

2.2.2 Generierung von Forschungsideen aus der bestehenden Literatur zu einem Thema in Ihrem Fachbereich

Um zu einer Forschungsidee innerhalb eines Sie interessierenden Themas zu gelangen, können Sie auch selbstständig die bisher existierende Literatur zu diesem Thema aufarbeiten. Sie werden also damit beginnen, Bücher und wissenschaftliche Aufsätze zu Ihrem Thema zu lesen. Während dieses Einlesens werden Sie u. U. bereits feststellen, dass bestimmte Fragestellungen immer wieder aufgeworfen und vielleicht unterschiedlich beantwortet wurden. Sie werden vielleicht auch feststellen, dass eine systematische Aufarbeitung dieser Erkenntnisse bisher noch nicht vorliegt. Wissenschaftliche Veröffentlichungen geben oftmals bereits Hinweise auf Lücken in der Forschung. Auch diese können Sie nutzen, um eine Forschungsidee zu entwickeln. Die Limitationen der eigenen Arbeit sowie die sich daraus ergebenden Ansätze für weitere wissenschaftliche Studien werden von den Autoren wissenschaftlicher Aufsätze zumeist am Ende bzw. unmittelbar nach der Ergebnisdiskussion thematisiert. Deshalb ist dies ebenfalls eine Möglichkeit, die Sie zur Entwicklung einer eigenen Forschungsidee nutzen können.

Im Folgenden illustrieren wir anhand eines Aufsatzes von Mezias und Starbuck (2003), wie eine konkrete Forschungsidee aus der bestehenden Literatur gewonnen werden kann. Thematisch beschäftigt sich der Aufsatz mit der Frage, wie zutreffend Manager die Charakteristika ihrer eigenen Organisation und deren Umwelt einschätzen. Mezias und Starbuck verdeutlichen zunächst, dass in den 1970er- und 1980er-Jahren bereits einige Studien angefertigt wurden, welche zwar einer etwas anderen Fragestellung nachgingen, deren Ergebnisse jedoch erste Indizien für

2.2 Wege zur Forschungsidee

eine Wahrnehmungsverzerrung seitens des Managements lieferten. So verglichen z. B. Tosi et al. (1973) die subjektiven Einschätzungen mittlerer Manager bezüglich der Umweltunsicherheit ihres Unternehmens mit objektiven Unternehmens- und Branchenstatistiken, und fanden zum Teil von den objektiven Daten abweichende Einschätzungen. Die kumulierten Ergebnisse dieser früheren Arbeiten führten Starbuck (1992) zu der Schlussfolgerung, dass viele Manager verzerrte Vorstellungen von ihrer Organisation und deren Umwelt zu haben scheinen.

In den frühen 1990er-Jahren wollte sich Mezias, ein damaliger Doktorand von Starbuck, weiterführend mit dem Thema befassen. Starbuck konnte ihm jedoch nur die Forschungsarbeiten aus den 1970er und 1980er-Jahren empfehlen, forderte Mezias aber auf, selbstständig aktuellere Arbeiten zu recherchieren. Mezias konnte im Rahmen seines Literaturstudiums jedoch keine neueren Studien identifizieren. Aus Verwunderung über das Fehlen von Anschlussarbeiten haben Mezias und Starbuck noch einmal gemeinsam neu über das Thema nachgedacht und kamen zu dem Ergebnis, dass Manager unmöglich derartig unzutreffende Vorstellungen über ihre Organisation und deren Umwelt haben können, wie die Befunde früherer Studien nahelegen. Beide Autoren prüften daraufhin die Forschungsmethoden aus den Studien der 1970er und 1980er-Jahren und kamen zu dem Schluss, dass diese – da sie auf die Beantwortung anderer Fragestellungen ausgerichtet waren – nicht ohne Weiteres dafür geeignet sind, die Genauigkeit der Wahrnehmung von Managern zu messen. Hieraus entwickelten die Autoren die Forschungsidee für weitere Studien.

An diesem Beispiel können Sie Folgendes lernen. Erstens, ein grober Überblick über ein Thema kann ausreichen, um unbeantwortete Fragen sowie Ungereimtheiten in Theorie und Methode zu identifizieren. Zweitens, seien Sie kreativ und zweifeln Sie bestehende Erkenntnisse an, sofern Sie ihre Zweifel begründen können. Drittens, Sie müssen in Ihrer Abschlussarbeit keine vollkommen neue, bislang von niemandem adressierte Forschungsidee bearbeiten. Ihre Innovativität und somit der wissenschaftliche Beitrag Ihrer Arbeit kann sich auch daraus ergeben, dass Sie etwas untersuchen, was andere Wissenschaftler noch nicht ausführlich genug, bisher lediglich aus einer anderen theoretischen Perspektiven oder mit anderen methodischen Ansätzen untersucht haben.

2.2.3 Entwicklung der Forschungsidee aus einem Theorie-Praxis-Abgleich

2.2.3.1 Allgemeine Charakterisierung des Theorie-Praxis-Abgleichs

Ein Ziel von Wissenschaft im Allgemeinen und somit wissenschaftlicher Arbeiten im Speziellen ist es, anhand von Theorien die Wirklichkeit zu beschreiben und zu erklären. Im Falle der Managementwissenschaften in der Betriebswirtschaftslehre geht es demnach z. B. darum, mit Theorien die Entstehung, den Wandel und das Verhalten von und in Organisationen, zumeist Unternehmen, zu beschreiben.

Dies können Sie sich auf zwei Weisen nutzbar machen:

(1) Sie können sich überlegen, ob bestimmte Einzelfälle von Beobachtungen (Phänomene) mit einer bestimmten Theorie beschrieben und erklärt werden können (Phänomen-Theorie-Abgleich in Abschn. 2.2.3.2).

(2) Sie können aber auch überlegen, ob die von einer Theorie postulierten Wirkungszusammenhänge tatsächlich bestimmte Einzelfälle von Beobachtungen beschreiben und erklären können (Theorie-Phänomen-Abgleich in Abschn. 2.2.3.3).

Im Falle eines **Phänomen-Theorie-Abgleichs** können Sie das Verhalten von und in Unternehmen in bestimmten Situationen beobachten und sich fragen, warum Unternehmen in dieser Weise agieren und welche theoretischen Ansätze hierfür Erklärungen liefern könnten. Hier wenden Sie Theorie auf Ihre Beobachtung an. Dieses Vorgehen ist besonders dann interessant, wenn Ihre Beobachtung von der angewandten Theorie abweicht.

Im Falle eines **Theorie-Phänomen-Abgleichs** entwickeln Sie zunächst theoriegeleitete Erwartungen und überprüfen diese dann am beobachtbaren Verhalten in der Praxis. Auch hier ergeben sich vor allem bei einer Nichtübereinstimmung von theoretisch zu erwartendem und praktisch zu beobachtendem Verhalten interessante Ansatzpunkte für eine Diskussion und die Ableitung weiterer theorierelevanter Fragestellungen.

Im Folgenden wollen wir die beiden Formen des Theorie-Praxis-Abgleichs anhand von Fallbeispielen illustrieren.

2.2.3.2 Phänomen-Theorie-Abgleich

Einen besonderen Anspruch an Ihre Kreativität stellt der Weg dar, eine Forschungsidee aus den Phänomenen des Alltags selbst zu generieren. Mit Phänomen sind hier die Dinge gemeint, die den menschlichen Sinnen in Erscheinung treten. Alles

2.2 Wege zur Forschungsidee

in der Alltagswelt kann interessant, irritierend oder gelegentlich sogar erschreckend sein, wenn Sie nur genau hinblicken. Beispielsweise könnte es Sie irritieren, dass Unternehmen sich als Weltbürger (corporate citizens) bezeichnen, obgleich Sie in Ihrem Studium gelernt haben, dass Organisationen Mitglieder haben, deren Handlungen mit Organisationsstrukturen auf die Ziele der Organisation ausgerichtet werden. Wie können Unternehmen, als ein Organisationstypus, selbst zu Bürgern werden? Oder Sie finden es erschreckend, dass in vielen Staaten der Erde die Pressefreiheit zunehmenden Beschränkungen unterliegt, also die Produkte von Medienunternehmen konform mit einer Ideologie ausgestaltet werden müssen. Sie könnten sich beispielsweise fragen, aus welchen Gründen dies geschieht und wie dies durchgesetzt wird.

Um Interessantes, Irritierendes oder Erschreckendes zu finden, sollten Sie mit offenen Augen und Ohren durch die Welt gehen. Hierbei kann Ihnen die Nutzung von Medien, wie Tageszeitungen, Fernsehen, Radio oder Sozialen Medien (u. a. Facebook, Twitter), behilflich sein. Überall existiert die Möglichkeit, Fragen zu stellen (Wieso? Weshalb? Warum? Wer? Wie? ...). Um eine Forschungsidee zu entwickeln kann es auch helfen, wenn Sie Ihre Beobachtungen mit anderen (z. B. Freunden, Bekannten, Kommilitonen) diskutieren. Weiterhin können Sie z. B. Literatur aus einer anderen Disziplin als Ihrer eigenen lesen (z. B. Soziologie, Volkswirtschaftslehre, Anthropologie, Psychologie, Sprachwissenschaften, Naturwissenschaften). Seien Sie hierbei offen für andere Sichtweisen auf die Welt und lassen Sie sich von gänzlich anderen Zugängen zu Themen inspirieren.

Im Folgenden zeigen wir beispielhaft an einem Zeitungsartikel aus der Tageszeitung „Die Welt" den Weg von einem Phänomen zu einer Forschungsidee. Am 22.07.2013 berichtete die Zeitung unter dem Titel „Siemens sucht in der Garage nach Weltmarktideen", dass Siemens nach Start-up-Ideen mit Weltmarktpotenzial sucht und hierzu eine Art Start-up-Inkubator in München gegründet hat. Das Unternehmen mit dem Namen Siemens Novel Businesses GmbH wird dabei als Experimentier-Plattform für eher kleine Start-up-Geschäftsideen mit typischerweise etwa fünf Mitarbeitern verstanden. Dies soll dem Großkonzern helfen, zukünftig keine Technologietrends zu verpassen. Die Standortwahl fiel auf München, so wird in dem Artikel weiter ausgeführt, da sich dort eine lebhafte Gründerszene befindet.

Wenn Sie eine solche Meldung einmal mit offenen Augen betrachten, so lässt sich eine Vielzahl kritischer Fragen formulieren, z. B. im Sinne von: Was macht Siemens da? Warum macht Siemens das? Machen andere das auch? Sind solche Zentren für den Unternehmenserfolg wirklich nützlich?

Nach diesen phänomenorientierten Fragen sollten Sie in einem nächsten Schritt versuchen, das beobachtete Phänomen in Beziehung zu übergeordneten Aspekten zu setzen. Hierbei geht es im Kern um die Frage, welche Theorien Ihnen bei der

Beantwortung der Fragen helfen können. Bei diesem und dem nächsten Schritt geht es nicht darum zu beurteilen, ob es richtig oder falsch ist, was Siemens macht, sondern primär darum Anknüpfungspunkte an die wissenschaftliche Literatur oder zu Vorlesungen, die Sie besucht haben, herzustellen. Wie würden Sie das Thema dieses Zeitungsartikels einordnen? Ein möglicher Anknüpfungspunkt aus unserer Sicht ist die Frage, wie Großunternehmen auf Wandel in ihrer Umwelt reagieren und sich selber wandeln. Andere Anknüpfungspunkte sind Fragen, die unter den Stichpunkten Innovation, Technologie, Produkte, Praktiken, Strukturen und auch Marken thematisiert werden können. Und es gibt sicher weitere mögliche Anknüpfungspunkte.

In einem nächsten Schritt könnten Sie sich fragen, welche theoretischen Ansätze beispielsweise zum Thema marktorientierte Unternehmensführung und Innovation passen. Hierzu werden Sie wahrscheinlich auch in Ihren Vorlesungsunterlagen und Lehrbüchern Hinweise finden, z. B. zum Thema „Exploration vs. Exploitation", einem oft zitierten Aufsatz von James G. March (1991), der sich mit der Frage beschäftigt, wie Unternehmen sowohl neue Ideen generieren können („explore") und gleichzeitig auch aus bestehenden Ideen und Produkten weiterhin Umsatz und Gewinn generieren können („exploit"). Im besten Fall können Unternehmen beides und gelten als beidhändig (Theorie der Beidhändigkeit: „ambidexterity").

Aber im Artikel steckt noch viel mehr. Weitere potenzielle Forschungsfragen sind:

(1) Sind kleine Teams besser, um neue Ideen zu erkunden?
(2) Sind Unternehmen erfolgreicher, die über F&E-Sparten in neue Ideen investieren?
(3) Sind Unternehmen erfolgreicher, die ihre „Scouting"-Aktivitäten in Gründungszentren (Silicon Valley, München, Berlin, Tel Aviv ...) ansiedeln?

2.2.3.3 Theorie-Phänomen-Abgleich

Ein weiterer Weg nutzt Theorie als Ausgangspunkt für die Entwicklung Ihrer Forschungsfrage. Das Ziel von Theorien ist es, einen Ausschnitt der Wirklichkeit zu beschreiben und zu erklären (vgl. Abschn. 3.1). Dies bedeutet, dass sich die Güte von Theorien daran festmachen lässt, wie zutreffend sie beispielsweise vermutete Wirkungsbeziehungen adäquat vorhersagen können. Wenn Sie Fälle identifizieren, in denen existierende empirische Arbeiten auf Basis einer bestehenden Theorie keine, nur wenige oder unvollständig Aussagen treffen können, dann haben Sie ebenfalls eine Forschungsidee identifiziert. Dies heißt, dass sich bei einer Nichtübereinstimmung von theoretisch zu erwartenden und praktisch zu beobachtenden Wirkungsbeziehungen ein spannendes Phänomen ergibt. Im Folgenden illustrieren wir diese Möglichkeit der Ideenfindung an einem Aufsatz von Martha S. Feldman und James G. March (1981).

In ihrem Aufsatz untersuchen die Autoren die Informationsgewinnung und -verarbeitung in Organisationen. Auf Basis der „rational choice"-Theorie (Theorie der rationalen Wahl), so leiten die Autoren ab, lässt sich bezüglich des zu erwartenden Verhaltens von Organisationen feststellen, dass

(1) Informationen einen ökonomischen Wert besitzen, da sie die Entscheidungsqualität bei Entscheidungen unter Unsicherheit positiv beeinflussen können und bessere Entscheidungen sich in einem höheren ökonomischen Gewinn niederschlagen (z. B. der Maximierung des Unternehmensgewinns),
(2) die Beschaffung von Informationen jedoch Kosten verursacht und
(3) sich auf Basis von (1) und (2) vermuten lässt, dass Informationen nur dann eingeholt werden, wenn diese werthaltig sind, d. h., wenn der ökonomische Wert der Entscheidungsverbesserung aufgrund der verbreiterten Informationsbasis die Kosten überwiegt. In diesem Zuge wäre zu erwarten, dass Organisationen Informationen, welche irrelevant für eine bestimmte Entscheidung sind, nicht einholen und dass sie gesammelte Informationen im Rahmen der Entscheidungsfindung berücksichtigen.

Feldman und March illustrieren im Folgenden anhand von drei Praxisbeispielen, dass Organisationen in ihrem tatsächlichen Verhalten jedoch ganz und gar nicht dem aufgrund der Theorie der rationalen Wahl zu erwartenden Muster entsprechen. Vielmehr zeigt sich, dass eine Vielzahl vorliegender Informationen in Entscheidungssituationen oftmals nicht genutzt wird oder dass entscheidungsrelevante Informationen erst nachträglich, d. h., nach der Entscheidung, eingeholt werden.

Nun, so führen die Autoren weiter aus, könnte man unterstellen, dass Organisationen und Organisationsmitglieder schlicht dumm sind und sich daher – im Sinne der „rational choice"-Theorie – systematisch falsch verhalten. Es scheint jedoch genauso naheliegend zu fragen, ob dem Verhalten nicht doch ein rationales Kalkül zu Grunde liegt, welches jedoch im Rahmen der Theorie der rationalen Wahl keine (bzw. noch keine explizite oder ausreichende) Berücksichtigung findet.

Nach der Beschreibung, dass Organisationen an der einen oder anderen Stelle tatsächlich irrational bzw. ineffizient im Sinne der Theorie der rationalen Wahl handeln, argumentieren die Autoren, dass Informationen für Unternehmen neben einem ökonomischen Wert auch einen sozialen Wert besitzen können. Ein solcher Wert kann z. B. dadurch entstehen, dass bestimmte Anspruchsgruppen einer Organisation eine hohe Quantität an vorliegenden Informationen als Zeichen hoher Kompetenz interpretieren. Zudem werden besonders weitreichende Entscheidungen von Anspruchsgruppen einer Organisation oftmals als stärker legitimiert empfunden/erachtet, wenn der Entscheidung viele Informationen zu Grunde gelegt wurden.

Unter Berücksichtigung der Aspekte einer zugesprochenen Kompetenz und Legitimität kann es für Organisationen demnach sehr wohl rational sein, auch Informationen einzuholen, die nach der „rational choice"-Theorie in Summe als ökonomisch nicht werthaltig zu beurteilen sind. In der Tat besitzen die zugesprochene Kompetenz und Legitimität durchaus auch einen mittelbaren ökonomischen Wert, z. B. weil jene Faktoren auch für Arbeitnehmer, Kapitalgeber, Kunden, Lieferanten, etc. relevant sind. Konsequenterweise könnte die Theorie dahingehend erweitert werden, dass neben dem ökomischen Wert, den Informationen bei der Entscheidungsverbesserung stiften, auch eine Wertkomponente aufgenommen wird, die aus der zugesprochenen Legitimität resultiert.

2.3 Weiter zur Forschungsfrage

Ist die Forschungsidee gefunden, dann ist es im nächsten Schritt notwendig, diese in eine oder mehrere Forschungsfragen zu überführen. Sie können diesen Prozess als zweistufig betrachten:

(1) **Eigentliche Forschungsfrage**: Was wollen Sie in Ihrer Abschlussarbeit herausfinden, überprüfen, beschreiben oder elaborieren? Durch die Beantwortung dieser Frage wird die eigentliche Forschungsfrage aufgestellt. Diese ist üblicherweise eine W-Frage (Wieso? Weshalb? Warum? Wer? Wie? ...): „Wie gelingt es ...", „Wieso besteht der Zusammenhang ..." oder „Wie entwickelt sich ...". Die Antwort auf eine Forschungsfrage stellt das Ergebnis Ihrer Abschlussarbeit dar. Deshalb ist es besonders wichtig, dass Ihre Forschungsfrage schlüssig ist, nicht nur eine bloße Behauptung aufstellt bzw. auf falschen Vorannahmen basiert. Fragen, die auf falschen Vorannahmen basieren („Unternehmen beuten ihre Mitarbeiter aus: Wieso interveniert die Politik nicht?"), lassen sich wissenschaftlich nicht beantworten, während Fragen, die auf reinen Behauptungen („Wie gelingt es Unternehmen sich global zu orientieren, damit sie Erfolg haben?") basieren, nicht als wohlbegründet angesehen werden können. Im ersten Fall, impliziert die Frage bereits, dass Unternehmen per se ihre Mitarbeiter ausbeuten, während im zweiten Fall suggeriert wird, dass globale Orientierung für Unternehmen zwingend notwendig ist, um Erfolg zu haben.

(2) **Ziel der Forschungsfrage**: Warum wollen Sie in Ihrer Abschlussarbeit das in Ihrer Forschungsfrage artikulierte Phänomen adressieren, beschreiben oder elaborieren? Wissenschaftliche Arbeiten und somit auch Ihre Abschlussarbeit sind kein Selbstzweck, sondern müssen stets in einen größeren Zusammenhang eingebettet werden. Dieser Zusammenhang besteht aus den Implikationen, welche die Beantwortung Ihrer Forschungsfrage nach sich zieht. Sie können sich auch Fragen: „Was kann aus den Ergebnissen meiner Abschlussarbeit gelernt werden?" Das Lernpotenzial kann auf theoretischer, praktischer oder methodischer Ebene liegen. Ihre wissenschaftliche Arbeit kann beispielsweise eine Theorie bestätigen, kann praktische Anwendung in Unternehmen finden oder kann eine methodische Innovation erproben und deren Potenziale zeigen.

Durch die Klärung der beiden obigen Komplexe kann Ihre Arbeit vom Leser in den wissenschaftlichen Diskurs eingeordnet werden. Da Sie stets an einen bestehenden Diskurs anschließen, haben Sie zudem mit der Klärung der beiden genannten Komplexe die Relevanz Ihres Vorhabens begründet.

2.4 Hilfe auf dem Weg zur Forschungsidee und -frage

Abschließend möchten wir Ihnen noch einige übergeordnete Ratschläge mit auf den Weg geben. Dies betrifft zunächst einmal die **Themenwahl**. Wir machen immer wieder die Erfahrung, dass gute Arbeiten vor allem dann entstehen, wenn Studierende Freude an Ihrer Abschlussarbeit empfinden und diese nicht nur als eine Anforderung in Ihrem Studium ansehen, die zu erfüllen ist. Wie und wann entwickeln sich aber freudige Hingabe und Disziplin für Ihre Arbeit? Dies ist nach unserer Erfahrung dann der Fall, wenn Ihr Interesse geweckt ist, wenn etwas interessant erscheint, und zwar nicht nur für Sie selbst, sondern auch für andere. Jeder von Ihnen hat besondere Interessen bzw. findet bestimmte Inhalte und Aspekte seines Studiums mehr oder weniger interessant. Wir sind der festen Überzeugung, dass sich aus jedwedem Interessensgebiet ein interessantes und relevantes Thema für eine Abschlussarbeit entwickeln lässt, auch wenn der Prozess der Konkretisierung zeitlich variieren mag. Beginnen Sie deshalb schon frühzeitig in Ihren speziellen Interessensgebieten über potenzielle Themen nachzudenken, über diese mit anderen zu diskutieren und hierzu auch bereits erste Literatur zu sichten. Da vor allem die Themenfindung einen ausgeprägt kreativen Charakter besitzt, möchten wir an dieser Stelle explizit auf **Techniken zur Kreativitätssteigerung** verweisen. Geeignete Darstellungen verschiedener Techniken liefern z. B. Nöllke (1998) oder Scherer (2010).

Darüber hinaus geben wir Ihnen den Ratschlag: **Verschriftlichen Sie Ihre Überlegungen!** An einigen Lehrstühlen wird im Rahmen der Bewerbung um einen Betreuungsplatz für Ihre Abschlussarbeit ohnehin ein Exposé gefordert, so dass Sie dort gezwungenermaßen eine Verschriftlichung Ihrer Ideenskizze vornehmen müssen. Aber auch wenn dies nicht explizit von Ihnen gefordert werden sollte, weist die Erstellung eines Exposés wesentliche Vorteile auf. Eine Verschriftlichung führt in der Regel zu einer besseren Systematisierung und Durchdringung eines Themas.

Zwei letzte Ratschläge betreffen spezifisch empirisch-qualitative und empirisch-quantitative Abschlussarbeiten. Im Rahmen dieser empirischen Arbeiten gilt es sich bereits zu einem sehr frühen Zeitpunkt über die **Datenverfügbarkeit** Klarheit zu verschaffen, d. h. zu ermitteln, ob die für die sinnvolle Bearbeitung der Forschungsfrage relevanten Daten verfügbar bzw. in einem angemessenen Zeitrahmen (z. B. durch eigene Erhebungen) zu beschaffen sind. Eine interessante und relevante Fragestellung innerhalb einer Theorie, für deren Beantwortung Sie jedoch nicht die geeigneten Daten vorliegen haben oder beschaffen können, ist genauso unbefriedigend wie der Besitz umfangreicher Daten ohne theoretische Fragestellung. Neben der Kongruenz von theoretischer Fragestellung und vorliegenden Daten muss zudem auch die empirische Forschungsmethodik in Einklang mit der adressierten Forschungsfrage gebracht werden. Hier gilt es sich u. U. bereits frühzeitig bestimmte Methodenkenntnisse anzueignen.

Des Weiteren ist es hilfreich, wenn Sie sich klarmachen, dass das Phänomen, welches Sie in Ihrer Arbeit zum Untersuchungsobjekt machen, lediglich den Zugang zu einer theoriegestützten Untersuchung ermöglicht. Dies bedeutet, dass

(1) eine theoretische Fragestellung an einer Vielzahl von Untersuchungsobjekten analysiert werden kann und gleichzeitig
(2) an ein Untersuchungsobjekt eine Vielzahl an theoretischen Fragestellungen herangetragen werden kann.

Beispielsweise wurde auf Basis der neo-institutionalistischen Organisationstheorie die Frage, welche Einflussfaktoren das Verhalten von Organisationen, die sich in einer komplexen Umwelt befinden (d. h., wenn unterschiedliche und widersprüchliche Erwartungen von Interessensgruppen vorliegen) beeinflussen, anhand der folgenden **Untersuchungsobjekte** analysiert:

- Kanadische Weingüter (Reay et al. 2015; Voronov et al. 2013)
- (US-amerikanische) medizinische Fakultäten (Dunn und Jones 2010)
- (Gründerteams amerikanischer) Banken (Almandoz 2014)

- (Französische) Business Schools (Kodeih und Greenwood 2014)
- Produzierende spanische Unternehmen (Greenwood et al. 2010).

Im Gegenzug wurde eine Vielzahl von **Forschungsfragen an das Untersuchungsobjekt** „Weingüter" herangetragen. Hierzu zählen z. B.:

- Wissenstransfer und Lernprozess (Gil und Carrillo 2016)
- Einfluss des Unternehmensalters auf die finanzielle Performance von Unternehmen (Capasso et al. 2015)
- Einflussfaktoren auf die generationenübergreifende Weitergabe unternehmerischen Handelns in Familienunternehmen (Jaskiewicz et al. 2015)
- Verhalten von Organisationen im Kontext von umweltlicher Komplexität (Reay et al. 2015; Voronov et al. 2013)
- Zusammenhang zwischen der Gewinnung hochqualifizierter Mitarbeiter und der Preisgestaltung von Produkten (Roberts et al. 2011).

Demnach können Sie sich merken, dass Ihr Thema nicht das Untersuchungsobjekt alleine, sondern stets auch das theoretische Problem ist, welches Sie untersuchen. Somit ist es hilfreich, gedanklich eine **Trennung von Phänomen** (beobachtetes Untersuchungsobjekt) **und theoretischer Fragestellung** vorzunehmen. Um diese Trennung von Phänomen und Fragestellung geeignet zu berücksichtigen, zerlegen Sie das Thema Ihrer Abschlussarbeit gedanklich in zwei Teilbereiche, welche Sie mit einem Bindestrich trennen: „THEORETISCHE FRAGESTELLUNG – eine empirische Untersuchung am Beispiel PHÄNOMEN".

Literatur

Almandoz, J. (2014). Founding teams as carriers of competing logics: when institutional forces predict banks' risk exposure. *Administrative Science Quarterly, 59*(3), 442–473.

Capasso, A., Gallucci, C., & Rossi, M. (2015). Standing the test of time. Does firm performance improve with age? An analysis of the wine industry. *Business History, 57*(7), 1037–1053.

Dunn, M. B., & Jones, C. (2010). Institutional logics and institutional pluralism: the contestation of care and science logics in medical education, 1967–2005. *Administrative Science Quarterly, 55*(1), 114–149.

Feldman, M. S., & March, J. G. (1981). Information in organizations as signal and symbol. *Administrative Science Quarterly, 26*(2), 171–186.

Giambatista, R., Rowe, W. G., & Riaz, S. (2005). Nothing succeeds like succession: a critical review of leader succession literature since 1994. *The Leadership Quarterly, 16*(6), 963–991.

Gil, A. J., & Carrillo, F. J. (2016). Knowledge transfer and the learning process in Spanish wineries. *Knowledge Management Research & Practice, 14*(1), 60–68.
Greenwood, R., Díaz, A. M., Li, S. X., & Lorente, J. C. (2010). The multiplicity of institutional logics and the heterogeneity of organizational responses. *Organization Science, 21*(2), 521–539.
Jaskiewicz, P., Combs, J. G., & Rau, S. B. (2015). Entrepreneurial legacy: toward a theory of how some family firms nurture transgenerational entrepreneurship. *Journal of Business Venturing, 30*(1), 29–49.
Kodeih, F., & Greenwood, R. (2014). Responding to institutional complexity: the role of identity. *Organization Studies, 35*(1), 7–39.
Loewenstein, J., Ocasio, W., & Jones, C. (2012). Vocabularies and vocabulary structure: a new approach linking categories, practices, and institutions. *The Academy of Management Annals, 6*(1), 41–86.
March, J. G. (1991). Exploration and exploitation in organizational learning. *Organization Science, 2*(1), 71–87.
Mezias, J. M., & Starbuck, W. H. (2003). Studying the accuracy of managers' perceptions: a research odyssey. *British Journal of Management, 14*(1), 3–17.
Nöllke, M. (1998). *Kreativitätstechniken.* Planegg: STS-Verlag.
Reay, T., Jaskiewicz, P., & Hinings, C. R. (2015). How family, business, and community logics shape family firm behavior and "rules of the game" in an organizational field. *Family Business Review, 28*(4), 292–311.
Roberts, P. W., Khaire, M., & Rider, C. I. (2011). Isolating the symbolic implications of employee mobility: price increases after hiring winemakers from prominent wineries. *The American Economic Review, 101*(3), 147–151.
Scherer, J. (2010). *Kreativitätstechniken: In 10 Schritten Ideen finden, bewerten, umsetzen.* Offenbach: Gabal.
Simsek, Z., Fox, B. C., & Heavey, C. (2015). "What's past is prologue": a framework, review, and future directions for organizational research on imprinting. *Journal of Management, 41*(1), 288–317.
Starbuck, W. H. (1992). Strategizing in the real world. *International Journal of Technology Management, Special Publication on Technological Foundations of Strategic Management, 8*(1/2), 77–85.
Tosi, H., Aldag, R., & Storey, R. (1973). On the measurement of the environment: an assessment of the lawrence and Lorsch environmental uncertainty subscale. *Administrative Science Quarterly, 18*(1), 27–36.
Voronov, M., De Clercq, D., & Hinings, C. R. (2013). Institutional complexity and logic engagement: an investigation of ontario fine wine. *Human Relations, 66*(12), 1563–1596.

Theorien generieren, nutzen und testen 3

Lernziele

Am Ende des Kapitels sollten Sie ...

- ein Verständnis darüber entwickelt haben, welche Bedeutung Theorie in der Wissenschaft im Allgemeinen und in den Managementwissenschaften im Besonderen besitzt.
- unterschiedliche Herangehensweisen in der Forschung kennengelernt haben: nämlich Induktion und Deduktion.
- verstanden haben, dass eine wissenschaftliche Abschlussarbeit auf der passenden Kombination dreier Elemente fußt, nämlich von Forschungsfeld, Theorie und Methodik.

3.1 Die Rolle von Theorie

Wer sich mit wissenschaftlicher Forschung auseinandersetzt, wird zwangsläufig mit Theorien konfrontiert. Sie sind zugleich Anfangs- als auch Endpunkt wissenschaftlicher Aktivitäten und unterliegen einer ständigen Entwicklung.

Wissenschaftliche Aktivitäten richten sich mittels eines systematischen und nachvollziehbaren Vorgehens auf die Erkundung der Welt. Das Ziel ist, die Welt in kondensierter Form zu beschreiben und zu erklären. In den Sozialwissenschaften, zu welchen auch die Managementwissenschaften zählen, dienen Theorien dem Erklären der sozialen Welt. Da jedoch auch die soziale Welt mit all ihren Einflüssen und Wechselwirkungen eine extrem hohe Komplexität aufweist, engt jede

---

Unter Mitarbeit von Dr. Sebastian G. M. Händschke, Wissenschaftlicher Mitarbeiter am Lehrstuhl für ABWL/Organisation, Führung und Human Resource Management, Friedrich-Schiller-Universität Jena.

sozialwissenschaftlich orientierte Theorie ihren Betrachtungsfokus zusätzlich ein. Das heißt sozialwissenschaftliche Theorien betrachten nur einen Ausschnitt der sozialen Welt. Eine „Welttheorie", die alle Phänomene der sozialen Welt erklären kann, gibt es nicht, obgleich es immer wieder Versuche gibt, eine solche zu generieren. Der heute verbreitete Ansatz in den Sozialwissenschaften ist bescheidener: (Abgrenzbare) Phänomene der sozialen Welt sollen in einer allgemeinen und kritisierbaren Weise beherrschbar gemacht werden. Neben der Fokussierung auf einen bestimmten Ausschnitt der sozialen Welt, wird der Erklärungsgehalt von Theorien auch durch die getroffenen Grundannahmen begrenzt. Während einige sozialwissenschaftliche Theorien beispielsweise rational agierende Akteure (Individuen bzw. Organisationen) unterstellen, wird in anderen Theorien von eingeschränkter Rationalität der Akteure ausgegangen.

Theorien weisen dabei stets zwei Funktionsbündel auf: ein theoretisches Wissenschaftsziel, nämlich das der geistigen Durchdringung der Realität zum Zwecke der Gewinnung von Orientierungen und Einsichten, und ein pragmatisches Wissenschaftsziel, das der Schaffung geistiger Voraussetzungen zur Veränderung der Realität dient.

Einen Beitrag zur Theorieentwicklung zu leisten, stellt letztlich das Ziel jeglicher (sozial)wissenschaftlichen Aktivität dar. Die (Weiter-)Entwicklung einer Theorie erfolgt im wissenschaftlichen Diskurs der Gemeinschaft von Wissenschaftlern über einen bestimmten Gegenstand der Forschung bzw. über ein bestimmtes Forschungsfeld. In diesem wissenschaftlichen Diskurs besteht der Beitrag eines jeden Wissenschaftlers in der expliziten Auseinandersetzung mit einer oder mehreren Theorien. Die Auseinandersetzung kann dabei unterschiedliche Formen annehmen, z. B. als Versuch der Entwicklung, Widerlegung, Bestätigung, Weiterentwicklung oder Erneuerung von Theorie(n).

Aber was genau charakterisiert nun eine Theorie? Die Antworten auf diese Frage sind vielfältig und erlauben keine eindeutigen Aussagen. Im Wesentlichen weisen Theorien, erstens, einen Systemcharakter auf, welcher das innere Gefüge einer Theorie beschreibt. Außerdem ist Theorien, zweitens, der bereits genannte Erklärungscharakter zu eigen.

Der Systemcharakter (vgl. Abb. 3.1, [1]) bezieht sich dabei auf den Umstand, dass Theorien als Systeme von Elementen verstanden werden können. Die Elemente sind – je nach Autor – als Sätze (Mittelstraß 1998), Konzepte, Hypothesen und Beobachtungen (Bagozzi und Phillips 1982), Axiome, Gesetze und Theoreme (Friedrichs 1990), Terme, Definitionen und Regeln (Hempel 1974), Konstrukte und Variablen (Bacharach 1989), Gesetzesaussagen (Bunge 1967) oder auch schlicht Aussagen (Dörner 1994; Friedrichs 1990; Wolf 2013) definiert.

3.1 Die Rolle von Theorie

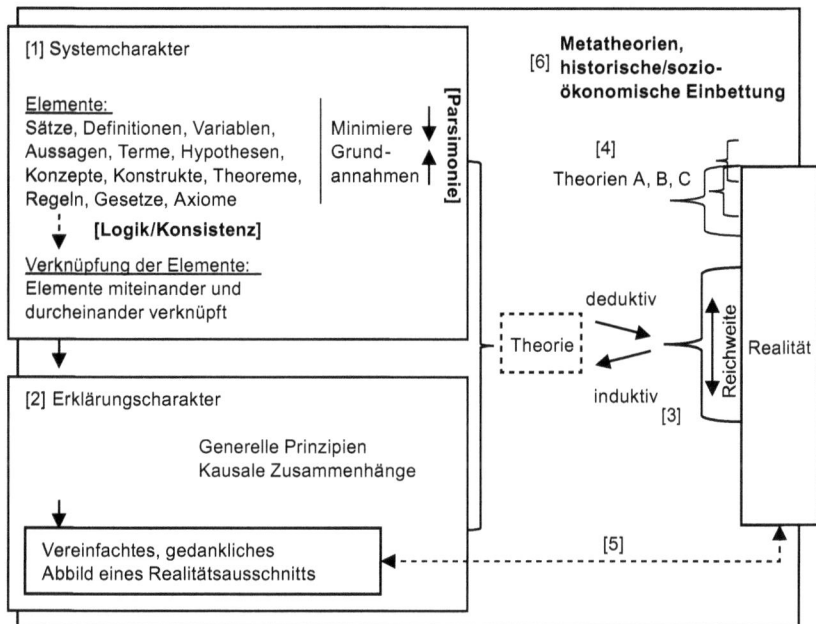

Abb. 3.1 Einordnung des Theoriebegriffs. (Nölke 2013, S. 4, die von uns hier verwendete Abbildung findet sich in der Masterarbeit von Herrn Martin Nölke, die am Lehrstuhl für ABWL/Organisation, Führung und Human Resource Management an der Friedrich-Schiller-Universität Jena betreut wurde.)

In Bezug auf den auf die Erklärung ausgerichteten Charakter (vgl. Abb. 3.1, [2]) liefert eine Theorie durch das Aufdecken generell wirksam werdender Prinzipien und kausaler Zusammenhänge (Sutton und Staw 1995) einen logisch schlüssigen „Blick auf einen Ausschnitt der Welt" (Schülein und Reitze 2012, S. 272). Die Elemente einer Theorie sind somit durch das Prinzip der Logik bzw. Konsistenz verknüpft (Bagozzi und Philipps 1982; Döring und Bortz 2016; Friedrichs 1990; Schülein und Reitze 2012; Wolf 2013). Die Elemente bedingen sich also gegenseitig und stehen nicht im Widerspruch zueinander. Dabei gilt für die einer Theorie zugrundeliegenden Annahmen das Parsimonie- bzw. Sparsamkeitsprinzip: Es sollen nur so viele Grundannahmen getroffen werden, wie zur Erklärung eines Phänomens oder eines Sachverhalts nötig sind (Döring und Bortz 2016; Ruß 2004; Wolf 2013).

Abb. 3.1 ordnet den Theoriebegriff ein und vermittelt einen Gesamtüberblick über die Charakteristika von Theorien: Theorien sind Systeme [1], die der Erklärung [2] eines Ausschnitts der (sozialen) Wirklichkeit [3] dienen. Dabei können Theorien in einem unterschiedlichen Verhältnis zueinander stehen [4]. Dies bedeutet, dass Theorien z. B. ineinander geschachtelt sein können. So ist beispielsweise der Begriff der Legitimität als Konstrukt für zahlreiche Theorien bedeutsam. Allerdings existieren auch Theorien, welche auf die Erklärung des Phänomens der Legitimität selber abzielen und ihrerseits aus Konstrukten bestehen. Des Weiteren existieren konkurrierende Theorien, die gegenläufige Aussagen zum gleichen Sachverhalt machen. Als vereinfachtes Abbild der Wirklichkeit sind Theorien stets der Prüfung durch den Abgleich mit der Realität ausgesetzt [5]. Der gestrichelte Rahmen des Theorie-Kastens symbolisiert somit, dass Theorien nur vorübergehende Gültigkeit besitzen und steten Modifikationen unterliegen.

Zudem ist die Theorieentstehung und -verbreitung eingebettet in einen historischen bzw. sozioökonomischen Kontext und wird beeinflusst durch Metatheorien [6]. Vereinfacht ausgedrückt unterliegt die Entstehung und Entwicklung von Theorien dem gesellschaftlichen Zeitgeist. Wurden beispielsweise bis in die 1960er-Jahre Organisation als effizienzfördernde und rationale Möglichkeit der Arbeitskoordination betrachtet (Gesellschaftlicher Kontext: Erholung und Wiederaufbau des wirtschaftlichen und gesellschaftlichen Lebens nach dem Zweiten Weltkrieg), kam ab den 1970er-Jahren der Zweifel auf, ob Organisationen auf diese Weise vollständig beschrieben werden können und ob nicht auch scheinbar ineffizientes bzw. irrationales Verhalten in und von Organisationen pragmatisch gesehen sinnvoll sein kann (Gesellschaftlicher Kontext: Zweifel am Primat der Effizienz und Hervorhebung der sozialen und kulturellen Funktionen von Organisationen). Theorien des Strategischen Managements kommen als originäre Theorien z. B. überhaupt erst in der zweiten Hälfte des 20. Jahrhunderts auf und erfahren erst seit den 1980ern und 1990ern einen weiteren Schub (Gesellschaftlicher Kontext: Zunehmender Wettbewerb zwischen Unternehmen und zunehmende Internationalisierung der Geschäftstätigkeiten).

Nach dieser kurzen Darstellung schlagen wir folgende Arbeitsdefinition des Theoriebegriffs im Rahmen unserer Einführung in das wissenschaftliche Arbeiten vor:

- Theorien sind im Kern Systeme von Aussagen, die allgemeingültig sind bzw. so gedacht werden. Der Begriff System bedeutet, dass die Aussagen zueinander in Bezug stehen und in der Gesamtheit eine Vorstellung spiegeln „wie die Realität aussieht bzw. funktioniert".

- Die Elemente dieser Aussagensysteme sind **Begriffe**. Diese Begriffe können sowohl Beziehungen zwischen Elementen (*wenn* hohe Arbeitszufriedenheit erreicht wird ... *dann* besteht eine hohe Leistungsbereitschaft ...) als auch die Elemente selbst (Arbeitszufriedenheit *ist* ...) beschreiben. Theorie ist also ein System von Begriffen. Theorien werden in den sozialwissenschaftlichen Disziplinen sprachlich gefasst, d. h., sie werden durch Sätze bzw. Texte abgebildet. Im Rahmen dieser Begriffsbeschreibungen können aber auch verkürzte Notationen (Platzhalter) oder graphische Darstellungen genutzt werden, um die Darstellung zu vereinfachen.

Die beiden wesentlichen Anforderungen an Theorien sind Allgemeinheit und Kritisierbarkeit (siehe ausführlicher Kieser und Kubicek 1978).

Die **Allgemeinheit** von Theorien setzt die Loslösung von der konkreten Alltagserfahrung voraus, indem allgemeine Aussagen getroffen werden. Eine solche Abstraktion erfolgt über Begriffe. Hierbei sind zunächst deskriptive Begriffe, welche Objekte der Realität sowie deren Eigenschaften wiedergeben, von logischen Begriffen zu unterscheiden, welche die zwischen diesen Elementen angenommenen Beziehungen (je – desto, wenn – dann) beschreiben. Bezüglich der deskriptiven Begriffe kann zusätzlich zwischen Beobachtungsbegriffen und (theoretischen) Konstrukten differenziert werden. Konstrukte weisen einen indirekten empirischen Bezug auf und sind somit von der konkreten Beobachtung abgelöst: Beispiele sind Arbeitszufriedenheit, Vertrauen, komplex, dynamisch. Dies unterscheidet sie von Beobachtungsbegriffen, die in der Erfahrungswelt direkt erfasst werden können. Solche Beobachtungsbegriffe beziehen sich auf physische Objekte und deren Eigenschaften. Beispiele sind Schreibtisch, Berg, Automobil, Formular, grün, groß. Auch Beobachtungsbegriffe abstrahieren jedoch vom Einzelfall, d. h. von z. B. bestimmten Automobilen oder Bergen, indem ihnen begriffskonstituierende Merkmale sowie Eigenschaftsausprägungen zugeschrieben werden. Bei der Begriffsbildung kommt es demnach immer darauf an, ein Augenmerk auf besonders wichtige Aspekte zu legen und von weniger relevanten zu abstrahieren.

Die **Kritisierbarkeit** ist die zweite wesentliche Anforderung an eine Theorie. Sie macht den Unterschied zwischen Theorien sowie Mythen und Dogmen aus. Denn eine Theorie muss objektiv oder zumindest intersubjektiv eindeutig formuliert sein. Die in der Theorie aufgestellten Behauptungen müssen überprüfbar und die Argumentation nachvollziehbar sein. Die Begriffe sollten dabei möglichst genau definiert und beschrieben werden sowie einer empirischen Untersuchung mit möglichst objektiven, validen und reliablen Messinstrumenten (vgl. Kap. 1) zugänglich sein.

Die Basis für Kritik ist dabei vielfältig: Zum einen können Theorien hinsichtlich ihrer inneren Konsistenz, d. h. mit Blick auf die Logik ihrer Argumentation, kritisiert werden (endogene Kritik). Zum anderen können andere Theorien als Ausgangspunkt für Kritik herangezogen werden. Es können aber auch gesellschaftliche Bedürfnisse und Zwecke bei der Wahl bzw. Kritik von Theorien eine große Rolle spielen (exogene Kritik). Die in der Forschung – und auch in wissenschaftlich orientierten Abschlussarbeiten – wichtigste Quelle der Kritik an Theorien ist jedoch die Empirie, d. h. empirische Studien, in denen sich Belege für theoretische Annahmen finden bzw. Ergebnisse, welche die theoretischen Annahmen nicht bestätigen oder gar infrage stellen, hervorgebracht werden. Im Kontext der Kritisierbarkeit nimmt somit die Falsifizierbarkeit eine zentrale Rolle ein. Unter Falsifizierbarkeit versteht man, dass empirische Beobachtungen möglich sein müssen, welche eine Theorie widerlegen könnten. Popper (2005, S. 17) spricht in diesem Zusammenhang davon, dass Theorien „an der Erfahrung scheitern können" müssen.

In den meisten Fällen wird im Rahmen einer Abschlussarbeit eine Theorie auf der Basis empirischer Ergebnisse einer auf dieser Theorie fußenden Untersuchung diskutiert: Das heißt, die Kritik erfolgt innerhalb des Argumentationsrahmens der für die Studie gewählten Theorie (endogene Kritik). In einer theoretisch-konzeptionell orientierten Abschlussarbeit können aber auch Widersprüche in der Argumentation (z. B. hinsichtlich ihrer logischen Konsistenz) herausgearbeitet werden. Weiterhin kann eine Theorie extern, d. h. mithilfe anderer Theorien, kritisiert werden (exogene Kritik). Dieses Vorgehen bedeutet, dass Theorien in Verhältnis zueinander gesetzt werden. Abhängig von ihren „theoretischen Brillen", die den Blick für bestimmte Aspekte und Fragestellungen schärfen, können sich Theorien bezüglich des betrachteten Realitätsausschnitts ergänzen oder widersprechen.

3.2 Theorien in den Managementwissenschaften

Bislang haben wir über Theorien in den Sozialwissenschaften im Allgemeinen gesprochen. Was heißt das nun alles, wenn wir auf spezifische Theorien im Bereich der Managementwissenschaften schauen?

Zunächst einmal lässt sich festhalten, dass die Managementwissenschaften durch eine große Vielfalt unterschiedlicher Theorien gekennzeichnet sind. Diese Vielfalt an Theorien rührt daher, dass sich der Bereich der Managementwissenschaften im Wesentlichen über einen übergeordneten Gegenstand der Forschung definiert, nämlich das Verhalten in und von Organisationen. Aus diesem Grund sind die Managementwissenschaften letztlich auch ein Amalgam vieler

3.2 Theorien in den Managementwissenschaften

verschiedener Wissenschaftsdisziplinen. So nutzen Wissenschaftler aus den Managementwissenschaften viele verschiedene disziplinäre Quellen, um das Verhalten in und von Organisationen zu erforschen. So sind die Soziologie (z. B. in Form der neo-institutionalistischen Organisationstheorie), die Ökonomik (z. B. in Form der Transaktionskostentheorie), die Psychologie (z. B. in Form der Attributionstheorie der Führung), die Politikwissenschaften (z. B. in Form der Agenda-Setting-Theorie), die Philosophie (z. B. in Form wirtschaftsethischer Ansätze) und viele andere Disziplinen (z. B. die Biologie) Quellen, die in den Managementwissenschaften zur Theoriebildung genutzt werden.

Studierenden fällt es oft schwer, die disziplinäre Herkunft einer Theorie zu erkennen. Zudem neigen Studierende oftmals dazu, entweder keine oder aber zu viele Theorien in ihren Arbeiten zu verwenden. In letzterem Fall ist zu beobachten, dass Studierende versuchen alle Theorien, die sie zu einem bestimmten Thema finden, z. B. zur Implementierung eines Managementkonzepts, in einer Abschlussarbeit zu nutzen bzw. miteinander zu verbinden. Gerade beim Versuch, unterschiedliche Theorien miteinander zu verbinden, ist jedoch zu beachten, dass Theorien inkommensurabel sein können. Inkommensurabilität bedeutet, dass Theorien nicht direkt miteinander verglichen und verbunden werden können, weil sie auf unterschiedlichen Grundannahmen beruhen (Kuhn 1962). Beispielsweise geht die Prinzipal-Agenten-Theorie von einem rationalen Akteur aus, der seine eigenen (ökonomischen) Interessen verfolgt, wohingegen der Neo-Institutionalismus von einem Akteur ausgeht, dessen Interessen weitgehend von der kulturellen Umwelt der Moderne bestimmt sind. Im Rahmen des jeweiligen Theoriegebäudes sind beide Annahmen konsistent und logisch verknüpft. Bei einem Versuch, die Theorien zu kombinieren aber zeigt sich, dass ihre Annahmen nicht nur inkommensurabel sind, sondern in Widerspruch zueinander stehen. Somit weist der Argumentationsfluss der Arbeit schnell Inkonsistenzen bzw. Widersprüchlichkeiten auf.

Das heißt nicht, wie wir noch einmal betonen möchten, dass nicht mehrere (auch inkonsistente) Theorien in einer Abschlussarbeit genutzt werden können. Miteinander vereinbare Theorien können beispielsweise verknüpft werden, um einen vollständigeren Blick auf ein empirisches Phänomen zu ermöglichen. Ein gutes Beispiel hierfür ist die Arbeit von Vaisey (2009), in welcher der Autor zwei komplementäre Theorien nutzt, um den Einfluss von Kultur auf das Handeln von Akteuren umfassend(er) erklären zu können. Auch unvereinbare Theorien können in wissenschaftlichen Arbeiten hinsichtlich ihrer Erklärungskraft für ein spezifisches Phänomen miteinander verglichen werden. Ein gutes Beispiel für einen solchen Vergleich theoretischer Erklärungsansätze ist die Studie von Fligstein (1985). In seiner Studie zieht Fligstein für die Erklärung der Verbreitung der divisionalen Aufbauorganisation (strukturelle Gliederung des Unternehmens z. B. nach Produkten oder Ländern) bei multinationalen Unternehmen fünf potenzielle theoretische Erklärungsansätze heran: (1) Struktur-Strategie-Ansatz (Chandler 1962); (2) Transaktionskostentheorie (Williamson 1975); (3) Population Ecology-Theorie (Hannan und Freeman 1977, 1984); (4) Machttheoretischer Ansatz (Karpik 1978; Pfeffer 1981; Perrow 1970); und (5) Isomorphie-Annahme aus der neo-institutionalistischen Organisationstheorie (DiMaggio und Powell 1983). Die Ziele der Studie sind, darzustellen, welche unterschiedlichen Erklärungen diese Ansätze zum organisationalen Wandel im Allgemeinen liefern und diese Erklärungen am Phänomen der divisionalen Aufbauorganisation einer empirischen Überprüfung zu unterziehen. Die Ergebnisse von Fligstein legen nahe, dass zentrale Argumente der Transaktionskostentheorie sowie der Population Ecology-Theorie keine generelle empirische Bestätigung finden, während Kernargumente der anderen untersuchten Erklärungsansätze bestätigt werden können.

Im Rahmen einer Abschlussarbeit liegt es an Ihnen, sich für eine oder mehrere Theorien zu entscheiden. Die Entscheidung für eine Theorie hängt dabei von der Passung dieser mit Ihrem Forschungsfeld (bzw. Gegenstand der Forschung) ab. Inwieweit eine Theorie zu Ihrem Forschungsfeld passt, sollten Sie möglichst in einer frühen Phase der Erstellung Ihrer Arbeit erkennen. Hinweise auf die Passung werden Sie im Rahmen Ihrer Literaturarbeit finden. So werden Sie bei der Sichtung der Literatur schnell bemerken, dass bestimmte Forschungsfelder bisher hauptsächlich mit bestimmten Theorien bearbeitet worden sind (vgl. Kap. 4). Dies ist ein erster Hinweis, dass sich eine Theorie zur Bearbeitung Ihres Themas eignet. Die Dauerpräsenz einer Theorie bei bestimmten Forschungsgegenständen heißt nun nicht, dass nicht auch andere Theorien geeignet wären. Es besagt lediglich, dass dieses Forschungsfeld nicht oder nicht so oft aus anderen Blickwinkeln betrachtet worden ist. Eine neue oder eine selten genutzte Theorie zur Bearbeitung eines Themas heranzuziehen, bedeutet insofern ein größeres Wagnis, da auf weniger Vorkenntnisse zurückgegriffen werden kann. Gleichzeitig bietet sich hierdurch die Chance auf einen höheren Erkenntnisgewinn, d. h. den bisherigen Forschungsstand substantiell erweiternde Ergebnisse und somit ein größeres Potenzial zur Theorieentwicklung. Bei der Suche nach einer passenden Theorie können Sie sich zudem auf Ihre alten Vorlesungsunterlagen stützen sowie in Gesprächen mit Ihrem Betreuer mögliche Theorien zur Bearbeitung erfragen und diskutieren.

▶ **TIPP!** Legen Sie den Fokus in Ihrer Abschlussarbeit auf eine oder höchstens zwei Theorien, wobei es sich in letzterem Fall anbietet, eine vergleichende Diskussion der beiden Theorien in Hinblick auf ihre Konsistenz bzw. Inkonsistenz vorzunehmen.

3.3 Grundpositionen wissenschaftlich-empirischer Forschung

3.3.1 Vorbemerkungen

Diese Herangehensweisen an wissenschaftliche Arbeiten in den Sozialwissenschaften lassen sich auf zwei Grundpositionen herunterbrechen. Zum einen darauf, ob das Handeln von Akteuren (Individual- oder Kollektivakteuren) durch subjektiven Sinn, d. h. Absichten, Werte, Ideen und Wahrnehmungen – der sog. Position des „Verstehens" – oder zum anderen durch gesetzesartige Regelmäßigkeiten (in den Naturwissenschaften würde man diese Naturgesetze nennen) – der Position des „Erklärens" – bestimmt ist (vgl. Kieser 1995).

Kieser (1995) fasst diese zwei grundsätzlichen Positionen folgendermaßen zusammen: Gemäß der Position des Verstehens ist die soziale Welt von Menschen geschaffen und durch Symbole vermittelt. Diese Position erfordert einen eigenen methodischen, spezifisch sozialwissenschaftlichen Ansatz. In der Position des „Erklärens" hingegen gibt es keinen grundsätzlichen Unterschied zwischen Natur- und Sozialwissenschaften. Dabei lässt sich die Position des Verstehens der *Induktion* zurechnen und die des Erklärens der *Deduktion*, auf die wir im Folgenden eingehen werden. Diese Zuordnung von Verstehen zur Induktion sowie von Erklären zur Deduktion verengt die Überlegungen von Kieser (1995). Sie erscheint uns aber angemessen, weil dies die wesentlichen Arten des Vorgehens in empirisch fundierten wissenschaftlichen Arbeiten sind (mögliche weiterführende Literatur z. B. Kornmeier 2007; Meidl 2009). Im Rahmen des induktiven Ansatzes werden Theorien generiert und im Rahmen des deduktiven Ansatzes Theorien getestet (vgl. Kap. 1 sowie Kap. 6 und 7).

Grundsätzlich lassen sich also zwei Herangehensweisen bei der Generierung wissenschaftlicher Aussagen unterscheiden: Induktion und Deduktion (vgl. Abb. 3.2). Im Rahmen der **Deduktion** erfolgt die Anwendung einer Regel (Das Allgemeine) auf einen Fall (Das Spezielle), und es ergibt sich aus gegebenen Prämissen eine Schlussfolgerung (Konklusion): Was für das Allgemeine gilt, gilt auch für das Spezielle (Albertz 2009). Konkret lässt sich dies wie folgt charakterisieren: Im Rahmen der Deduktion stellt Prämisse 1 die allgemeine Feststellung dar, dass eine Gruppe von Merkmalsträgern ein gewisses Merkmal aufweist. Prämisse 2 beschreibt, dass ein Merkmalsträger Teil dieser Gruppe ist. Die Konklusion beinhaltet nun die Schlussfolgerung, dass dieser Merkmalsträger des Merkmals aufweist.

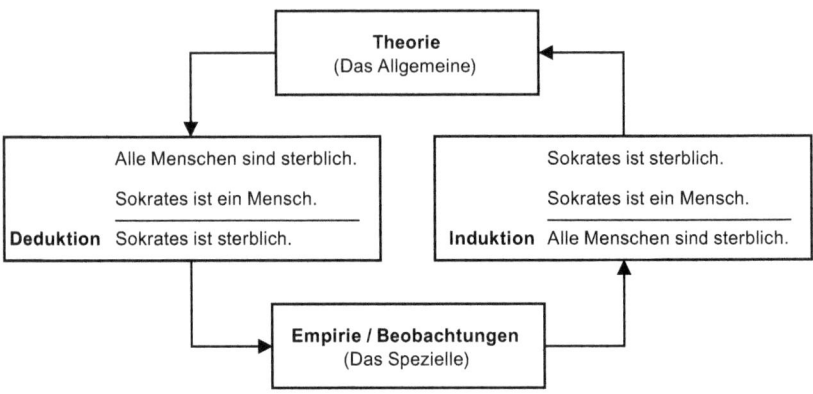

Abb. 3.2 Induktion versus Deduktion. (In Anlehnung an Albertz 2009 und Eisend und Kuß 2017, S. 60 ff.)

Statt vom Allgemeinen auf das Besondere zu schließen, wird bei der **Induktion** von beobachteten Einzelfällen auf das Allgemeine geschlossen; d. h., es erfolgt eine Generalisierung des Speziellen. Anders formuliert stellt die Induktion den abstrahierenden Schluss aus beobachteten Phänomenen in der Realität auf eine allgemeine Erkenntnis dar. Im Rahmen der Induktion stellt Prämisse 1 die Feststellung dar, dass ein Einzelfall ein gewisses Merkmal aufweist. Prämisse 2 beschreibt, dass der Einzelfall Teil einer bestimmten Obergruppe ist. Die Konklusion beinhaltet nun die verallgemeinernde Übertragung des Merkmals auf die gesamte Obergruppe.

Aus wissenschaftstheoretischer Sicht lässt sich festhalten, dass deduktive Schlüsse wahrheitsbewahrend sind, d. h., bei wahren Prämissen ist auch die Konklusion wahr (siehe ausführlicher z. B. Eisend und Kuß 2017). Dies bedeutet jedoch, dass deduktive Schlüsse niemals über den Gehalt der Prämissen hinausführen. Mittels Induktion lässt sich demgegenüber neues (allerdings nicht sicheres) Wissen ableiten, weshalb die Induktion auch als gehaltserweiternd charakterisiert wird.

Deduktion sowie Induktion lassen sich aber nicht nur auf der Ebene einzelner Schlussfolgerungen anwenden, sondern auch auf ganze wissenschaftliche Arbeiten beziehen. Dies wollen wir im Folgenden ausführlicher charakterisieren.

3.3.2 Theorien generieren – Induktion

Das Ziel bei einem induktiven Herangehen an ein Phänomen ist die Bildung von (vorläufigen) allgemeinen Aussagen auf der Grundlage konkreter Einzelfälle. Ein bestimmtes Phänomen der sozialen Welt wird beobachtet, und es wird versucht, es durch Beobachtung(en) zu verstehen. Im nächsten Schritt wird vom Einzelfall abstrahiert, um Theorien zu generieren oder weiterzuentwickeln (Grounded Theory). Es sollen also aus einzelnen Beobachtungen verallgemeinerbare Aussagen abgeleitet (induziert) werden.

Bei diesem Verfahren geht es vor allem darum, Handeln oder Verhalten zu verstehen. Dies erscheint möglich, weil in dieser Herangehensweise davon ausgegangen wird, dass Handeln von Akteuren durch „subjektiven Sinn" geprägt ist. Diesen „subjektiven Sinn" (Absichten, Werte, Ideen und Wahrnehmungen) gilt es zu erschließen (zu deuten). Dabei ist den Wissenschaftlern, die eine solche Position verfolgen, bewusst, dass sich der subjektive Sinn im Laufe der Zeit verändern kann. Die Aufgabe des Wissenschaftlers und auch des Studierenden, der in solcher Art und Weise an eine Abschlussarbeit herangeht, liegt in der Rekonstruktion und dem Nachvollziehen der Prozesse in und um die Entstehung und Aufrechterhaltung der sozialen Welt. Hilfreiche Aufsätze, die einem den Zugang zu diesem Verfahren erleichtern, sind: Eisenhardt (1989), Eisenhardt und Graebner (2007) sowie Corley (2012).

Der Schwerpunkt bei diesem Vorgehen liegt in einem zweiten Schritt auf der Abstraktion und Zusammenführung einzelner Beobachtungen in ein sinnvolles Ganzes. Aus der Beobachtung und Analyse der Wirklichkeit werden Regelmäßigkeiten abgeleitet. Das Ziel ist also dabei, durch genaue Beobachtung und Abstraktion neue Konstrukte zu entwickeln und, durch deren Systematisierung, Theorie zu generieren, um neue Annahmen über allgemein vermutete Zusammenhänge abzuleiten (Propositionen). Dabei werden zumeist die so erzielten Ergebnisse anschließend in bestehende Theoriesysteme integriert bzw. an diese „angeschlossen", um zu zeigen, dass mit der eigenen Arbeit ein Beitrag zur Theorieentwicklung erbracht wird.

Lässt sich beispielsweise beobachten, dass in Unternehmen, welche das Prinzip der „job rotation" nutzen, geringere Fluktuationsraten vorherrschen, so lässt sich vermuten, dass ein genereller Zusammenhang zwischen Tätigkeitsvielfalt, Arbeitszufriedenheit und Kündigungsneigung bestehen könnte. Hierauf aufbauend lassen sich dann theoretische Vorstellungen abstrahieren.

Diese Vorgehensweise liegt den meisten empirisch-qualitativen Aufsätzen zugrunde und dementsprechend folgen auch die Beispiele in Kap. 6, in dem wir die Essenz qualitativer Forschung zu vermitteln versuchen, dieser Herangehensweise.

3.3.3 Theorien testen – Deduktion

Bei einer deduktiven Arbeit ist das Vorgehen ein anderes. Hier werden allgemeine Aussagen einer bestehenden Theorie auf einen Einzelfall bzw. viele Fälle angewandt und die Erklärungskraft einer Theorie an der empirisch erfahrbaren Welt „getestet". Der Schwerpunkt liegt dabei auf der Entwicklung von Hypothesen, die aus der gewählten Theorie abgeleitet werden und anschließend meist großzahlig empirisch überprüft werden. Dieser Ansatz liegt empirisch-quantitativen Aufsätzen zu Grunde.

Schematisch lässt sich dies mit dem Hempel-Oppenheim-Schema (Hempel und Oppenheim 1948) darlegen, welches zwar primär in den Naturwissenschaften Anwendung findet, allerdings auch in modifizierter Form (s. u.) auf die Sozialwissenschaften angewandt werden kann. Dieses Schema besteht aus zwei Elementen, dem Explanans (dem Erklärenden) und dem Explanandum (dem Erklärten). Das Explanans besteht aus den gesetzesartigen Regeln der Theorie $G_1, \ldots, G_n$ und den so genannten Antecedens-Bedingungen $A_1, \ldots, A_m$, d. h. den Bedingungen, unter denen die gesetzmäßigen Regeln gelten. Anders formuliert sind die Antecedens die in einem vorliegenden Fall erfüllten Bedingungen, welche die Anwendung der gesetzesartigen Regeln erlauben. Die Anwendung der Gesetze unter diesen Bedingungen führt dann im Zuge eines logischen Schlusses zum Erklärten (Explanandum). Dies ist das klassische Vorgehen in den Naturwissenschaften, wobei hier die Randbedingungen anzeigen, dass auch Naturgesetze immer in Bezug zur Situation zu sehen sind. So ist der Siedepunkt von Wasser nicht immer 100 °C, sondern nur bei einem Luftdruck von 1013,25 hPa. Das Hempel-Oppenheim-Schema lässt sich dabei nicht nur anwenden, um zu erklären, warum etwas geschehen ist, sondern auch, um Prognosen abzuleiten, was geschehen wird (vgl. Kieser 1995). Ähnlich ist auch folgendes Beispiel aufgebaut (abgewandelt von Hempel 1942).

Ich werde mein Auto über Nacht im Hof abstellen und frage mich, ob der Kühler des Autos platzen wird. Die Ermittlung der Umstände (Antecedens-Bedingungen A1, ..., A5) ergibt, dass (A1) der Kühler bis an den Rand mit Wasser gefüllt ist und (A2) der Deckel fest verschlossen sowie (A3) kein Anti-Frost-Mittel zugegeben wurde. Dabei steht (A4) das Auto im Hof und (A5) die Temperatur wird dort voraussichtlich in der Nacht auf weit unter 0 °C sinken. Bei der Suche nach anwendbaren physikalischen Gesetzen schließe ich auf der Basis meiner Physikkenntnisse, dass bei normalem Luftdruck und Temperaturen unter 0 °C Wasser gefriert (G1) und sich das Volumen von Wasser ausdehnt, wenn es gefriert (G2). Die Antecedens-Bedingungen A1 bis A5 sowie die allgemeinen Gesetze G1 und G2 umfassen das Explanans.

3.3 Grundpositionen wissenschaftlich-empirischer Forschung   41

Wenn ich die Antecedens-Bedingungen nun mit den allgemeinen Gesetzen in Verbindung bringe, kann ich folgendes ableiten: Der Kühler meines Autos wird platzen (Explanandum).

Auch in den Sozialwissenschaften werden häufig solche verallgemeinerbaren Regeln genutzt. Zum Beispiel: Wenn der Preis eines Gutes sinkt, steigt unter sonst gleichen Bedingungen die Nachfrage nach diesem Gut. Allerdings gibt es in den Sozialwissenschaften viel mehr unbeobachtete Einflussfaktoren als in den Naturwissenschaften, weshalb davon ausgegangen wird, dass ein solch eindeutiger Zusammenhang wie oben beschrieben gar nicht vorliegt bzw. nicht vorliegen kann. Dementsprechend argumentiert Kieser (1995), dass es in den Sozialwissenschaften keine deterministischen Gesetze geben kann, sondern allenfalls probabilistische. Beispiele hierfür sind: (1) Wenn Organisationen mit weniger als 100 Mitarbeitern 50 neue Mitarbeiter einstellen, dann nimmt der Anteil der schriftlich fixierten Regelungen der Organisationen im Mittel um 10 % zu. (2) Mit 95%iger Wahrscheinlichkeit nimmt die Zahl der schriftlich fixierten Regelungen in der Grundgesamtheit (alle Organisationen unter 100 Mitarbeiter) bei Einstellung von 50 neuen Mitarbeitern zwischen 8,5 und 11,5 % zu.

In den Sozialwissenschaften wird nun trotz der beschriebenen Einschränkung ähnlich argumentiert wie in den Naturwissenschaften, wie folgendes Beispiel verdeutlichen soll (abgewandelt aus Kieser 1995):

Herr Krause ist in meinem Unternehmen als Leiharbeiter angestellt und es soll erklärt werden, ob Herr Krause mit seiner Arbeit zufrieden ist. Eine Ermittlung der Umstände zeigt, dass in meinem Unternehmen neben Leiharbeitern auch festangestellte Mitarbeiter beschäftigt sind (Antecedens-Bedingung A1). Leiharbeiter erhalten weniger Lohn als ihre festangestellten Kollegen, welche die gleiche Arbeit zu verrichten haben (Antecedens-Bedingung A2). Es gibt eine verallgemeinerbare Gesetzmäßigkeit (G1, z. B. entsprechend der Equity-Theory von Adams 1965): Arbeitnehmer, die weniger Lohn erhalten als ihnen bekannte Arbeitnehmer in vergleichbaren Stellen, entwickeln Arbeitsunzufriedenheit.

Aus der Zusammenführung von Antecedens-Bedingungen und Gesetzmäßigkeit wird abgeleitet: Herr Krause ist unzufrieden (Explanandum). Abstrahiert man vom Einzelfall des Beispiels, so würde in einer empirisch-quantitativen Arbeit beispielsweise die Hypothese aufgestellt werden, dass Leiharbeiter eine geringere Arbeitszufriedenheit aufweisen, als festangestellte Mitarbeiter in vergleichbaren Positionen. Man könnte sogar noch einen Schritt weitergehen und lediglich auf die Höhe des Lohns abstellen, d. h., man würde eine Hypothese formulieren: Je geringer der Lohn einzelner Stelleninhaber im Vergleich zu Stelleninhabern mit identischen Aufgabenprofilen in einem Unternehmen ist, desto geringer ist die Arbeitszufriedenheit der Stelleninhaber (womit wir bei einer aktuellen gesellschaftlichen Diskussion angelangt wären). Diese Hypothese würde dann mit erhobenen Beobachtungen konfrontiert und auf Übereinstimmung mit diesen überprüft. Je nach Ergebnis kann eine Theorie Bestätigung finden oder infrage gestellt und ggf. angepasst oder erweitert werden.

3.3.4 Verhältnis Induktion – Deduktion

Abb. 3.3 fasst nochmals die unterschiedlichen Herangehensweisen von Induktion und Deduktion zusammen.

Grundsätzlich ist es möglich, ein und dasselbe Thema auf beiderlei Art und Weise zu untersuchen. So könnte z. B. die Frage, inwieweit soziale Medien wie Twitter und Facebook die Selbstdarstellung von Unternehmen verändern, mittels der so genannten „Impression Management Theorie" untersucht werden, die sich mit der strategischen Selbstdarstellung von Unternehmungen befasst. Einmal könnten in einem deduktiven Verfahren mittels der Theorie Hypothesen abgeleitet werden, die dann anhand einer Stichprobe in der Realität geprüft und dabei bestätigt oder widerlegt werden. Zum anderen könnten aber auch in einer oder in

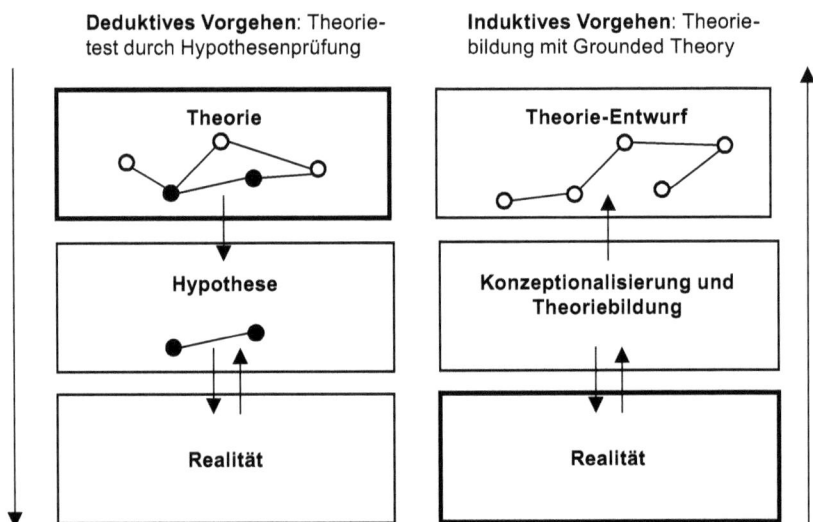

Abb. 3.3 Vergleich von deduktivem und induktivem Vorgehen. (Darstellung unter Verwendung von Neuman (2011) durch Eisend und Kuß 2017, S. 105)

mehreren Fallstudien in der realen Welt Informationen darüber gesammelt werden, welche Aktivitäten Unternehmen in den sozialen Medien kommunizieren, wie sie sich dort darstellen und warum sie dies tun. Hierbei würden die Identifikation von Konstrukten sowie deren Beziehungen untereinander im Mittelpunkt der Analysen stehen. Ziel ist dabei, das Verhalten der beobachteten Unternehmen zu verstehen. Entscheidend ist aber der nächste Schritt, nämlich der Versuch im Rahmen einer Theoriebildung, die in der Analyse der Einzelfälle gewonnenen Erkenntnisse zu generalisieren.

Wie wir bereits in Kap. 1 herausgestellt haben, variieren die Typen wissenschaftlicher Arbeiten auch in Abhängigkeit des Lebenszyklus eines Forschungsfeldes. Während zunächst häufig qualitativ-empirische Arbeiten überwiegen, gewinnen mit Fortschreiten des Lebenszyklus empirisch-quantitative Arbeiten zunehmend an Bedeutung.

3.4 Entwicklung eines übergeordneten Forschungsdesigns

Nachdem wir uns nun mit Theorien beschäftigt haben, möchten wir mit diesem Abschnitt die Brücke zu den methodisch orientierteren Kap. 5, 6 und 7 schlagen und uns der Frage widmen, wie ein Forschungsdesign entwickelt wird. Das Forschungsdesign stellt dabei die Beschreibung der Art und Weise dar, wie eine Forschungsfrage untersucht werden soll. Dabei unterscheiden wir drei übergeordnete Arten von Forschungsdesigns, nämlich theoretisch-konzeptionelle, empirisch-qualitative und empirisch-quantitative Abschlussarbeiten. Wir klammern hierbei bewusst Literaturübersichtsarbeiten aus, da sich deren Forschungsdesigns weitgehend aus den wissenschaftlichen Arbeiten ergeben, welche sie zusammenführen möchten (vgl. Kap. 5).

In der Konzeptionsphase Ihrer Abschlussarbeit ist es – sofern Ihnen dies nicht bereits vom betreuenden Lehrstuhl vorgegeben wird – Ihre Aufgabe herauszufinden, welche der genannten drei Arten einer wissenschaftlichen Arbeit Sie verfassen möchten. Dabei hilft es sich zu vergegenwärtigen, dass Ihre Abschlussarbeit als ein Projekt mit drei wesentlichen Elementen (Gegenstand der Forschung, Theorie, Methodik) betrachtet werden kann, wobei zwingend eine Passung von Gegenstand der Forschung, Theorie und Herangehensweise (Methodik) bestehen muss. Ihr übergeordnetes Forschungsdesgin ergibt sich dann aus der Reflexion dieser drei Elemente. Die theoretisch-konzeptionellen Arbeiten unterscheiden sich von den anderen beiden dahingehend, dass bei diesen keine empirische Methodik zur Anwendung kommt. Die methodische Herangehensweise ist dort eine andere, nämlich die der Auseinandersetzung mit Argumenten. Dementsprechend kommt es bei derartigen Arbeiten besonders darauf an, theoretische Argumente zu entwickeln und zu einem geschlossenen System mit für die Forschung neuem Erklärungs- und Beschreibungscharakter zu entwickeln (vgl. Kap. 5).

Unter methodischen Gesichtspunkten ist im Rahmen einer empirischen Abschlussarbeit die Frage relevant, ob Sie eher empirisch-qualitativ oder empirisch-quantitativ vorgehen möchten. Dies macht einen Unterschied hinsichtlich der Generierung der Daten. Wie oben beschrieben, werden Sie in einem qualitativen Verfahren eher einige wenige Fälle sehr tiefgehend analysieren. Bei einer quantitativen Herangehensweise werden Sie hingegen möglichst viele Fälle sammeln und mittels statistischer Analyseverfahren prüfen, ob ihre Hypothesen Unterstützung finden oder zurückgewiesen werden müssen.

Bei einer empirisch-quantitativen Herangehensweise ist die Wahl der spezifischen Methode von besonderer Bedeutung. Theorie wird in diesen wissenschaftlichen Arbeiten dazu genutzt, um exakt zu beschreiben, welches aus der Theorie abgeleitete Phänomen „erklärt" werden soll. Hierzu werden Hypothesen formuliert. Die Wahl der konkreten Methode leitet sich wiederum aus den hergeleiteten Hypothesen ab (Weber 1972) und legt fest, welche Instrumente in der empirischen Forschung zum Einsatz kommen sollten. Die Entscheidung für eine Methode ist eine wesentliche Entscheidung (Aguinis und Vandenberg 2014; Bono und McNamara 2011), weil sich nicht jede Methode für die Überprüfung jeder Hypothese eignet. So bedarf es beispielsweise für das Testen von Hypothesen, für die Daten notwendig sind, die einen Merkmalsträger (z. B. Organisationen) über die Zeit hinweg beschreiben (z. B. Umsatzentwicklung in den letzten 20 Jahren) einer anderen statistischen Methode als für Hypothesen, die Eigenschaften von Merkmalsträgern (z. B. Mitglieder im Top-Managementteam) nur zu einem bestimmten Zeitpunkt erklären wollen. Allerdings sind Methoden nur die Instrumente der Untersuchung. Methoden sind Mittel, nicht Zweck der Forschung. Wir weisen deshalb ausdrücklich darauf hin, weil nach unserer Erfahrung Studierende häufig einen verstärkten Fokus auf eine spezifische Methode legen, bevor Fragestellung und theoretische Herangehensweise geklärt sind (vgl. Kap. 6).

Bei einer empirisch-qualitativen Herangehensweise liegt der Fokus auf dem zu untersuchenden Phänomen, aus dem sich die Fragestellung ergibt. Die gewählte Methode dient hierbei dazu, das Phänomen im Hinblick auf die Forschungsfrage umfassend zu beschreiben, um es anschließend tiefgreifend analysieren und verstehen zu können. Beispielsweise lässt sich das Führungsverhalten von Managern besser (d. h. genauer und weniger durch subjektive, u. U. selbstschützende Interpretationen verzerrt) durch Beobachtung als durch Interviews mit Managern untersuchen. Theorie hat im Verlauf der Bearbeitung der Forschungsfrage eine andere Rolle als bei quantitativ-empirischer Forschung. Sie haben zwar eine theo-

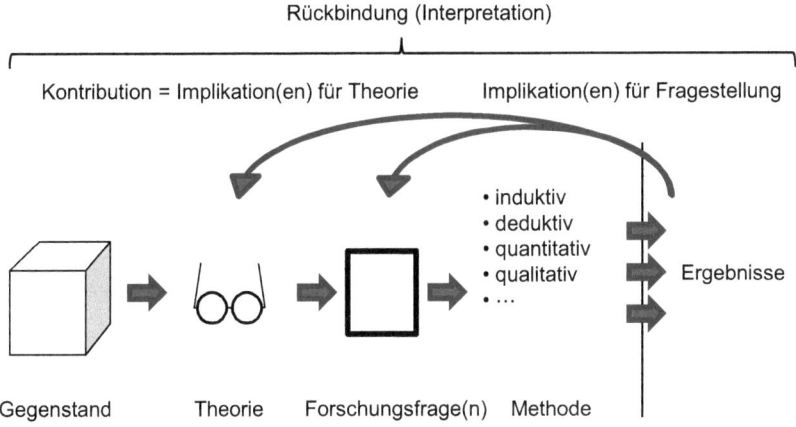

Abb. 3.4 Vorgehen bei der Erstellung einer Abschlussarbeit

retische Idee bzw. eine theoretische Grundierung Ihrer Forschungsfrage, allerdings entwickelt sich Ihr Beitrag zu dieser Theorie erst während Ihrer induktiven Analyse, d. h. aufgrund der Dinge, die Sie in Ihrer Analyse entdecken und „verstehen" (vgl. Kap. 7).

Abschließend haben wir in Abb. 3.4 die wesentlichen Überlegungen dieses Kapitels zusammengefasst. Im Zusammenspiel des Gegenstands der Forschung bzw. des Forschungsfeldes sowie der genutzten Theorie entsteht eine konkrete Forschungsfrage für Ihre Abschlussarbeit. Mithilfe einer Forschungsmethodik untersuchen Sie diese Forschungsfrage und gelangen zu Ihren Ergebnissen (dies umfasst empirische als auch theoretisch-konzeptionelle Ergebnisse), die Sie am Ende Ihrer Arbeit rückbinden, d. h. in Bezug zu dem eingangs formulierten theoretischen Hintergrund und Ihrer spezifischen Fragestellung setzen. Darüber hinaus sollten Sie basierend auf der Diskussion Ihrer Befunde weitere relevante Forschungsfragen aufzeigen, die zukünftige Forschungsarbeiten adressieren sollten.

Literatur

Adams, J. S. (1965). Inequity in social exchange. In L. Berkowitz (Hrsg.), *Advances in experimental social psychology* (2. Aufl. S. 267–299). New York: Academic Press.
Aguinis, H., & Vandenberg, R. J. (2014). An ounce of prevention is worth a pound of cure: improving research quality before data collection. *Annual Review of Organizational Psychology and Organizational Behavior, 1*(1), 569–595.

Albertz, P. (2009). *Denken: Systematische Betrachtungen*. Würzburg: Königshausen & Neumann.
Bacharach, S. B. (1989). Organizational theories: some criteria for evaluation. *The Academy of Management Review, 14*(4), 496–496.
Bagozzi, R. P., & Phillips, L. W. (1982). Representing and testing organizational theories – a holistic construal. *Administrative Science Quarterly, 27*(3), 459–489.
Bono, J. E., & McNamara, G. (2011). Publishing in AMJ – Part 2: research design. *Academy of Management Journal, 54*(4), 657–660.
Bunge, M. (1967). *Scientific research I: the search for system*. New York: Springer.
Chandler, A. (1962). *Strategy and structure*. Cambridge: M.I.T. Press.
Corley, K. (2012). Publishing in AMJ – part 7: what's different about qualitative research? *Academy of Management Journal, 55*(3), 509–513.
DiMaggio, P., & Powell, W. (1983). Institutional isomorphism. *American Sociological Review, 48*(2), 147–160.
Döring, N., & Bortz, J. (2016). *Forschungsmethoden und Evaluation in den Sozial- und Humanwissenschaften* (5. Aufl.). Berlin, Heidelberg: Springer.
Dörner, D. (1994). Heuristik der Theoriebildung. In T. Herrmann & W. Tack (Hrsg.), *Methodologische Grundlagen der Psychologie* (S. 343–388). Göttingen: Hogrefe.
Eisend, M., & Kuß, A. (2017). *Grundlagen empirischer Forschung: Zur Methodologie in der Betriebswirtschaftslehre*. Wiesbaden: Springer Gabler.
Eisenhardt, K. M. (1989). Building theories from case study research. *Academy of Management Review, 14*(4), 532–550.
Eisenhardt, K. M., & Graebner, M. E. (2007). Theory building from cases: opportunities and challenges. *Academy of Management Journal, 50*(1), 25–32.
Fligstein, N. (1985). The spread of the multidivisional form among large firms, 1919–1979. *American Sociological Review, 50*(3), 377–391.
Friedrichs, J. (1990). *Methoden empirischer Sozialforschung* (14. Aufl.). Opladen: Westdeutscher Verlag.
Hannan, M., & Freeman, J. (1977). The population ecology of organizations. *International Journal of Technology Management, Special Publication on Technological Foundations of Strategic Management, 82*(5), 929–964.
Hannan, M., & Freeman, J. (1984). Structural inertia and organizational change. *American Sociological Review, 49*(2), 149–164.
Hempel, C. G. (1942). The function of general laws in history. *Journal of Philosophy, 39*(2), 35–48.
Hempel, C. G. (1974). *Grundzüge der Begriffsbildung in der empirischen Wissenschaft*. Düsseldorf: Bertelsmann.
Hempel, C. G., & Oppenheim, P. (1948). Studies in the logic of explanation. *Philosophy of Science, 15*(2), 135–175.
Karpik, L. (1978). *Organization and environment: theory, issues, and reality*. Beverly Hills: SAGE.
Kieser, A. (1995). Anleitung zum kritischen Umgang mit Organisationstheorien. In A. Kieser (Hrsg.), *Organisationstheorien* (2. Aufl. S. 1–30). Stuttgart: Kohlhammer.
Kieser, A., & Kubicek, H. (1978). *Organisationstheorien I*. Stuttgart: Kohlhammer.
Kornmeier, M. (2007). *Wissenschaftstheorie und wissenschaftliches Arbeiten: Eine Einführung für Wirtschaftswissenschaftler*. Heidelberg: Physica-Verlag.

Literatur

Kuhn, T. S. (1962). *The structure of scientific revolutions*. Chicago: University of Chicago Press.

Meidl, C. N. (2009). *Wissenschaftstheorie für SozialforscherInnen*. Wien: UTB.

Mittelstraß, J. (1998). *Die Häuser des Wissens: Wissenschaftstheoretische Studien*. Frankfurt am Main: Suhrkamp.

Neuman, W. L. (2011). *Social research methods: qualitative and quantitative approaches*. Edinburgh Gate: Pearson.

Nölke, M. (2013): Eine bibliometrische Analyse der Organisationsforschung nach dem Zweiten Weltkrieg: Von Taylor und Weber bis heute: Evolution und historische Einbettung wissenschaftlicher Theorien im Vergleich deutschsprachiger und US-amerikanischer Organisationsforschung. Unveröffentlichte Masterarbeit. Universität Jena.

Perrow, C. (1970). Departmental power and perspectives in industrial firms. In Z. Mayer (Hrsg.), *Power in organizations* (S. 59–89). Nashville: Vanderbilt University Press.

Pfeffer, J. (1981). *Power in organizations*. Marshfield: Pitman.

Popper, K. (2005). *Logik der Forschung* (11. Aufl.). Tübingen: Mohr Siebeck.

Ruß, H. G. (2004). *Wissenschaftstheorie, Erkenntnistheorie und die Suche nach Wahrheit*. Stuttgart: Kohlhammer.

Schülein, J., & Reitze, S. (2012). *Wissenschaftstheorie für Einsteiger* (3. Aufl.). Wien: facultas.wuv.

Sutton, R. I., & Staw, B. M. (1995). What theory is not. *Administrative Science Quarterly*, *40*(3), 371–384.

Vaisey, S. (2009). Motivation and justification: a dual-process model of culture in action. *American Journal of Sociology*, *114*(6), 1675–1715.

Weber, M. (1972). *Wirtschaft und Gesellschaft* (5. Aufl.). Tübingen: Mohr Siebeck.

Williamson, O. E. (1975). *Markets and hierarchies: analysis and antitrust implications*. New York: The Free Press.

Wolf, J. (2013). *Organisation, Management, Unternehmensführung: Theorien, Praxisbeispiele und Kritik* (5. Aufl.). Wiesbaden: Springer.

Erfassung und Umgang mit relevanter wissenschaftlicher Literatur

4

Lernziele

Am Ende des Kapitels sollten Sie ...

- die Notwendigkeit zur systematischen Aufarbeitung wissenschaftlicher Literatur verstanden haben.
- eine Charakterisierung wissenschaftlicher Literatur vornehmen können.
- Strategien zur Recherche wissenschaftlicher Literatur unterscheiden können.
- die Relevanz wissenschaftlicher Literatur für Ihre Arbeit beurteilen können.
- Kenntnisse zum Lesen wissenschaftlicher Literatur erlangt haben.

4.1 Notwendigkeit zur Erfassung relevanter wissenschaftlicher Literatur

Wissenschaftler greifen, wie Handwerker auch, auf bereits vorliegende Erkenntnisse (z. B. Holzbearbeitungstechniken, Konstruktionsskizzen oder das Musterexemplar eines Stuhles) und Hilfsmittel (z. B. Werkzeuge) zurück, die i. d. R. nicht selber erstellt oder entwickelt wurden, die jedoch sinnvollerweise genutzt werden sollten. Handwerker können auf ein existierendes Fundament aufbauen sowie auf Basis dieser handwerklichen Grundlagen bestehende Ideen weiterentwickeln, oder aber eigene (gänzlich neue) Ideen verwirklichen. Für Wissenschaftler stellen zum einen die bereits vorliegenden Erkenntnisse (Theorien, Konstrukte, empirische Forschungsergebnisse) in der wissenschaftlichen Literatur und zum anderen die Forschungsmethodik als Hilfsmittel (vgl. Kap. 6 und 7) die Basis der eigenen Arbeit dar.

© Springer Fachmedien Wiesbaden GmbH, ein Teil von Springer Nature 2018
J. Goldenstein et al., *Wissenschaftliche(s) Arbeiten in den Wirtschaftswissenschaften*,
https://doi.org/10.1007/978-3-658-20345-0_4

Am Anfang eines jeden wissenschaftlichen Projektes – wozu auch Abschlussarbeiten zählen – steht neben der Generierung einer ersten Forschungsidee (vgl. Kap. 2) demnach zwingend die systematische Aufarbeitung der existierenden Literatur zu einem Thema bzw. Forschungsfeld. Dabei lassen sich die Entwicklung einer Forschungsidee bzw. -frage und die Sichtung der Literatur nicht vollständig trennen. Vielmehr müssen beide Aspekte der wissenschaftlichen Arbeit als ein „Wechselspiel" aufgefasst werden, in dessen Ablauf sich (a) der bisherige Erkenntnisstand, (b) die identifizierte Forschungslücke, (c) die eigene Forschungsfrage und deren Relevanz sowie (d) der eigene Forschungsbeitrag gegenseitig beeinflussen und wechselseitig konkretisieren. Ein derartiges Wechselspiel ist einerseits vor dem Hintergrund bedeutsam, dass eigene Forschungsbemühungen im Allgemeinen – ganz wie beim Handwerker – auf bisher erzielten Ergebnissen und Methoden in der Forschung aufbauen und nicht losgelöst von bisherigen Erkenntnissen entwickelt werden sollten. Andererseits entstehen interessante (und relevante) Forschungsfragen zumeist erst bei einer systematischen Aufarbeitung der bereits vorliegenden Literatur.

Vielleicht fällt Ihnen während des Literaturstudiums auch auf, dass Ihre Forschungsidee/-frage bereits bearbeitet wurde und somit aus wissenschaftlicher Sicht nicht (vollkommen) neu (originär) ist.

▶ **TIPP!** Lassen Sie sich an dieser Stelle nicht entmutigen! Für gewöhnlich werden Forschungsfragen in einzelnen Aufsätzen lediglich teilweise und/oder mit kritisierbaren Mitteln (Methoden, Datengrundlage, Operationalisierungen, etc.) bearbeitet. Genau diese konzeptionell oder empirisch unbeantworteten Teilfragen, die fehlenden Argumente oder die verbesserungsbedürftigen Mittel, welche die Aussagekraft von bisherigen Forschungsarbeiten begrenzen (Limitationen), können Sie in Ihrer eigenen Arbeit aufgreifen und adressieren, um einen eigenen Beitrag zur Weiterentwicklung der Forschung zu leisten.

Selbst wenn Ihre Forschungsfrage bereits hinlänglich und mit überzeugenden Mitteln beantwortet scheint: Verzweifeln Sie nicht! Im Bereich theoretisch-konzeptioneller Arbeiten bieten sich für ein und dieselbe Fragestellung unter Umständen variierende theoretische Erklärungsansätze an. Im Bereich empirischer Arbeiten wurde diese (Ihre) Forschungsfrage u. U. unter „lediglich" einem bestimmten theoretischen Blickwinkel und durch eine bestimmte Methode bearbeitet sowie an einer spezifischen Datengrundlage (oftmals auch Sample genannt) überprüft. Somit mag vielleicht nicht die Aussagekraft, wohl aber die Generalisierbarkeit der

4.1 Notwendigkeit zur Erfassung relevanter wissenschaftlicher Literatur

Befunde eingeschränkt sein. Bereits empirisch bestätigte Zusammenhänge können sich in anderen Branchen, Ländern, Zeitphasen anders darstellen. Genau aus diesem Grund leisten auch „reine" Replikationsstudien einen wertvollen wissenschaftlichen Beitrag. Hierbei bietet sich Ihnen die Möglichkeit, den bisherigen Blickwinkel zu variieren; sei es durch Anwendung einer alternativen Theorie, Methode oder eines neuen Samples. Zudem ist es manchmal auch sinnvoll, eine bereits durchgeführte Studie so gut wie möglich, d. h. ohne Variationen, zu replizieren, um bereits vorliegende Ergebnisse auf ihre Reliabilität zu überprüfen.

Um genau diese Aspekte jedoch hinreichend beurteilen zu können, stellt die Literaturaufarbeitung hinsichtlich des gegenwärtigen Forschungsstandes (u. a. Konstrukte, Ergebnisse und Lücken) innerhalb eines Forschungsfeldes (Gegenstand der Forschung) ein zentrales Element wissenschaftlicher Arbeit dar. Kernfragen, die im Rahmen dieser Literaturaufarbeitung adressiert werden sollten, sind:

- Forschungsstand – „Was wissen wir bereits?"
- Forschungslücke – „Was wissen wir noch nicht?" bzw. „Was sollten wir noch wissen?"
- Relevanz – „Warum ist es wichtig, das zu wissen, was wir noch nicht wissen?" (Nur, weil etwas noch nicht untersucht wurde, bedeutet dies nicht zwangsläufig, dass es auch erforscht werden sollte. Begründen Sie demnach anhand inhaltlicher Argumente die Relevanz Ihrer Forschungsfrage.)

Idealerweise ergibt sich aus der systematischen Aufarbeitung der Literatur simultan die Zielstellung (Forschungsidee und -frage) der eigenen Arbeit, indem Forschungslücken (Was wissen wir noch nicht?) identifiziert werden, die durch die eigene Forschungsarbeit – wenn auch nur partiell – beantwortet werden sollen. Auch das Fehlen systematischer Literaturübersichten (Literature/Narrative Review) stellt ein Forschungsdesiderat und somit eine potenzielle Begründung der eigenen Forschungsarbeit dar (dies ist vor allem für Literaturarbeiten relevant). Die systematische Aufarbeitung der Literatur ermöglicht zudem eine Verortung der eigenen Forschungsarbeit in wissenschaftlichen Diskursen und adressiert – wenn auch nur implizit – den potenziellen Interessentenkreis der eigenen Arbeit.

Für eine systematische Literaturaufarbeitung sind vor allem folgende Teilaspekte relevant, welche wir im Folgenden darstellen wollen:

(1) Was ist wissenschaftliche Literatur? (Abschn. 4.2)
(2) Wie recherchiere (Abschn. 4.3) und beschaffe (Abschn. 4.4) ich für meine Forschungsidee bzw. -frage potenziell relevante wissenschaftliche Literatur?

(3) Wie entscheide ich, ob für meine Forschungsidee bzw. -frage potenziell relevante wissenschaftliche Literatur auch tatsächlich relevante Literatur ist? (Abschn. 4.5)
(4) Wie lese und verstehe ich für meine Forschungsidee bzw. -frage relevante Literatur? (Abschn. 4.6)
(5) Wie gehe ich mit der Vielzahl der für meine Forschungsidee bzw. -frage relevanten Veröffentlichungen um? (Abschn. 4.7)

4.2 Arten wissenschaftlicher Literatur

Prinzipiell kann eine Vielzahl unterschiedlicher Arten an wissenschaftlicher Literatur unterschieden werden (vgl. weiterführend auch Stary und Kretschmer 2000), auch wenn die Grenzen zwischen einzelnen Formen (z. B. Lehrbüchern und Monografien) oft fließend verlaufen:

(1) **Lehrbücher** behandeln zumeist ganze Forschungsfelder (z. B. Organisation, Internationales Management, Personalmanagement) einer Wissenschaftsdisziplin (z. B. der Betriebswirtschaftslehre) und dienen primär der Vermittlung eines breiten Überblickswissens an Studierende.

(2) **Wissenschaftliche Monografien** widmen sich i. d. R. einem spezifischen Forschungsfeld oder einer spezifischen Forschungsidee bzw. -frage, die deutlich tiefgehender als in Lehrbüchern bearbeitet wird. Monografien sind dabei primär an andere Wissenschaftler gerichtet und umfassen neben „klassischen" Monografien zudem auch Qualifizierungsarbeiten (Dissertationen und Habilitationsschriften).

(3) **Wissenschaftliche Aufsätze**, welche in wissenschaftlichen Zeitschriften (Journals), aber auch in Sammelbänden publiziert werden, zeichnen sich v. a. dadurch aus, dass zumeist einer sehr spezifischen Forschungsfrage aus einem bestimmten Forschungsfeld nachgegangen wird. Dieser Ausschnitt eines Forschungsfeldes wird dabei – hinsichtlich theoretischer und/oder empirischer Aspekte – besonders tiefgreifend bearbeitet.

(4) **Graue Literatur** (v. a. Working Paper oder Discussion Paper) umfasst alle wissenschaftlichen Schriften, welche (noch) nicht in einer der oben genannten Formen veröffentlicht bzw. verlegt wurden.

Auf Basis ihrer Charakteristika erweisen sich diese Literaturarten in unterschiedlichen Arbeitsphasen als besonders hilfreich (vgl. Tab. 4.1). Während in der Ideenfindungsphase sowie bei der Ausarbeitung der Literaturübersicht Lehrbücher

4.2 Arten wissenschaftlicher Literatur

Tab. 4.1 Charakterisierung und Eignung wissenschaftlicher Literatur

	Lehrbücher	Monografien	Aufsätze (Journal; Sammelband)
Inhaltliche Abdeckung ganzer Wissenschaftsfelder	Hoch	Gering/Mittel	Gering
Inhaltliche Tiefe spezifischer Forschungsfelder	Mittel	Mittel/Hoch	Mittel
Inhaltliche Tiefe spezifischer Forschungsfragen	Gering	Mittel/Hoch	Hoch
Besonders geeignet für ...	... die Identifikation wegweisender Arbeiten sowie des Vokabulars für stichwortbasierte Datenbanksuchen	... den vertiefenden Einblick (Theorien, Argumente, Ergebnisse) in Teilbereiche eines Forschungsfeldes	... den vertiefenden Einblick (Theorien, Argumente, Ergebnisse) in eine spezifische Forschungsfrage
Phase	Ideenfindung, Literaturüberblick	Ideenkonkretisierung, Aufarbeitung des Forschungsstands	Ideenkonkretisierung, Aufarbeitung des Forschungsstands, Vorbereitung der Arbeit

einen ersten hilfreichen Zugang darstellen können, sind zur Konkretisierung der Forschungsfrage Monografien und wissenschaftliche Aufsätze besser geeignet. Auch für die Sammlung und Strukturierung von Argumenten, die Entwicklung eines geeigneten Forschungsdesigns sowie die Diskussion Ihrer Ergebnisse sollten Sie primär auf Monografien oder Aufsätze in wissenschaftlichen Zeitschriften zurückgreifen. Dies ist deshalb wichtig, da in Lehrbüchern vor allem die Kernaussagen wissenschaftlicher Arbeiten zusammengefasst werden. Monografien oder Aufsätze in wissenschaftlichen Zeitschriften hingegen bieten durch ihre Spezifizität und Tiefe konkretere Anknüpfungspunkte, die Sie in Lehrbüchern im Allgemeinen nicht identifizieren können. Weiterhin gelten die Ergebnisse wissenschaftlicher Arbeiten, die als Graue Literatur publiziert werden, im Allgemeinen nicht als absolut verlässlich. Dies liegt daran, dass Graue Literatur noch nicht durch Prozesse der Qualitätssicherung gegangen sind, die für hochwertige Monografien und vor allem Aufsätze in wissenschaftlichen Zeitschriften charakteristisch sind.

Zudem möchten wir an dieser Stelle kurz darauf eingehen, was nicht oder nur eingeschränkt als wissenschaftliche Literatur angesehen werden kann (dies heißt jedoch nicht, dass diese Literatur nicht als Ausgangspunkt für Forschungsideen bzw. -fragen (vgl. Kap. 2) nützlich sein kann). In steter Regelmäßigkeit kommt es z. B. vor, dass Studierende, welche nach vorliegenden empirischen Aufsätzen in ihrem Themenfeld recherchieren, auf Studien von Beratungsunternehmen, Marktforschungsinstituten, etc. stoßen. Auch wenn Studien dieser Organisationen empirische Erkenntnisse enthalten, so gilt es, diese Studien inkl. ihrer Ergebnisse kritisch zu reflektieren:

(1) Sie sollten sich darüber bewusst sein, dass Studien dieser Organisationen i. d. R. einen spezifischen Adressatenkreis (z. B. private Unternehmen/-er, politische Akteure, etc.) aufweisen. Damit einhergehend ist diese Art von Studien zumeist auf Forschungsmethoden sowie statistische Verfahren begrenzt, welche diesem Adressatenkreis verbal als auch grafisch verständlich vermittelt werden können. Zumeist werden Sie in solchen Studien rein deskriptive Auswertungen finden; elaboriertere statistische Verfahren sind nur in sehr begrenztem Umfang anzutreffen.
(2) Zudem unterliegen solche Studien in ihrem Veröffentlichungsprozess keinerlei externer Qualitätskontrolle, z. B. durch fachlich qualifizierte externe Gutachter.

Für Ihre wissenschaftliche Arbeit sollten Sie solche Studien aus den oben genannten Gründen i. d. R. gänzlich meiden. Verzichten Sie als Literaturquellen des Weiteren auf Zeitungsartikel (Tages- oder Wochenzeitungen), online verfügbare Seminararbeiten, Blogs, Einträge in der Online-Enzyklopädie Wikipedia oder sonstige Internetseiten, da diese ebenfalls als nicht zitierfähige, d. h., den wissenschaftlichen Standards nicht entsprechende, Arbeiten angesehen werden müssen, was nicht heißt, dass diese Veröffentlichungen nicht als zu analysierendes Datenmaterial für ihre Studie genutzt werden können. Als Grundlage des theoretischen Rahmens und der empirischen Überprüfung und/oder Unterstützung der Argumente Ihrer Arbeit sind diese Veröffentlichungen jedoch eher ungeeignet. Damit einzelne Werke in wissenschaftlichen Arbeiten zitierfähig sind, müssen gewisse Mindeststandards erfüllt sein. Hierzu zählen die Angabe eines Verfassers – dies können auch Organisationen (z. B. Statistisches Bundesamt, Weltbank, Vereinte Nationen) sein –, die Nennung eines Veröffentlichungsjahres und die Verwendung von Referenzen sowie Zitierungen (inkl. eines entsprechenden Literaturverzeichnisses).

4.2 Arten wissenschaftlicher Literatur

An diesen Punkt anschließend ist zudem darauf hinzuweisen, dass auch die in Tab. 4.1 charakterisierten Arten wissenschaftlicher Literatur in der ihnen in der Wissenschaft beigemessenen Bedeutung variieren. Hieraus lässt sich auch für das Verfassen Ihrer eigenen wissenschaftlichen Arbeit eine Priorität dahingehend ableiten, auf welche Arten von Literatur Sie primär zurückgreifen sollten. Die höchste Wertigkeit wird Aufsätzen in wissenschaftlichen Zeitschriften mit Begutachtungsverfahren beigemessen. Darauf folgen Monografien, Aufsätze in Sammelwerken und schlussendlich Lehrbücher. Allerdings bedeutet dies nicht, dass z. B. Monografien zwingend Journalaufsätzen unterlegen sind. Beispielsweise existieren wegweisende Monografien (z. B. Berger und Luckmann 1967; Chandler 1962; Cyert und March 1963; March und Simon 1958; Weber 1972; Williamson 1975), die eine deutlich höhere wissenschaftliche Bedeutung aufweisen als die meisten Journalaufsätze.

Darüber hinaus variiert auch die Wertigkeit wissenschaftlicher Aufsätze untereinander sehr stark. Diese wird vor allem an der Reputation des Journals festgemacht, in welchem ein Aufsatz veröffentlicht wurde. Dies darf jedoch nicht unkritisch hingenommen werden. Auch in Journalen mit hoher Reputation finden sich Aufsätze mit eher geringer Bedeutung, wie auch umgekehrt in Zeitschriften mit eher geringer Reputation Aufsätze mit großer Bedeutung und erheblichem Einfluss zu finden sind. Eine Methode für die Ermittlung der Bedeutsamkeit eines Beitrages ist es, die Häufigkeit der Zitierung des Aufsatzes (beispielsweise in Google Scholar oder im Web of Science; s. u.) zu betrachten. Allerdings ist auch die Häufigkeit der Zitation nur bedingt zur Bewertung eines Aufsatzes geeignet. Dies resultiert daraus, dass bevorzugt Journale mit höherer Reputation gelesen und zitiert werden. Da dies – wie aufgezeigt – nicht zwingend einen Rückschluss auf die Wichtigkeit der dort publizierten Aufsätze zulässt, unterliegt die Häufigkeit der Zitierung somit einer gewissen Verzerrung.

Somit verbleibt als Möglichkeit, um die Bedeutung einer Arbeit zu ermitteln, den Evaluationen und Bedeutungszusprechungen in der Literatur selbst (d. h. von anderen Wissenschaftlern) zu folgen. Solche Evaluationen können beispielsweise in Form von Aussagen wie „seminal contribution" oder der ausführlichen Würdigung durch andere Autoren erfolgen. Eine weitere, aber die weitaus schwierigste Möglichkeit ist, einen Beitrag zu lesen und sich ein Urteil zu bilden. Substanziell fundiert ist dies erst möglich, wenn Sie sich mit einem Thema bereits intensiv auseinandergesetzt und zudem Erfahrungen mit dem wissenschaftlichen Arbeiten gesammelt haben. Bis Sie eine gewisse Sicherheit und Routine im Umgang mit wissenschaftlichen Texten erlangt haben, ist es somit durchaus legitim, die oben skizzierten Hilfsstrategien zu nutzen.

4.3 Die Literaturrecherche

4.3.1 Übergeordnete Rechercheschritte

Für das Verfassen wissenschaftlicher Arbeiten ist es notwendig, potenziell relevante Literatur zu identifizieren. Oftmals gilt es, in einem ersten Schritt aber überhaupt erst einmal einen Zugang zu Literaturquellen in einem spezifischen Forschungsfeld zu finden. Der Anspruch an eine Literatursuche sollte sein, „hochwertige" Literatur zu recherchieren. Um dieses Ziel zu erreichen, stehen Ihnen, wie in Abb. 4.1 aufgeführt, unterschiedliche Strategien (graue Kästen) zur Verfügung, welche jeweils auf unterschiedliche Rechercheplattformen (weiße Kästen) zurückgreifen.

Unserer Ansicht nach bietet es sich an, die Literaturrecherche in zwei Schritte zu unterteilen. Ziel des ersten Schrittes sollte es sein, die für das Thema relevanten Grundlagenwerke zu identifizieren. Hierfür erachten wir die folgenden Strategien (vgl. Abschn. 4.3.3.1) als besonders zielführend: (1) Auswertung von Studienunterlagen, (2) Schlagwortbasierte Suche, (3) Auswertung von Citation Reports und (4) „Experten" zu Rate ziehen.

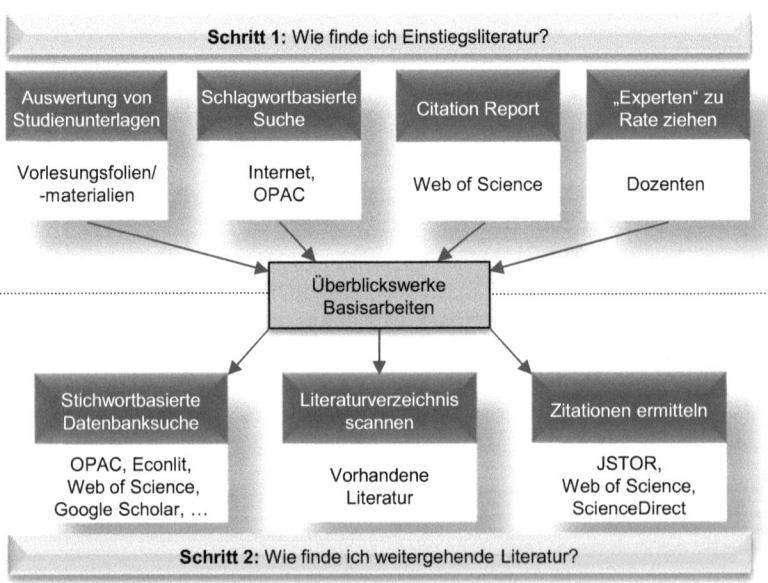

Abb. 4.1 Strategien der Literaturrecherche

Am Ende von Schritt 1 sollte möglichst eine Auswahl von Basisarbeiten und/oder Überblickswerken stehen. Basiswerke sind dabei Arbeiten, die Theorien bzw. Forschungsdisziplinen, oder -felder entscheidend geprägt oder sogar initiiert haben. Unter Überblickswerken verstehen wir demgegenüber Monografien oder Aufsätze, die umfassend die Literatur zu einem Themenkomplex oder einer Fragestellung aufarbeiten. Hierzu zählen neben rein den Forschungsstand zusammenfassenden Arbeiten (Literature/Narrative Reviews) auch Meta-Analysen, welche eine statistische Aufarbeitung bisher vorliegender primärempirischer Untersuchungen vornehmen. Solche Überblicksarbeiten fassen nicht nur (in qualitativer oder quantitativer Weise) den aktuellen Stand der Forschung zusammen, sondern identifizieren und diskutieren zudem bisherige Forschungslücken, sowie potenzielle Weiterentwicklungen des Forschungsfeldes. Neben einem systematisierten Literaturüberblick können Ihnen diese Überblicksarbeiten demnach auch Anhaltspunkte für eigene Forschungsideen liefern (vgl. Kap. 2).

Auf Basis der im ersten Schritt ermittelten Basisarbeiten und/oder Überblickswerke sollten Sie in einem zweiten Schritt die Literaturbasis ausweiten. Für eine solch vertiefende Literaturrecherche stehen Ihnen erneut spezifische Strategien (vgl. Abschn. 4.3.3.2) zur Verfügung: (1) Stichwortbasierte Datenbanksuche, (2) Literaturverzeichnisse auswerten und (3) Zitationen ermitteln.

Da einzelne Plattformen – und hierbei insbesondere Datenbanken – die Grundlage für die Realisierung verschiedener Strategien darstellen, werden wir im Folgen zunächst hierauf eingehen.

4.3.2 Rechercheplattform/-quellen

Wie in Abb. 4.1 verdeutlicht, lassen sich in Abhängigkeit der gewählten Suchstrategie verschiedene Plattformen nutzen. Eine zentrale Rolle nehmen dabei Datenbanken ein. Um qualitativ „hochwertige" Literatur für ihre Literaturübersicht zu ermitteln, sollten Sie auf eine Suche in allgemeinen Internetsuchmaschinen weitestgehend verzichten. Vielmehr stehen Ihnen diverse wissenschaftliche Datenbanken zu Recherchezwecken zur Verfügung.

Zur Recherche von Lehrbüchern, Monografien und wissenschaftlichen Aufsätzen in Sammelwerken (sowie von Sammelwerken selbst) empfiehlt sich als erstes die Suche in ihrem örtlichen Online-Bibliothekskatalog (OPAC). Dies hat den Vorteil, dass die dort gelistete Literatur direkt vor Ort verfügbar ist. Allerdings können die einzelnen Bestände in ihrem Umfang mehr oder weniger starken Begrenzungen unterliegen. Um über den Bestand der örtlichen Bibliothek hinaus Literatur zu recherchieren, bietet sich die Nutzung von örtlich zugänglichen Verbundkatalogen (vgl. Anhang 2 für eine Übersicht) an. Darüber hinaus existiert für eine simultane Recherche in allen deutschen sowie zahlreichen internationalen Bibliotheksverbünden der Karlsruher Virtueller Katalog (KVK)[1]. Die Recherche in solch einem übergeordneten Katalog erhöht natürlich ihre Treffer insgesamt, führt aber aufgrund der separaten Ausgaben der Trefferlisten pro Bibliotheksverbund u. U. zu enormen Dopplungen in den Suchergebnissen.

Für die Recherche von wissenschaftlichen Aufsätzen existieren ebenfalls zahlreiche Datenbanken. Von diesen empfehlen wir Ihnen besonders:

Für deutschsprachige Aufsätze

- WISO*: www.wiso-net.de

Für englischsprachige Aufsätze

- Web of Science*: www.webofknowledge.com
- JSTOR*: www.jstor.org
- EBSCOhost*: www.ebscohost.com
- ScienceDirect: www.sciencedirect.com
- Google Scholar: http://scholar.google.de

Bitte beachten Sie: Die Nutzung der mit einem * gekennzeichneten Datenbanken zu Recherchezwecken ist von den Lizenzrechten Ihrer örtlichen Bibliothek abhängig. Alle anderen Datenbanken sind zu Recherchezwecken frei zugänglich.

▶ **TIPP!** Verwenden Sie immer mehrere Datenbanken parallel, da nicht jede Datenbank die gleichen wissenschaftlichen Zeitschriften berücksichtigt und es somit zu einer Verzerrung der Treffermenge kommen kann. Welche Zeitschriften berücksichtigt werden, erfahren Sie auf den Homepages der jeweiligen Datenbank.

---

[1] „Der KVK ist eine Meta-Suchmaschine zum Nachweis von mehr als 500 Mio. Büchern, Zeitschriften und anderen Medien in Bibliotheks- und Buchhandelskatalogen weltweit. Die eingegebenen Suchanfragen werden an mehrere Bibliothekskataloge gleichzeitig weitergereicht und die jeweiligen Trefferlisten angezeigt. Der KVK verfügt selbst über keine eigene Datenbank. Er ist von der Verfügbarkeit der Zielsysteme im Internet abhängig. Er kann auch nicht mehr Funktionalität bei der Recherche bieten als die einzelnen Zielsysteme selbst." (Homepage der KVK: http://www.ubka.uni-karlsruhe.de/kvk/kvk/kvk_hilfe.html).

4.3 Die Literaturrecherche

Für eine möglichst effektive Suche in Datenbanken sind zwei Aspekte von zentraler Bedeutung: (1) Spezifikation und Kombination von Suchwörtern sowie (2) Wahl geeigneter Datenbankeinstellungen.

(1) Erstellen Sie basierend auf Ihrer Forschungsidee bzw. -frage eine Stichwortliste der relevantesten Suchbegriffe. Variieren Sie dabei auch einzelne Begriffe und suchen Sie nach Synonymen. Zudem bedenken Sie bitte, dass die meisten von uns aufgeführten Datenbanken überwiegend englischsprachige Aufsätze enthalten, die i. d. R. nur mit englischsprachigen Suchbegriffen recherchiert werden können. Extrahieren Sie zudem z. B. aus Ihrer Themenrecherche in Lehrbüchern simultan immer wieder neue relevante Suchbegriffe. Kombinieren Sie im Rahmen Ihrer Datenbanksuche immer wieder verschiedene Begriffe Ihrer Stichwortliste miteinander.

(2) Ebenfalls von Bedeutung sind Datenbankeinstellungen, wie z. B. Zeitschriften einer bestimmten Wissenschaftsdisziplin sowie „Suche in" (Titel, Abstract, gesamter Beitrag, etc.). Starten Sie hier mit der engsten Auslegung (Suche in Titeln und in Ihrer spezifischen Wissenschaftsdisziplin). So vermeiden Sie eine sehr lange, u. U. viel zu lange Trefferliste. Sollte die engste Auslegung nicht zum gewünschten Erfolg führen, erweitern Sie die Auslegung und wenden Sie wieder verschiedene Stichwortkombinationen an.

▶ **TIPP!** Besuchen Sie Einführungsveranstaltungen in Ihren lokalen Bibliotheken, um einen Überblick über die örtlich zugänglichen Datenbanken zu erlangen und den Umgang mit diesen bestmöglich zu erlernen.

▶ **TIPP!** Die Nutzung einiger Datenbanken kann voraussetzen, dass sie aus dem Netzwerk der Universität heraus oder von einem Heimrechner per Virtual Private Network (VPN) aufgerufen werden. Zum Thema VPN können Sie weitere Informationen und Hilfestellungen von Ihrem örtlichen Universitätsrechenzentrum erhalten.

Für die Recherche Grauer Literatur existiert per Definition eine unüberschaubare Vielzahl potenzieller Quellen (Konferenzhomepages, Lehrstuhlseiten, Seiten von Forschungsinstituten oder persönliche Seiten von Wissenschaftlern). Es existieren jedoch einige Datenbanken, welche sich auf die Listung und öffentliche Zugänglichkeit von Grauer Literatur spezialisiert haben. Hierzu zählen z. B.:

- Social Science Research Network: www.ssrn.com
- System for Information on Grey Literature in Europe: www.opengrey.eu

4.3.3 Recherchestrategien

4.3.3.1 Schritt 1: Den Einstieg finden

Sichten vorhandener Materialien
Für gewöhnlich enthalten Ihre im Studium gesammelten Vorlesungs-, Übungs- und Seminarmaterialien zahlreiche Literaturhinweise. Oftmals werden Sie sogar in Lehrveranstaltungen auf mögliche Themen für Abschlussarbeiten aufmerksam. Sichten Sie demnach das Ihnen in Form von Vorlesungsskripten, Readern, Literaturempfehlungen etc. bereits vorliegende Material auf potenziell für Ihr gewähltes Themenfeld relevante Literaturverweise.

Ein Vorteil hierbei besteht darin, dass Sie oftmals zumindest im Groben bereits wissen, was die Grundaussagen und Inhalte der jeweiligen Literatur sind. Dies hilft dabei, die Literatur eines Forschungsfeldes zu erschließen.

Schlagwortbasierte Suche
Da Sie bereits eine Vorstellung davon gewonnen haben, in welchem Forschungsfeld Ihre Forschungsidee bzw. -frage angesiedelt ist, haben Sie auch einen ersten Eindruck darüber erlangt, nach welchen (noch groben) Schlagworten Sie suchen müssen. Um den Einstieg in die Literatur zu finden, bietet es sich durchaus an, mit diesen groben Schlagworten zunächst in Ihrem örtlich zugänglichen OPAC zu suchen. Bitte beachten Sie, dass der OPAC neben der Schlagwortsuche noch weitere Funktionen vorhält. Beispielsweise können bei Recherchen neben Stichworten auch Sachgebiete, Autoren und andere Klassifikationen berücksichtigt werden. Hierdurch erhalten Sie bereits eine spezifischere Treffermenge.

Auswertung von Citation Reports
Ähnlich wie die schlagwortbasierte Suche im OPAC gestaltet sich die Suche über Citation Reports in der Datenbank Web of Science. Die Funktion des „Citation Reports" hilft Ihnen dabei, auf Basis von Schlagworten diejenigen Aufsätze zu identifizieren, die am häufigsten in anderen Aufsätzen zitiert werden und somit mit hoher Wahrscheinlichkeit eine zentrale Stellung in Ihrem Themenbereich bzw. der Ihrer Arbeit zugrundeliegenden Theorie einnehmen. Aber seien Sie sich darüber bewusst, dass die Zitationshäufigkeit als Maß für die Bedeutung eines Beitrages einer gewissen Verzerrung unterliegen kann (vgl. Abschn. 4.2). Ältere Beiträge hatten größere Chancen zitiert zu werden als jüngere.

4.3 Die Literaturrecherche

„Experten" zu Rate ziehen
Möchten Sie beispielsweise ein Thema erschließen, über das Sie in Ihrem Studium nur wenige Kenntnisse erlangt haben, sollten Sie immer zuerst selbstständig versuchen, über die oben geschilderten Schritte zu erster Literatur zu gelangen. Finden Sie jedoch keine geeigneten Suchbegriffe, die bei Ihren Recherchen passende Literaturquellen hervorbringen, bietet es sich natürlich auch an, Kommilitonen und vor allem ihre Dozenten oder Ihre Professoren nach Einstiegsliteratur zu fragen. Dies schließt auch Ihren Abschlussarbeitsbetreuer ein. Sie sollten allerdings bedenken, dass die Literaturrecherche einen elementaren (Leistungs-)Bestandteil wissenschaftlichen Arbeitens darstellt. Sollte Ihnen für Ihr Thema nicht explizit Einstiegsliteratur vorgegeben sein, sollten Sie nur als „letzte Option" direkt mit Ihrem Betreuer über Literaturempfehlungen sprechen. Warum? Weil ein wesentliches Anforderungskriterium, insbesondere bei Abschlussarbeiten, die Eigenständigkeit der Bearbeitung eines Themas ist.

4.3.3.2 Schritt 2: Die Literaturbasis vertiefen

Stichwortbasierte Datenbanksuche
Am Ende des ersten Schritts haben Sie wesentliche Überblickswerke und Basisarbeiten identifiziert. Diese können Sie nun dazu nutzen, Ihre anfänglich nur groben und allgemeinen Schlagworte zu verfeinern und stärker auf die Aspekte eines Forschungsfeldes oder einer Theorie zuzuschneiden, die Sie für die konkrete Forschungsfrage Ihrer Abschlussarbeit benötigen. Diese neuen Suchworte können Sie nun erneut in den bereits genutzten Datenbanken (OPAC, Verbundkataloge, Datenbanken für Zeitschriftenaufsätze) anwenden. Sie werden sehen, dass Sie nun zum Teil andere und spezifischere Treffer generieren und somit Ihre Literaturbasis erheblich vertiefen und verbreitern können.

> **TIPP!** Für die Recherche von Monografien bietet es sich auch an, dass Sie in Ihrer örtlichen Bibliothek „stöbern". Da die Literaturbestände in Bibliotheken i. d. R. nach Sachgebieten systematisiert und/oder geordnet sind, sichten Sie einfach ausgehend von den ermittelten Basiswerken die für Sie relevanten Sachgebiete und/oder Autoren. (Alternativ: Im OPAC sind oftmals Sachgebiete für einzelne Monografien hinterlegt, so dass ein Online-„Stöbern" ebenfalls möglich ist.)

Auswertung von Literaturverzeichnissen
Überblickswerke und Basisarbeiten dienen jedoch nicht nur zur Optimierung der Suchbegriffe, sondern können auch durch die darin zitierte Literatur einen Aus-

gangspunkt zur Recherche darstellen. Die Analyse von Literaturverzeichnissen bereits vorliegender Literatur hilft Ihnen dabei, weitere relevante Literaturquellen zu identifizieren. Eine derartige Funktion lässt sich i. d. R. auch direkt in Datenbanken nutzen (z. B. bietet das Web of Science die Option „Cited References" an). Da einzelne Forschungsarbeiten jedoch zumeist spezifische Forscherkreise adressieren, wird jedoch u. U. nur vordergründig auf die Literatur spezifischer Gedankenschulen oder Theorien referiert. Sie sollten sich deshalb darüber bewusst sein, dass Sie durch die Auswertung von Literaturverzeichnissen einer gewissen Pfadabhängigkeit unterliegen und somit den Fokus ihrer Recherche „künstlich" verengen. Zudem sollten Sie berücksichtigen, dass bis zur finalen Veröffentlichung eines Beitrages i. d. r. einige Jahre vergehen, so dass die jeweils aktuellste Literatur meist nicht enthalten ist. Ein solches Vorgehen kann demnach eine eigene Recherche in Literaturdatenbanken nie gänzlich ersetzen, sondern bestenfalls ergänzen.

Zitationsrecherche
Im Gegensatz zu einer Auswertung der Literaturverzeichnisse vorliegender Arbeiten, welche ausgehend vom Veröffentlichungsdatum per se nur vergangenheitsorientiert durchgeführt werden kann, existiert zudem die Möglichkeit auch eine vom Veröffentlichungsdatum ausgehende zukunftsorientierte Suche vorzunehmen. Hierfür kann recherchiert werden, in welchen Arbeiten die zugrundeliegende Veröffentlichung ihrerseits zitiert wurde. Da (zumeist) davon ausgegangen werden kann, dass Literaturquellen nicht ohne inhaltlichen Bezug zitiert werden, ist eine thematische Passung der zitierenden Literatur wahrscheinlich. Einen Zugang zu dieser Art von Recherche bieten einige Datenbanken an (z. B. das Web of Science, das für jeden Beitrag durch Nutzung der Option „Times Cited" alle zitierenden Publikationen anzeigt).

4.4 Die Literaturbeschaffung

In den vorangegangenen Abschnitten haben wir zwar sehr ausführlich die Recherche von Literatur thematisiert, deren Beschaffung jedoch bislang gänzlich ausgeklammert. Dies liegt darin begründet, dass die Recherche in einigen der von uns genannten Datenbanken (wie z. B. JSTOR, Google Scholar und ScienceDirect) prinzipiell uneingeschränkt möglich ist, die weitergehenden Nutzungsmöglichkeiten (inkl. Zugang zu Volltexten von Zeitschriftenaufsätzen und eBooks) jedoch an die Lizensierungen und den lokalen Literaturbestand Ihrer Bibliothek gebunden sind.

4.4 Die Literaturbeschaffung

Es hängt also von den örtlichen Gegebenheiten ab, ob Sie beispielsweise Monografien direkt vor Ort, über Ihren Verbundkatalog oder den KVK beschaffen müssen. Ebenso verhält es sich mit wissenschaftlichen Aufsätzen. Es hängt auch hier von den Möglichkeiten Ihrer Bibliothek ab, ob Sie die kompletten Aufsätze als PDF-Versionen lesen und herunterladen können oder z. B. eine Kopie anfordern müssen.

▶ **TIPP!** Wie im Falle der Literaturrecherche gilt auch bei der Beschaffung von Literatur, dass es in den meisten Fällen notwendig ist, dass Sie die Literaturbeschaffung aus dem Netzwerk der Universität vornehmen oder sich mit Ihrem Heimrechner per Virtual Private Network (VPN) einloggen.

▶ **TIPP!** Zur Beschaffung der interessierenden Literatur ist es oftmals unerlässlich, neben dem Autor sowie dem Titel weitere spezifische Detailinformationen (wie z. B. die Zeitschrift, den Jahrgang, das Heft sowie die Seitenzahlen für Wissenschaftliche Aufsätze) über diese anzugeben. Berücksichtigen Sie dies bereits im Rahmen der Literaturrecherche und erheben Sie diese Detailinformationen immer parallel mit.

Abb. 4.2 vermittelt einen Eindruck, welche (idealtypischen) Wege existieren, bis Sie letztendlich die gewünschte Literatur in der Hand halten oder auf Ihren privaten Rechner herunterladen können. Wir trennen dabei zwischen der Beschaffung von Wissenschaftlichen Aufsätzen und der von Lehrbüchern, Monografien und Sammelbänden. Erstere sind i. d. R. als PDF verfügbar, während letztere vor allem in physischer Gestalt in Bibliotheken anzutreffen sind.

Wenn Sie einen wissenschaftlichen Aufsatz beschaffen möchten und dieser nicht in der von Ihnen gerade genutzten Datenbank als Volltext verfügbar ist, sollten Sie in einem nächsten Schritt direkt in die Elektronische Zeitschriftenbibliothek (EZB) wechseln. Zwar greifen Datenbanken sowie die EZB auf dieselben Lizenzrechte zurück, aber praktische Erfahrungen zeigen, dass Aufsätze trotzdem nicht direkt aus allen Datenbanken (z. B. Google Scholar) heraus verfügbar sind. In diesen Fällen empfehlen wir Ihnen den Weg über die EZB. Für die Suche in der EZB ist es jedoch zwingend notwendig, dass Sie bereits genau wissen, in welchem Jahrgang und welchem Heft eines Journals der gesuchte Aufsatz erschienen ist. Sie können dann gezielt nach der interessierenden Zeitschrift suchen und überprüfen, ob Ihre Bibliothek diese für das von Ihnen gewünschte Erscheinungsjahr lizensiert hat. Ist dies der Fall, dann werden Sie entweder auf die Homepage des Journals

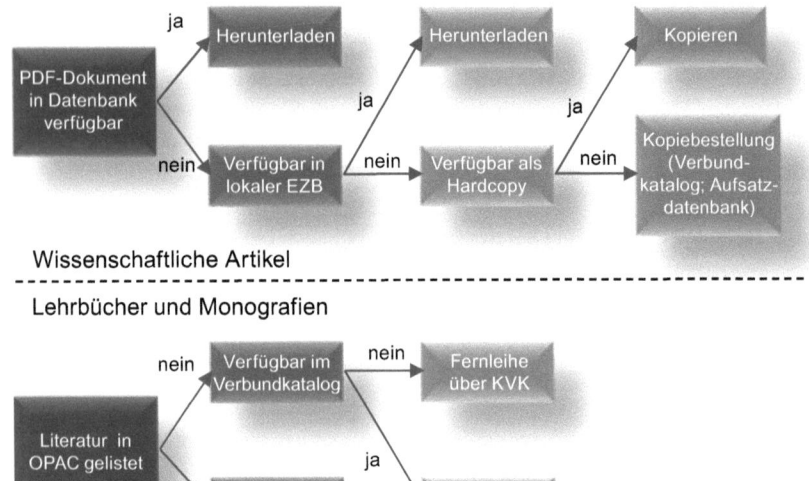

Abb. 4.2 Wege der Literaturbeschaffung

oder die spezifische Datenbank weitergeleitet, die den Aufsatz vorhält und zum Download anbietet.

Sollte dies nicht der Fall sein, prüfen Sie, ob Ihre Bibliothek die entsprechende Zeitschrift in gedruckter Form (Hardcopy) erwirbt und Sie Ihren Beitrag kopieren können. Sollte auch dies nicht möglich sein, verbleibt schließlich eine Kopiebestellung des Aufsatzes (optional kann auch die gesamte Journalausgabe über Fernleihe bezogen werden) über den Verbundkatalog. Hierfür ist es notwendig, ein gesondertes Fernleihkonto über Ihre Bibliothek zu beantragen. Sollte auch hier die gesuchte Literaturquelle nicht verfügbar sein, verbleibt als letzte Möglichkeit die Fernleihe über ihre Bibliothek mittels „Fernleihschein" in Papierform auszulösen.

Wenn Sie Lehrbücher, Monografien oder Sammelbände nutzen wollen, suchen Sie zuerst in Ihrem örtlichen OPAC. Ist die gewünschte Schrift dort nicht gelistet, können Sie über Ihren Verbundkatalog eine Fernleihe oder eine Kopiebestellung bestimmter Seiten anfordern. Sollte auch in Ihrem Verbundgebiet keine Bibliothek die gesuchte Literatur führen, bleibt für Monografien als letzte Möglichkeit eine Fernleihe oder Kopiebestellung über den KVK.

Des Weiteren können Sie für den Bezug von Monografien und Zeitschriftenaufsätzen auch auf das Angebot von außeruniversitären Dokumentenlieferdiensten (z. B. subito) zurückgreifen. Hierfür ist eine gesonderte Anmeldung bei dem entsprechenden Dienst notwendig.

4.5 Wie entscheide ich, ob „potenziell" relevante wissenschaftliche Literatur „tatsächlich" relevante Literatur ist?

Bislang haben wir Strategien der Literaturrecherche dargestellt, die es Ihnen ermöglichen, über die Identifikation von Basiswerken hinaus auch weitergehende Literatur zu recherchieren. Trotz des gezielten Einsatzes der skizzierten Suchstrategien werden Sie u. U. noch immer eine Vielzahl an potenziell relevanter Literatur generieren. Ein vollständiges Lesen all dieser Literatur erweist sich dabei als nicht zielführend, um die für ihre Arbeit tatsächlich relevante Literatur zu identifizieren. Vielmehr schlagen wir Ihnen vor, mit einem systematischen Scannen der Texte zu beginnen, auf dessen Basis Sie entscheiden, welche Texte Sie im Weiteren tiefgründig aufarbeiten.

Einen ersten Hinweis im Rahmen eines solchen Scannens stellt dabei natürlich der Titel des Werkes dar. Für Lehrbücher, Monografien sowie Sammelbände ist zudem meist bereits im OPAC oder dem entsprechenden Verbundkatalog das Inhaltsverzeichnis oder sogar eine Kurzbeschreibung des Buches hinterlegt, so dass auf Basis der detaillierten Inhaltsübersicht eine erste grobe Entscheidung bezüglich der Relevanz getroffen werden kann.

Wie ist eine solche Beurteilung jedoch bei Zeitschriften- und Sammelbandaufsätzen möglich, welche kein Inhaltsverzeichnis aufweisen? Für eine erste Einschätzung bezüglich deren Relevanz reicht es oftmals aus, den Aufsatz hinsichtlich bestimmter Strukturelemente „zu überfliegen". Hierbei empfehlen wir Ihnen folgende Teile eines Beitrags (auch in der entsprechenden Reihenfolge) zu analysieren:

(1) Abstract: Der Abstract zu Beginn eines jeden Beitrags fasst in wenigen Worten den Beitrag zusammen (in den oben vorgestellten Datenbanken ist der Abstract zumeist bereits direkt in den Suchergebnislisten enthalten, so dass Sie ihn lesen können, ohne bereits den kompletten Beitrag vorliegen zu haben). Hierin enthalten sind zumeist folgende zentralen Informationen: Was ist der zentrale Gegenstand der Forschung? Welche Forschungsfelder bzw. welche Theoriestränge werden adressiert? Welche grundlegende Argumentation wird

entwickelt bzw. welche zentralen Zusammenhänge werden überprüft? Welche Forschungsmethodik und welche konkrete Analysemethode werden (an welchem Sample) angewendet („empirical setting")? Was sind die wesentlichen Befunde?

(2) Abbildungen des konzeptionellen/theoretischen Modells: Abbildungen der der Argumentation zugrundeliegenden Modelle sind in vielen Aufsätzen enthalten und verdeutlichen die unterstellten Zusammenhänge. (In den oben vorgestellten Datenbanken ScienceDirect und EBSCOhost sind z. B. die im Beitrag enthaltenen Abbildungen und Tabellen ebenfalls bereits in den Suchergebnislisten ersichtlich, sodass Sie diese einsehen können, ohne bereits den kompletten Beitrag vorliegen zu haben).

(3) Propositionen/Hypothesen: Auch Propositionen und Hypothesen sind in wissenschaftlichen Aufsätzen gesondert hervorgehoben und lassen sich so bei einem ersten Screening i. d. R. gut identifizieren. Sie stellen die im Beitrag vermuteten Wirkungszusammenhänge dar, welche (a) auf Basis theoretischer Überlegungen oder empirischer Beobachtung abgeleitet werden – Propositionen – oder (b) auf Basis von Theorien hergeleitet und empirisch überprüft werden sollen – Hypothesen.

(4) Zitierte Literatur: Wie wir oben dargelegt haben, ist das „Scannen" von Literaturverzeichnissen wichtig, um Literaturquellen zu identifizieren. Hier wollen wir jedoch auf einen zweiten Aspekt hinweisen, der es sinnvoll macht, Literaturverzeichnisse zu studieren. Die im Beitrag zitierte Literatur kann einen Hinweis darüber liefern, ob ein Beitrag für Sie relevant ist (z. B. in den oben vorgestellten Datenbanken ScienceDirect und JSTOR sind die im Beitrag zitierten Literaturquellen bereits in den Suchergebnislisten ersichtlich, sodass Sie diese einsehen können, ohne bereits den kompletten Beitrag vorliegen zu haben). Screenen Sie das Literaturverzeichnis des Beitrags dahingehend, ob die für Ihre Forschungsfrage wegweisenden theoretischen und empirischen Aufsätze enthalten sind. Sind sie es nicht, kann dies entweder ein Indiz dafür sein, dass der Beitrag für Ihr Thema nur mäßig relevant ist und/oder aufgrund einer für Ihre Fragestellung ungeeigneten Aufarbeitung der Literatur qualitativ fragwürdig ist.

Über diese Strukturelemente hinaus kann die weitestgehend homogene Strukturierung wissenschaftlicher Aufsätze einen wichtigen Anknüpfungspunkt zum Screenen dieser liefern. Ein Verständnis dieser stringenten Grundstruktur erleichtert Ihnen dabei z. B. das Auffinden der zentralen Forschungsfragen, der grundlegenden Argumente, der erzielten Ergebnisse sowie der wesentlichen Beiträge zum wissenschaftlichen Diskurs in einem Aufsatz. Da dieses Verständnis aus unserer Sicht gleichzeitig auch der Schlüsselfaktor zum tiefgründigen Lesen und Verstehen dieser Aufsätze ist, werden wir diesen Aspekt detailliert in Abschn. 4.6 ausführen.

Neben den o. g. Hinweisen, möchten wir an dieser Stelle zudem auf den Einsatz von Lesetechniken verweisen. Diese können hilfreich sein, um Texte inhaltlich schneller zu erfassen. Zu diesem Thema existiert eine vielfältige Literaturbasis (z. B. Philipp 2015), die u. a. verschiedene Lesetechniken zur Steigerung der Lesegeschwindigkeit bereitstellt. Für das „Scannen" von Aufsätzen können sich solche Techniken als durchaus sinnvoll erweisen. Für das im folgenden Kapitel thematisierte tiefgründige Lesen, Verstehen und Interpretieren wissenschaftlicher Texte, würden wir jedoch nur einen äußerst sparsamen Gebrauch solcher Lesetechniken empfehlen.

4.6 Wie lese (und verstehe) ich relevante wissenschaftliche Literatur?

4.6.1 Überblick

Vielleicht werden Sie sich fragen, warum ein Kapitel, welches Ihnen das Lesen von Texten näherbringen soll, für Sie relevant ist, vor allem weil jeder von Ihnen tagtäglich eine Vielzahl unterschiedlicher Texte (Zeitungsartikel, Vorlesungsskripte, Lehrbücher, etc.) liest und versteht. Wir möchten Ihnen in diesem Kapitel auch weniger das Lesen von Literatur im Allgemeinen, sondern das von wissenschaftlichen Texten – und aufgrund der in Abschn. 4.2 dargelegten speziellen Relevanz von wissenschaftlichen Aufsätzen im Besonderen – näherbringen (vgl. für eine umfassendere Darstellung auch Locke et al. 2010 und Lange 2013).

Wissenschaftliche Literatur grenzt sich im Allgemeinen hinsichtlich bestimmter Charakteristika von anderen Literaturformen ab, welche das Lesen, Verstehen und Interpretieren dieser Texte erschwert. Dabei geht es primär noch gar nicht um die wissenschaftlichen Inhalte (Fachwörter, Theorien oder Zusammenhänge), welche einen zusätzlichen Komplexitätsgrad bewirken, sondern um den besonderen Aufbau und Schreibstil dieser Art von Literatur. So wird z. B. zumeist zugunsten der Argumentationslogik und -tiefe auf besondere Stilmittel verzichtet, um Experten das Lesen von Texten erleichtern.

Wissenschaftlichen Texten liegt gewissermaßen ein „spezieller Code" zu Grunde, der sie von anderen Schrifterzeugnissen unterscheidet. Wir möchten Sie in diesem Kapitel dabei unterstützen, diesen „Code" zu entschlüsseln. Wenn Sie den

Tab. 4.2 Grundstruktur wissenschaftlicher Aufsätze

Theoretisch-konzeptionelle Aufsätze	Empirisch-qualitative Aufsätze	Empirisch-quantitative Aufsätze und quantitative Meta-Analysen
Zusammenfassung (abstract)	**Zusammenfassung** (abstract)	**Zusammenfassung** (abstract)
Einleitung (introduction)	**Einleitung** (introduction)	**Einleitung** (introduction)
Theorie (theoretical background or literature review)	**Theorie** (theoretical background or literature review)	**Theorie** (theoretical background or literature review) und **Hypothesenherleitung** (hypotheses development)
Diskussion (discussion)	**Methodik** (methods)	**Methodik** (methods) und **Ergebnisse** (results)
Fazit (conclusion)	**Auswertung** (findings)	**Diskussion** (discussion)
	Diskussion (discussion)	**Fazit** (conclusion)

Code wissenschaftlicher Literatur entschlüsselt haben, sind Sie einerseits in der Lage Texte schneller zu lesen und wesentliche Inhalte zu extrahieren (Zeitersparnis). Andererseits wird es Ihnen möglich sein, diesen Code in Ihrer eigenen Abschlussarbeit anzuwenden, um diese auf einem hohen wissenschaftlichen Niveau zu verfassen (Qualitätsgewinn).

4.6.2 Grobstruktur wissenschaftlicher Aufsätze

Ein erster wesentlicher Aspekt des Codes wissenschaftlicher Aufsätze besteht darin, dass bezüglich der Grundstruktur zwar zwischen den Arten wissenschaftlicher Aufsätze (vgl. Kap. 2) einige grundlegende Unterschiede existieren, innerhalb einer Art sind wissenschaftliche Aufsätze in der Regel jedoch stringent aufgebaut (vgl. Tab. 4.2). Ein Verständnis dieser wiederkehrenden Muster erleichtert das Auffinden spezifischer Informationen innerhalb eines wissenschaftlichen Aufsatzes.

Ein zweiter elementarer Bestandteil des Codes wissenschaftlicher Aufsätze besteht darin, dass zudem auch die in Tab. 4.2 dargestellten Unterkapitel stringent aufgebaut sind bzw. zumindest wiederkehrende Strukturelemente aufweisen.

4.6.3 Feinstruktur spezifischer Unterkapitel

4.6.3.1 Strukturelemente der Zusammenfassung (Abstract)

Wir haben bereits in Abschn. 4.5 herausgearbeitet, dass in Zusammenfassungen regelmäßig folgende Aspekte – wenn zumeist auch nur in sehr verkürzter Form und variierender Reihenfolge – adressiert werden:

- Was ist der zentrale Gegenstand der Forschung?
- Welche Forschungsfelder bzw. Theoriestränge werden adressiert?
- Welche grundlegende Argumentation wird entwickelt bzw. welche zentralen Zusammenhänge werden überprüft?
- Welche Forschungsmethodik und welche konkrete Analysemethode werden (an welchem Sample) angewendet („empirical setting")?
- Was sind die wesentlichen Befunde?

Um diesen Sachverhalt weitergehend zu erläutern, haben wir Ihnen im Anhang 3 exemplarisch zwei Abstracts unterschiedlicher Wissenschaftsdisziplinen herausgesucht und die entsprechenden Aspekte gekennzeichnet.

4.6.3.2 Strukturelemente der Einleitung (Introduction)

Neben der Zusammenfassung werden auch im Rahmen der Einleitung wiederkehrende Fragen (zumeist in genau dieser Reihenfolge) angesprochen:

- (Kurze thematische Hinführung)
- Welche Forschungsfelder bzw. Theoriestränge werden adressiert?
- Was wissen wir bereits in diesem Forschungsfeld?
- Was wissen wir noch nicht in diesem Forschungsfeld? (Welche Aspekte wurden bisher nicht (ausreichend) berücksichtigt?) Warum ist es wichtig das zu wissen, was wir in diesem Forschungsfeld noch nicht wissen?
- Welche zentralen Argumente/Zusammenhänge werden im Aufsatz diskutiert?
- Welche spezifischen Beiträge liefert der Aufsatz?
- Kurzbeschreibung Methodik, Zentrale Befunde, Aufbau des Aufsatzes

4.6.3.3 Strukturelemente des Theorieteils (Theoretical background)

In empirisch-quantitativen Forschungsarbeiten nimmt der Theorieteil eine zentrale Rolle ein. Es sollen basierend auf theoriegeleiteten Argumenten bestimmte Wirkungszusammenhänge abgeleitet werden, welche im Folgenden am empirischen Datenmaterial überprüft werden sollen. Hierbei lassen sich folgende wiederkehrenden Elemente feststellen:

- Überblick über die zugrundeliegende Theorie – die zentralen theoretischen Annahmen und Elemente werden vorgestellt und diskutiert.
- Übersicht bisher vorliegender empirischer Arbeiten – oftmals wird der aktuelle Stand der Forschung etwas ausführlicher dargestellt, indem ein Überblick über empirische Studien gegeben wird, die zentrale Wirkungszusammenhänge in der Vergangenheit bereits überprüft haben.
- Hypothesenherleitung – schließlich findet die zumeist sehr detaillierte Ableitung der spezifischen Untersuchungshypothesen statt. Hierbei werden die spezifischen Argumente für einen bestimmten Wirkungszusammenhang theoretisch hergeleitet. Es werden also Begründungen geliefert, warum und wie eine Variable auf eine andere wirken sollte (vgl. Kap. 5 und 7). Zudem werden unterstützend zumeist empirische Ergebnisse des identischen Zusammenhangs oder in transferierbaren Untersuchungskontexten angeführt.

In empirisch-qualitativen Forschungsarbeiten findet die Darstellung der theoretischen Grundlagen zumeist etwas verkürzt und nur zur Ableitung der spezifischen Forschungsfragen statt (ohne Hypothesen). Dies liegt darin begründet, dass das primäre Ziel empirisch-qualitativer Forschungsarbeiten in der Theorieentwicklung durch Auswertung des Datenmaterials liegt.

4.6.3.4 Strukturelemente des Methodenteils (Methods)

Unabhängig von den eingesetzten spezifischen Analysemethoden kann der Methodenteil bezüglich seines Aufbaus als ein stark standardisierter Teil einer wissenschaftlichen Arbeit aufgefasst werden. Dieser setzt sich aus einer klar definierten Abfolge zusammen, die im Kern nur zwischen empirisch-qualitativen und empirisch-quantitativen Forschungsarbeiten variiert (vgl. Kap. 6 und 7).

Für quantitative Forschungsarbeiten ist zumeist folgender Aufbau charakteristisch:

- Samplebeschreibung/Datenerhebung – der Methodenteil beginnt in der Regel mit einer Beschreibung der Untersuchungsmethodik sowie der Beschreibung des Untersuchungssamples. Hierbei wird demnach zum einen das Vorgehen im Rahmen der Datenerhebung (woher stammen die Daten?) beschrieben, zum anderen wird die Datengrundlage tiefergehend charakterisiert.
- Variablenoperationalisierung – in einem nächsten Schritt wird zumeist auf die Operationalisierung (Messung) der Variablen eingegangen. Diese beginnt i. d. R. mit der Beschreibung der abhängigen Variable, bevor im weiteren Verlauf die unabhängigen Variablen sowie die Kontrollvariablen beschrieben

4.6 Wie lese (und verstehe) ich relevante wissenschaftliche Literatur?

werden. In der Mehrzahl der Zeitschriften werden die Variablennamen dabei kursiv hervorgehoben (oder als eigenständige Unterabsätze bzw. -kapitel gegliedert), so dass dem Leser ein schnelles Auffinden der entsprechenden Variablenoperationalisierung ermöglicht wird.
- Untersuchungsmethodik – an die Variablenbeschreibung schließt sich zumeist die Beschreibung der eingesetzten statistischen Analysemethode an.
- Ergebnisse – abschließend werden die empirischen Untersuchungsergebnisse strukturiert nach der Hypothesenreihenfolge dargestellt.

Demgegenüber findet sich bei qualitativen Forschungsarbeiten oftmals folgender Aufbau:

- Räumliche und zeitliche Charakterisierung des empirischen Settings (welches Phänomen wurde wann und wo untersucht? Beispiel: Untersuchung von Personalversammlungen zu drei Zeitpunkten. Einmal vor, einmal während und einmal nach einer Unternehmenskrise).
- Charakterisierung der Datengrundlage (z. B. Beobachtungen, Interviews, etc.).
- Darstellung der Datenerhebung (welche Datenerhebungsmethoden wurden wie eingesetzt? Beispiel: Gruppeninterview).
- Beschreibung der Datenanalyse (wie wurden die erhobenen Daten ausgewertet?).

Abschließend soll noch auf einen wesentlichen Unterschied zwischen den beiden zentralen Formen empirischer Forschungsarbeiten eingegangen werden. Dieser betrifft Umfang und Anordnung der Ergebnisdarstellung. In quantitativen Arbeiten werden die empirischen Untersuchungsergebnisse (meist) strukturiert nach der Hypothesenreihenfolge und relativ kurz dargestellt (nicht immer, aber i. d. R. als eigenständiger Gliederungspunkt). Demgegenüber stellt die Ergebnisdarstellung in qualitativen Arbeiten den Hauptteil der Arbeit dar und fällt viel detaillierter und umfassender aus. Während die inhaltlichen Schwerpunkte quantitativer Arbeiten auf dem Theorie- und Diskussionsteil liegen, stellen die Ergebnisdarstellung und -diskussion die zentralen inhaltlichen Elemente in qualitativen Aufsätzen dar.

4.6.3.5 Strukturelemente der Diskussion (Discussion)

Abschließend weisen auch die Diskussionsteile in der Mehrzahl wissenschaftlicher Arbeiten ähnliche Strukturelemente auf. Hierzu zählen v. a.:

- Zentrale Forschungsfrage – zumeist beginnt die Diskussion mit einem Wiederholen der zentralen Forschungsfrage des wissenschaftlichen Aufsatzes.

- Diskussion – die sich anschließende Diskussion der Ergebnisse erfolgt zumeist unter Rückgriff auf die Ausführungen des Theorieteils. Hierbei geht es zumeist um eine Theoriebestätigung, -ablehnung, und/oder -erweiterung, d. h., es werden die Implikationen des wissenschaftlichen Aufsatzes für die wissenschaftliche Forschung erörtert.
- Praktische Implikationen – neben den Implikationen des Aufsatzes für die wissenschaftliche Forschung wird zumeist auch auf dessen Implikationen für die (Unternehmens-)Praxis eingegangen. Je nach Ausrichtung der Zeitschrift variiert der Umfang dieses inhaltlichen Bestandteils jedoch stark.
- Limitationen – nach der Diskussion werden die Beschränkungen der empirischen Erhebung skizziert.
- Ansätze für weitere Forschung – zumeist verbunden mit der Diskussion der Beschränkungen der empirischen Erhebung wird zudem auf Ansätze für weitere Forschungsarbeiten eingegangen. Diese werden jedoch nicht nur aufgezählt, sondern es wird zudem auf den wissenschaftlichen Mehrwert eingegangen, den solche weiteren Ansätze liefern könnten.

Schlussendlich folgt in einigen wissenschaftlichen Aufsätzen ein gesondertes Fazit (Conclusion). In anderen wissenschaftlichen Aufsätzen wird das Fazit bereits mit in den Diskussionsteil integriert.

4.7 Wie gehe ich mit der Vielzahl an wissenschaftlichen Veröffentlichungen zum Thema meiner Arbeit um?

Auch die für Ihre Arbeit unmittelbar relevante Literatur wird wahrscheinlich sehr umfangreich sein. Um den Überblick, sowohl beim Aufarbeiten der Texte, als auch beim Schreiben Ihrer eigenen wissenschaftlichen Arbeit zu behalten, sind gewisse Regeln zu beherzigen.

Die wesentliche Regel beim Aufarbeiten der Literatur lautet: Systematisieren Sie! Potenzielle Möglichkeiten hierfür wären u. a. Karteikästen, tabellarische Erfassungen in Softwareprogrammen, Mindmaps, Exzerpts etc. (vgl. z. B. Pospiech 2012). Ein potenzielles Systematisierungskriterium kann für dieses Unterfangen Ihre vorläufige Grobstruktur darstellen.

Um systematisch zu arbeiten, ist weiterhin wesentlich, dass Sie, sobald Sie einen Text verwenden, diesen sofort zitieren und parallel dazu Ihr Literaturverzeichnis pflegen (vgl. für weitere Ausführungen zur Zitiertechnik Abschn. 8.2.5).

Ein denkbares Instrument, um sowohl den Überblick über die aufgearbeiteten Texte zu behalten als auch deren adäquaten Zitierung sicherzustellen, sind die elektronischen Literaturverwaltungsprogramme diverser Anbieter, z. B. EndNote, Citavi, Mendeley. Ein Einsatz solcher elektronischen Literaturverwaltungsprogramme kann sich aus unserer Sicht – vor allem, wenn Sie häufig wissenschaftliche Arbeiten verfassen müssen – durchaus lohnen. Neben der möglichen Systematisierung bieten solche Programme zudem eine Zeitersparnis, sowie eine Erhöhung der Genauigkeit beim Schreiben und Formatieren Ihrer Abschlussarbeit. Da Sie sich jedoch etwas in das gewählte Programm einarbeiten müssten, um es nutzen zu können, gilt es beim einmaligen Anfertigen einer wissenschaftlichen Arbeit das Aufwand-Nutzen-Verhältnis abzuwägen.

▶ **TIPP!** An einigen Hochschulen können Studierende (zeitlich begrenzte) kostenlose Lizenzen für bestimmte Literaturverwaltungsprogramme erwerben. Zudem werden auch Einführungskurse in die entsprechende Software angeboten. Über diese Angebote informieren Sie sich z. B. bei Ihrem Universitätsrechenzentrum oder Ihrer lokalen Bibliothek.

Literatur

Berger, P. L., & Luckmann, T. (1967). *The social construction of reality: a treatise in the sociology of knowledge.* London: Penguin Press.
Chandler, A. (1962). *Strategy and structure.* Cambridge: M.I.T. Press.
Cyert, R. M., & March, J. G. (1963). *A behavioral theory of the firm.* Englewood Cliffs: Prentice Hall.
Lange, U. (2013). *Fachtexte lesen – verstehen – wiedergeben.* Paderborn: Ferdinand Schöningh.
Locke, L. F., Silverman, S. J., & Spirduso, W. W. (2010). *Reading and understanding research* (3. Aufl.). Los Angeles: SAGE.
March, J. G., & Simon, H. A. (1958). *Organizations.* New York: Wiley.
Philipp, M. (2015). *Lesestrategien: Bedeutung, Formen und Vermittlung.* Weinheim, Basel: Beltz Juventa.
Pospiech, U. (2012). *Duden Ratgeber – Wie schreibt man wissenschaftliche Arbeiten.* Mannheim: Dudenverlag.
Stary, J., & Kretschmer, H. (2000). *Umgang mit wissenschaftlicher Literatur* (S. 14–33). Frankfurt am Main: Cornelsen Scriptor.
Weber, M. (1972). *Wirtschaft und Gesellschaft* (5. Aufl.). Tübingen: Mohr Siebeck.
Williamson, O. E. (1975). *Markets and hierarchies: analysis and antitrust implications.* New York: The Free Press.

Literaturübersichtsarbeiten sowie theoretisch-konzeptionelle Arbeiten

5

> **Lernziele**
>
> Am Ende des Kapitels sollten Sie ...
>
> - den Unterschied zwischen Literaturübersichtsarbeiten und theoretisch-konzeptionellen Arbeiten kennen.
> - die Grundstruktur der einzelnen Formen von Literaturübersichtsarbeiten verstanden haben.
> - die grundlegenden Charakteristika theoretisch-konzeptioneller Arbeiten kennen.
> - dafür sensibilisiert sein, dass das Verfassen von Literaturübersichtsarbeiten und theoretisch-konzeptionellen Arbeiten bedeutsam und wissenschaftlich anspruchsvoll ist.

5.1 Literaturübersichtsarbeiten

5.1.1 Charakterisierung verschiedener Arten von Literaturübersichtsarbeiten

Literaturübersichtsarbeiten haben zum Ziel, den aktuellen Stand wissenschaftlicher Forschung aufzuarbeiten, zu systematisieren sowie daraus Ansätze für weitere Forschungsarbeiten abzuleiten. Der Analysefokus kann dabei stark variieren und sowohl ganze Forschungsfelder umfassen als auch auf spezifische Wirkungszusammenhänge innerhalb eines Forschungsfeldes beschränkt sein. Die Grundlage von Literaturübersichten stellen die bisher zum zugrundeliegenden Analysefokus veröffentlichten Arbeiten, auch Primärstudien genannt, dar. Die zunehmende Relevanz von Übersichtsarbeiten im wissenschaftlichen Diskurs liegt vor allem in der stetig steigenden Anzahl an Publikationen in nahezu allen Forschungsfeldern be-

Tab. 5.1 Charakterisierung von Literaturübersichtsarbeiten. (In Anlehnung an Petticrew und Roberts 2012, S. 19)

Art	Charakterisierung	Beispiel
Narrative Review	Bieten zumeist einen breiten Überblick zu einem bestimmten *Forschungsfeld* an; die Synthese sowie die Erklärung der Heterogenität von Studienergebnissen erfolgt rein deskriptiv	Simsek et al. (2015)
Systematic Literature Review	Unter Anwendung zuvor definierter Ein- und Ausschlusskriterien sollen eine umfassende Identifikation aller relevanten Studien mit Bezug zu einer *spezifischen Forschungsfrage* ermöglicht und deren Ergebnisse in einer Synthese systematisch berücksichtigt werden	Parris und Peachey (2013)
Meta-Analysen	Über die Charakteristika von Systematic Literature Reviews hinaus erfolgt die Synthese sowie die Erklärung von Heterogenität in Studienergebnissen basierend auf *statistischen Analysemethoden*	Lee und Madhavan (2010)

gründet. Literaturübersichten sind insbesondere dann sinnvoll, wenn bezogen auf den ihnen zugrundeliegenden Analysefokus Unvollständigkeiten bzw. Inkonsistenzen hinsichtlich der bisher gestellten Forschungsfragen und erzielten Erkenntnisse (sowohl theoretischer als auch empirischer Natur) zu konstatieren sind.

Literaturübersichtsarbeiten lassen sich bezüglich des Systematisierungsgrades sowie der eingesetzten Verfahren zur Zusammenführung vorliegender Erkenntnisse in drei Arten untergliedern (vgl. Tab. 5.1). Der Übergang von Narrative Reviews zu Systematic Literature Reviews ist dabei fließend. Als wesentlichstes Abgrenzungsmerkmal kann herausgestellt werden, dass sich Systematic Literature Reviews durch eine systematischere, transparentere und reproduzierbare Darstellung der Literaturrecherche auszeichnen. In diesem Kontext werden zumeist auch wesentliche Charakteristika und Ergebnisse der einbezogenen Primärstudien detaillierter dargestellt und im Sinne einer umfassenden Synthese genutzt. Schlussendlich werden im Rahmen der Synthese auf Basis einfacher Analyseverfahren übergreifende Ergebnisse zu einzelnen Wirkungsbeziehungen abgeleitet.

In Anlehnung an Petticrew und Roberts (2012) lassen sich für alle drei Arten von Literaturübersichten folgende sieben Arbeitsschritte unterscheiden, welche, mit Ausnahme der Formulierung der Forschungsfrage für die Literaturarbeit, wiederum den zwei zentralen Kernelementen der *Literaturrecherche* sowie der *Synthese* zugeordnet werden können.

(1) Konkretisieren Sie die durch die Literaturübersichtsarbeit zu beantwortende Forschungsfrage bzw. im Falle von Meta-Analysen die Untersuchungshypothesen.

Literaturrecherche (Ermittlung relevanter Literatur)

(2) Definieren Sie die Art von Studien, welche notwendig sind, um die Forschungsfrage(n) zu beantworten bzw. die Untersuchungshypothesen zu testen (inkl. Erarbeitung potenzieller Selektionskriterien).
(3) Führen Sie eine umfassende Literaturrecherche zur Identifizierung der notwendigen Studien durch.
(4) Wenden Sie die erarbeiteten Selektionskriterien auf die identifizierten Studien an und extrahieren Sie die notwendigen Informationen für Ihre Literaturübersicht.

Synthese und Ableitung der Erkenntnisse/Implikationen

(5) Begutachten Sie die inkludierten Studien kritisch.
(6) Führen Sie die Erkenntnisse/Ergebnisse der inkludierten Studien mit Bezug auf Ihre Forschungsfrage bzw. die Untersuchungshypothesen zusammen.
(7) Stellen Sie die Ergebnisse und deren Implikationen für weitere Forschungsarbeiten dar.

Wesentlich erscheint es uns herauszustellen, dass neben der Aufarbeitung und Systematisierung des aktuellen Forschungsstandes insbesondere die Ableitung zukünftiger Forschungsschwerpunkte ein zentrales Anliegen von Literaturübersichtsarbeiten darstellt. Genau hierdurch können Literaturübersichtsarbeiten einen wichtigen Beitrag zur Weiterentwicklung von Forschungsfeldern und Theorien leisten. Im Weiteren wollen wir die einzelnen Formen von Literaturübersichtsarbeiten vertiefend charakterisieren.

5.1.2 Narrative Review

Wie bereits angedeutet bestehen Narrative Reviews aus drei zentralen Kernelementen, welche sich unmittelbar auch im Aufbau der Arbeiten widerspiegeln. Erstes zentrales Element von Narrative Reviews ist dabei zunächst die transparente Darstellung der Literaturrecherche. Dies bedeutet, dass nachvollziehbar erläutert werden muss, welche Suchstrategien angewendet wurden und zu welchen Ergebnissen diese geführt haben. Zudem sind eventuelle Selektionskriterien aufzulisten und zu begründen. Hierbei ist zu beachten, dass jede Suchstrategie und jedes Selektionskriterium den Fokus des Reviews einengen. Wird z. B. nur in den Titeln von in Journals veröffentlichten wissenschaftlichen Aufsätzen nach bestimmten Schlagwörtern gesucht oder werden nur quantitative Forschungsarbeiten ausgewählt, so hat dies unmittelbare Implikationen auf die Reichweite der abgeleiteten Erkenntnisse.

Das zweite zentrale Element stellt die Synthese dar. In vielen Narrative Reviews lässt sich bezüglich der Synthese folgendes Grobmuster identifizieren:

- Synthese bezüglich der Definitionen zentraler Konzepte,
- Untergliederung des Forschungsfeldes in zentrale Teilbereiche,
- Darstellung wesentlicher Befunde der einzelnen Teilbereiche,
- Teilbereichsübergreifende Diskussion der Befunde und ggf. Entwicklung von Gesamtmodellen.

Als drittes Kernelement kann die Ableitung zukünftiger Forschungsschwerpunkte angesehen werden. Sowohl bezüglich der einzelnen Teilbereiche als auch im Kontext der teilbereichsübergreifenden Gesamtmodelle sollten ggf. existierende Forschungslücken aufgezeigt sowie Implikationen für weitere Forschungsarbeiten dargestellt werden. Beispielhaft wollen wir Ihnen die Integration dieser zentralen Elemente in einem Narrative Review am Beispiel einer Überblicksarbeit zum Forschungsfeld Imprinting verdeutlichen.

Beispiel 1
Simsek, Z.; Fox, B. C.; & Heavey, C. (2015): "What's past is prologue": a framework, review, and future directions for organizational research on imprinting. *Journal of Management*, 41(1): 288–317.

Ziel des Narrative Reviews von Simsek et al. ist es, den aktuellen Forschungsstand zum Forschungsfeld Imprinting darzustellen. Unter dem Konzept des Imprintings wird verstanden, dass (1) Organisationen durch ihr Gründungsumfeld geprägt werden, (2) sich diese Prägung in den organisationalen Strukturen sowie Produkten der Organisation manifestiert und (3) die Prägung eine gewisse Persistenz (d. h. Beständigkeit) aufweist. Das Konzept des Imprintings wurde 1965 von Stinchcombe entwickelt. Simsek et al. wollen nun mittels einer Literaturübersicht herausarbeiten,

- was wir zum Forschungsfeld des Imprintings bereits wissen sowie
- was wir (noch) nicht wissen aber wissen sollten.

Nach einer Einleitung, in welcher die Autoren die Forschungsfrage umreißen und deren Relevanz erörtern, stellen Simsek et al. ausführlich ihr Vorgehen im Rahmen der Literaturrecherche dar. Hierbei erörtern die Autoren, dass Sie einem

5.1 Literaturübersichtsarbeiten

5-stufigen Suchprozess gefolgt sind (vgl. Tab. 5.2). Zunächst wurden wissenschaftliche Aufsätze ermittelt, welche die Pionierarbeit von Stinchcombe (1965) zitieren. Aus diesen Aufsätzen wurden mittels einer Inhaltsanalyse zunächst 11 zentrale Suchbegriffe für die eigentliche Literaturrecherche herausgearbeitet (Schritt 1). Anschließend führten die Autoren mit diesen Begriffen eine Suche in den etablierten Literaturdatenbanken Web of Science, Google Scholar sowie Scopus durch (Schritt 2). Ausgehend von den hierbei ermittelten 489 wissenschaftlichen Aufsätzen wurden nun zudem Aufsätze einbezogen, welche in mindestens zwei dieser Aufsätze zitiert wurden (Schritt 3). Darüber hinaus wurden auch solche Aufsätze

Tab. 5.2 Übersicht einzelner Schritte der Literaturrecherche. (In Anlehnung an Simsek et al. 2015, S. 291)

Schritt	Zweck und Durchführung	Ergebnis
Schritt 1: Suche von Stinchcombe (1965)	– „Grounded review methodology" ausgehend von der Pionierarbeit von Stinchcombe – Analyse der Titel, Schlüsselwörter, Zusammenfassungen und Texte – Herausarbeitung geeigneter Suchbegriffe für eine umfassende Literaturübersicht	18 wissenschaftliche Aufsätze 11 Schlüsselwörter sowie deren Wortfamilien ermittelt
Schritt 2: Schlüsselwörtersuche	– Umfassende Suche mittels Schlüsselwörtern im Web of Science – Suche mittels Schlüsselwörtern in den Überschriften von in Google Scholar und Scopus enthaltenen Arbeiten (Analyse der ersten 1000 bzw. 2000 Treffer)	489 Aufsätze
Schritt 3: Rückwärtszitation	– Identifikation wichtiger Arbeiten, die das Forschungsfeld Imprinting beeinflusst haben – Analyse der Titel der Aufsätze, welche von mindestens zwei der bisher ermittelten Aufsätze zitiert werden, aber noch nicht Bestandteil der Grundgesamtheit sind	Kumulierte Anzahl von 624 Aufsätzen
Schritt 4: Vorwärtszitation	– Analyse der Aufsätze, welche die bisher ermittelten Aufsätze zitieren – Analyse der Titel der Aufsätze, welche mindestens zwei der bisher ermittelten Aufsätze zitieren, aber noch nicht Bestandteil der Grundgesamtheit sind	Kumulierte Anzahl von 686 Aufsätzen
Schritt 5: Identifizierung von besonders relevanten Aufsätzen	– Analyse der ermittelten 686 Aufsätze dahingehend, ob Imprinting einen zentralen Bestandteil des Aufsatzes darstellt oder lediglich als Randphänomen thematisiert wird	119 Aufsätze für detaillierte Synthese

einbezogen, welche mindestens zwei der ermittelten 489 Aufsätze zitieren, aber noch nicht enthalten waren (Schritt 4). Aus der sich ergebenden Grundgesamtheit von 686 wissenschaftlichen Aufsätzen wurden in einem letzten Schritt jene Arbeiten ermittelt, in welchen das Konzept des Imprintings eine zentrale Rolle einnimmt (Schritt 5). Dies resultierte schlussendlich in 119 Aufsätzen, welche die Grundlage der sich anschließenden Synthese darstellen.

Basierend auf der Synthese der enthaltenen Studien schlagen die Autoren ein Framework für die Imprinting-Forschung vor, welches zugleich den Rahmen der weiteren Ergebnisdarstellung bildet. Dieses Framework besteht dabei aus drei aufeinander aufbauenden Teilprozessen des Imprintings:

- **Genesis:** umfasst den anfänglichen Prozess, in dessen Rahmen das Zusammenspiel der Eigenschaften der beeinflussenden Objekte sowie der Eigenschaften der beeinflussten Objekte einen bestimmten Imprint entstehen lassen.
- **Metamorphosis:** der sich anschließende evolutionäre Prozess, in dessen Rahmen der ursprüngliche Imprint erhalten bleibt, sich verstärkt, abschwächt oder abwandelt.
- **Manifestation:** der schlussendliche Einfluss des Imprints auf die Organisationscharakteristika sowie deren indirekte Auswirkungen auf den Erfolg sowie die langfristige Überlebenswahrscheinlichkeit von Organisationen.

Zusammenhängend mit diesen Teilprozessen lassen sich die vorliegenden Erkenntnisse zudem hinsichtlich fünf zentraler Konzepte bzw. Konstrukte untergliedern:

- **Imprinter** (beeinflussendes Objekt): Gründer, Marktnormen, Legitimation der Branche.
- **Imprinted** (beeinflusstes Objekt – Träger des Imprints): Neugegründete Organisationen, bestehende Organisationen, Teilbereiche von Organisationen, lokale Netzwerke, Communities.
- **Imprinting** (Prozess der Beeinflussung): cultural entrepreneurship, Identitätsbildung.
- **Dynamics** (zeitliche Effekte, die Imprintstärke beeinflussen): Pfadabhängigkeit, Imitation, Institutionalisierung.
- **Impact** (Implikationen): Wachstum, Überleben, Strategiewahl.

In den nun folgenden Ausführungen stellen die Autoren sehr ausführlich die bisher vorliegenden Erkenntnisse bezüglich der einzelnen Phasen und Konstrukte dar. Für die Strukturierung Ihrer eigenen Abschlussarbeit erscheint es uns wichtig, noch einmal folgenden Aspekt herauszustellen: Simsek et al. stellen ihr entwickeltes Gesamtmodell den Ergebnisdarstellungen der einzelnen Teilbereiche voran; andere Autoren wählen in ihren Narrative Reviews ein spiegelverkehrtes Vorgehen (siehe z. B. Aguinis und Glavas 2012). Unabhängig davon, welches Vorgehen Sie für Ihre Arbeit wählen, die Gliederung der Ausführungen ergibt sich in der Regel unmittelbar aus dem entwickelten Gesamtmodell.

Im letzten Teil ihrer Arbeit legen die Autoren ausführlich weitere Forschungsmöglichkeiten dar. Auch diese Ausführungen strukturieren sie anhand der drei übergeordneten Teilprozesse des Imprintings. Die inhaltliche Gewichtung der Ausführungen zu weiteren potenziellen Forschungsfragen – diese nehmen ca. 40 % der gesamten Arbeit ein – verdeutlicht noch einmal den Stellenwert dieses inhaltlichen Aspektes bei Narrative Reviews.

5.1.3 Systematic Literature Reviews und Meta-Analysen

In Systematic Literature Reviews sowie Meta-Analysen nimmt die Auseinandersetzung mit zukünftigen potenziellen Forschungsfragen in der Regel einen nicht so umfangreichen Stellenwert ein. Zudem ist der Analysefokus in Systematic Literature Reviews sowie Meta-Analysen oftmals auf einen spezifischen Wirkungszusammenhang eingegrenzt. Der theoretische Beitrag dieser Formen von Literaturübersichten ergibt sich stärker aus der intensiven Analyse des zugrundeliegenden Wirkungszusammenhangs. Dabei wird zwar auf bisher vorliegende (zumeist empirische) Ergebnisse zurückgegriffen, die hieraus abgeleiteten Ergebnisse können jedoch über diese hinausgehen. Bezogen auf den analysierten Wirkungszusammenhang stehen dabei zumeist zwei Forschungsfragen im Mittelpunkt der Arbeit:

(1) Wie lässt sich der Wirkungszusammenhang auf Basis der vorliegenden Erkenntnisse charakterisieren? (Das heißt, ist ein positiver bzw. negativer Zusammenhang feststellbar?)
(2) Welche Faktoren (Moderatoren) üben einen Einfluss auf den Wirkungszusammenhang aus?

Gegenstand der ersten Forschungsfrage ist demnach, wie der Wirkungszusammenhang über alle Primärstudien (also die bisher hierzu veröffentlichten Studien) hinweg charakterisiert werden kann. Für einen Großteil der empirisch untersuchten Wirkungsbeziehungen lässt sich feststellen, dass zumeist konkurrierende Ergebnisse vorliegen. Dies bedeutet nichts anders, als dass es beispielsweise sowohl empirische Studien gibt, die zeigen, dass eine steigende Geschlechterdiversität in

Projektgruppen den Projekterfolg erhöht, als auch Studien, die einen negativen Zusammenhang aufzeigen. Für diesen Wirkungszusammenhang stellt sich nun aus meta-analytischer Sicht die Frage, ob eine übergeordnete Aussage möglich ist. Ziel der zweiten Forschungsfrage ist zu klären, **ob bestimmte Variablen einen Einfluss auf den Wirkungszusammenhang ausüben** und somit divergierende Untersuchungsergebnisse erklären können. Mit anderen Worten: Es wird untersucht, ob sich Studien, die einen positiven Einfluss aufdecken, auf Basis bestimmter Faktoren – welche auch als Moderatorvariablen bezeichnet werden – von Studien unterschieden, die einen negativen oder keinen Einfluss identifizieren. Diese Moderatorvariablen (vgl. hierzu auch Abschn. 7.2.2) können dabei vielfältiger Natur sein und sich z. B. auf Samplecharakteristika beziehen. Hierbei werden die Primärstudien dahingehend beurteilt, ob diese z. B. nur Projektgruppen einer bestimmten Größe oder einer bestimmten Branche in ihr Untersuchungssample aufgenommen haben. Darüber hinaus können weitere Studiencharakteristika wie z. B. der Untersuchungszeitraum, die Operationalisierung von Variablen, die Erhebungsmethode, die Studienqualität etc. potenzielle Moderatorvariablen darstellen.

Ein zentrales Gestaltungselement von Systematic Literature Reviews stellen Übersichtstabellen dar. In diesen Tabellen werden Informationen über alle im Review enthaltenen Studien bezüglich der Forschungsfragen, des Untersuchungssamples, des Studiendesigns sowie der wesentlichsten Ergebnisse zusammengefasst. Diese Tabellen verdeutlichen zum einen das Ergebnis der Literaturrecherche und erhöhen zum anderen die Nachvollziehbarkeit der sich anschließenden Synthese.

Die einfachste Form der studienübergreifenden Synthese im Rahmen von Systematic Literature Reviews bietet das Verfahren des „Vote Countings". Hierbei wird ausgezählt, wie viele Studien einen positiven, negativen oder nicht signifikanten Wirkungszusammenhang berichten. Bei der Ableitung von Erkenntnissen auf Basis des Vote-Counting-Verfahrens sollte jedoch vorsichtig und eher konservativ vorgegangen werden. Dies liegt vor allem darin begründet, dass das Verfahren des Vote-Countings die enthaltenen Primärstudien nicht hinsichtlich ihres Sampleumfangs sowie ihrer Studienqualität gewichtet.

Während Systematic Literature Reviews in ihrer Struktur oftmals Narrative Reviews ähneln, erfolgt im Rahmen von Meta-Analysen zumeist a priori eine Herleitung spezifischer Untersuchungshypothesen. Dabei wird zunächst eine Hypothese bezüglich des übergeordneten Wirkungszusammenhangs abgeleitet, bevor im Folgenden spezifische Moderatorhypothesen hergeleitet werden. Abschließend wollen wir Ihnen anhand der Arbeit von Lee und Madhavan (2010) die wesentlichen Grundgedanken, Arbeitsschritte und Aufbauelemente von Meta-Analysen nochmals zusammenfassen. Auf eine ausführliche Darstellung der statistischen

Analyseverfahren soll dabei jedoch verzichtet werden (siehe für eine detaillierte Darstellung z. B. Schmidt und Hunter 2014).

Beispiel 2
Lee, D.; & Madhavan, R. (2010): Divestiture and firm performance: a meta-analysis. *Journal of Management*, 36(6): 1345–1371.

In ihrer Forschungsarbeit befassen sich die Autoren mit dem Wirkungszusammenhang zwischen Desinvestition und Unternehmenserfolg. Konkret sollen folgende zwei Fragen geklärt werden,

(1) Welcher Zusammenhang besteht zwischen Desinvestition und Unternehmenserfolg?
(2) Beeinflussen bestimmte Moderatoren den Wirkungszusammenhang zwischen der Desinvestition und dem Unternehmenserfolg?

Im Rahmen der Einleitung stellen die Autoren heraus, dass eine meta-analytische Untersuchung dieser beiden Fragen eine Forschungslücke darstellt, da zwar bereits ein Narrative Review zum Forschungsfeld vorliegt, aber noch keine Aufarbeitung des Forschungsstandes mit quantitativen Analysemethoden erfolgt ist. Die Autoren betonen zudem, dass die Beantwortung dieser beiden Fragen eine hohe Relevanz besitzt, da bisher vorliegende Forschungsarbeiten widersprüchliche Ergebnisse zum interessierenden Wirkungszusammenhang liefern. Die Ergebnisse einer meta-analytischen Untersuchung des Zusammenhangs können somit einen wertvollen Beitrag zur weiteren Theorieentwicklung leisten.

Im Rahmen ihrer theoretischen Ausführungen leiten die Autoren die spezifischen Untersuchungshypothesen ab. Hierbei widmen sie sich zunächst dem übergeordneten Zusammenhang zwischen Desinvestition und Unternehmenserfolg. Basierend auf Argumenten der Transaktionskostentheorie sowie der Prinzipal-Agententheorie unterstellen die Autoren in Hypothese 1, dass Desinvestitionen den zukünftigen Unternehmenserfolg erhöhen. Im Folgenden leiten die Autoren darüber hinaus sechs Moderatorhypothesen her. Dabei fokussieren die Autoren sowohl zwei Moderatorvariablen, welche sich lediglich aus einem variierenden Studiendesign der einzelnen Primärstudien begründen als auch vier stärker theoretisch motivierte Moderatorvariablen. In Hypothese 2 unterstellen die Autoren beispielsweise, dass die Stärke des Wirkungszusammenhangs zwischen Desinvestition und Unternehmenserfolg in Abhängigkeit davon variiert, ob in den Primärstudien der Unternehmenserfolg mittels kapitalmarktorientierter oder bilanzorientierter Erfolgsmaße gemessen wurde. In Hypothese 5 leiten die Autoren demgegenüber theorieorientiert her, dass die Stärke des Wirkungszusammenhangs in Abhängigkeit davon variieren sollte, wie stark die Ähnlichkeit des Unternehmensbereiches, von dem sich die Unternehmung trennt, zu den verbleibenden Unternehmensteilen ist.

Die abgeleiteten Untersuchungshypothesen werden im Folgenden anhand der Ergebnisse vorliegender Primärstudien statistisch überprüft. Hierfür beschreiben die Autoren zunächst ausführlich, welche Suchstrategien sowie Selektionskriterien angewendet wurden, um die zugrundeliegenden Primärstudien zu ermitteln. Insgesamt konnten die Autoren 94 Primärstudien identifizieren, welche den Zusammenhang zwischen Desinvestition und Unternehmenserfolg quantitativ überprüft haben und zudem den weiteren Selektionskriterien genügten. Aus diesen Primärstudien extrahieren die Autoren nun die relevanten Informationen (v. a. Variablen), um die metaanalytischen Verfahren anwenden zu können. Die angewendeten Verfahren werden dabei detailliert beschrieben.

Insgesamt fließen 650 Effektgrößen aus 94 Primärstudien in die metaanalytischen Berechnungen der Autoren ein, so dass die ermittelten Ergebnisse auf insgesamt 103.299 betrachteten Desinvestitionen beruhen. Über alle einbezogenen Effektgrößen hinweg ergibt sich dabei ein signifikant positiver Zusammenhang zwischen der Desinvestition und dem späteren Unternehmenserfolg. Übergeordnet kann für den untersuchten Wirkungszusammenhang also davon ausgegangen werden, dass Desinvestition den späteren Unternehmenserfolg verbessern. Bezüglich der analysierten Moderatorhypothesen zeigt sich, dass Studien mit bilanzorientierten Erfolgsmaßen einen stärker positiven Zusammenhang zeigen als Studien mit kapitalmarktorientierten Erfolgsmaßen. Das verwendete Erfolgsmaß moderiert also die Stärke des Wirkungszusammenhangs. Demgegenüber stellt die Ähnlichkeit des desinvestierten Unternehmensbereiches zu den verbleibenden Unternehmensteilen keinen Moderator dar. Das heißt, Studien, welche Unternehmen untersuchen, bei denen eine hohe Ähnlichkeit des desinvestierten Unternehmensbereiches zu den verbleibenden Unternehmensteilen vorliegt, kommen zu vergleichbaren Ergebnissen wie Studien, welche Unternehmen untersuchen, bei denen eine geringe Ähnlichkeit des desinvestierten Unternehmensbereiches zu den verbleibenden Unternehmensteilen besteht.

Die erzielten Ergebnisse werden von den Autoren anschließend ausführlich auf der Basis von Theorien diskutiert, und es werden Implikationen für zukünftige Forschungsarbeiten abgeleitet.

5.2 Theoretisch-konzeptionelle Arbeiten

5.2.1 Was eine theoretisch-konzeptionelle Arbeit leistet

Theoretisch-konzeptionelle Arbeiten dienen der Schließung konzeptioneller Lücken (fehlender Erklärungen) durch Entwicklung von Konzepten, Modellen und/oder Theorien bzw. Übertragung dieser auf neue Sachverhalte. Die im Zentrum stehende Forschungsfrage wird auf die bestehende Literatur gestützt bearbeitet. Eine theoretisch-konzeptionelle Arbeit stellt somit keine reine Literaturarbeit dar, in welcher ausschließlich bereits vorliegende Erkenntnisse zusammengefasst werden, sondern sie nutzt diese Literatur, um neue (theoretische) Erkenntnisse zu ermöglichen. Dies heißt, dass theoretisch-konzeptionelle Arbeiten den Stand der Forschung aufarbeiten und diese Aufarbeitung nutzen, um neue theoretische Argumente einzuführen.

5.2.2 Beispiel: Meyer und Rowan (1977)

Im Folgenden möchten wir den komplexen Sachverhalt der Theorieentwicklung anhand der Kernargumentation einer der bedeutendsten theoretisch-konzeptionellen Arbeiten der letzten 40 Jahre in den Managementwissenschaften verdeutlichen. In ihrem 1977 erschienenen Aufsatz erarbeiteten John W. Meyer und Brian Rowan die Grundzüge der Neo-Institutionalistischen Organisationstheorie.

Die Autoren argumentieren, dass Organisationen formale Strukturen (z. B. bestimmte Stellen, Abteilungen oder Verfahren) nicht notwendig allein zur effizienten Bewältigung von Koordinations- bzw. Steuerungsproblemen inkorporieren. Damit brechen Meyer und Rowan mit dem bis in die 1970er-Jahre vorherrschenden Effizienzparadigma in der Organisationsforschung. In der bis dahin vorherrschenden Betrachtungsweise wurden formale Strukturen – in Form von Stellenbeschreibungen, Regeln und Routinen – als ein reales Abbild der Arbeitsprozesse bzw. der Steuerungs- und Koordinationsaktivitäten verstanden. Zudem ging dieses Paradigma davon aus, dass sich bestimmte Organisationsstrukturen durchsetzen, weil sie sich anderen hinsichtlich ihrer Effizienz überlegen zeigen.

Die Autoren melden nun auf Basis einiger vorheriger empirischer und theoretischer Arbeiten Zweifel daran an, dass die Annahmen des Effizienzparadigmas tatsächlich allumfassend tragfähig sind und identifizieren so eine konzeptionelle Lücke. Sie argumentieren, dass Organisationen Strukturen nicht nur aus Effizienzgründen inkorporieren, sondern auch aus Gründen der *Legitimität, die Organisationen durch die Übernahme eben dieser Elemente zugesprochen erhalten.*

Diese Idee entlehnen die Autoren aus bereits bestehender Literatur und beziehen die Bedeutung von Legitimität nun auf die Übernahme von Organisationsstrukturen. Meyer und Rowan argumentieren, dass Organisationen in modernen Gesellschaften in einen institutionellen Kontext eingebettet sind. In diesem Kontext bestehen Vorstellungen und Erwartungen (Institutionen) darüber, wie „effiziente" Organisationen strukturiert sein sollten. Diese Vorstellungen und Erwartungen sind rationalisiert in dem Sinne, dass sie aus Sicht der jeweiligen Anspruchsgruppen in der Umwelt der Organisation wünschenswerte Ziele und Zwecke sowie angemessene Mittel zur Erreichung der Ziele identifizieren. Diese Erwartungen beziehen sich etwa auf die Nutzung von Informationstechnologien, die Sicherstellung einer schlanken Produktion, die Übernahme von Produktionsstandards oder die Schaffung bestimmter Stellen.

Meyer und Rowan argumentieren weiter, dass es keineswegs immer empirisch belegbar ist, dass die übernommenen Strukturelemente tatsächlich eine positive Auswirkung auf die *Effizienz* von Organisationen haben. Im Gegenteil: Oftmals können diese Strukturelemente auch in Konflikt zueinander stehen oder gar die Effizienz der Organisation mindern. Beispielsweise verlangt die Übernahme bestimmter Produktionsstandards die Etablierung von zusätzlichen Regeln und Routinen, die zu mehr Bürokratie führen und damit die Vorteile einer schlanken Produktion zumindest partiell wieder aufheben. Organisationen *übernehmen diese Strukturelemente* dennoch, so die Schlussfolgerung, weil entsprechende Anspruchsgruppen der Organisation an deren Rationalität und Effizienz glauben (*Rationalitätsmythos*) und Organisationen wiederum auf die Ressourcen dieser Anspruchsgruppen angewiesen sind. Durch die Übernahme der Strukturelemente signalisiert eine Organisation nun Konformität mit den Vorstellungen und Erwartungen ihrer Umwelt und gewinnt damit an *Legitimität* und sichert so den Ressourcenzufluss und ihr langfristiges *Überleben*.

5.2.3 Kernbausteine einer theoretisch-konzeptionellen Arbeit

Im Folgenden stellen wir noch einmal priorisiert die wesentlichen Kernbausteine einer theoretisch-konzeptionellen Arbeit dar. Wir raten Ihnen außerdem dazu, sich zu diesem Zweck noch einmal die Natur von Theorie als ein System mit Verstehens- und Erklärungscharakter (vgl. Kap. 3) zu vergegenwärtigen.

Grundannahmen: Am Beispiel von Meyer und Rowan (1977) ist deutlich zu erkennen, was eine gute Theorieentwicklung ausmacht. In der Einleitung zu ihrem Aufsatz machen die beiden Autoren die *Grundannahmen*, auf denen ihre Argu-

5.2 Theoretisch-konzeptionelle Arbeiten

mentation aufsetzt, sehr explizit. Sie gehen davon aus, dass die soziale Welt in der Moderne – zu deren Wirkungsbereich auch Organisationen gehören – sozial konstruiert ist. Dies bedeutet, dass in modernen Gesellschaften durch Aushandlungsprozesse, und nicht etwa auf Basis objektiv gegebenen Faktoren, bestimmt wird, was als rational bzw. als gut und richtig angesehen wird. Dieser Grundannahme zufolge, können Organisationen nicht vollständig rational und unabhängig von ihrer institutionellen Umwelt agieren. Daraus ergibt sich die Überlegung, dass Organisationen formale Strukturen nicht notwendigerweise allein zur effizienten Bewältigung von Koordinations- bzw. Steuerungsproblemen inkorporieren, sondern auch, um den Erwartungen in ihrem institutionellen Umfeld zu genügen.

Konstrukte: Des Weiteren definieren Meyer und Rowan ihre *Konstrukte* sehr genau. Wichtig ist hierbei jedoch, dass die Autoren zum erheblichen Teil auf bereits bestehende Konstrukte (z. B. Legitimität) und empirische Belege zurückgreifen. Die Neuheit ihrer Theorie ergibt sich aus der innovativen Ausdeutung und Verknüpfung bereits bestehender Ergebnisse theoretischer und empirischer Forschungsarbeiten. Die Konstrukte, die Meyer und Rowan im Wesentlichen verwenden, werden durch die oben kursiv gesetzten Begriffe (Effizienz, Rationalitätsmythos, Übernahme (Adoption) von Rationalitätsmythen, Legitimität und Überleben) repräsentiert. Das daraus entstehende theoretische Modell lässt sich wie folgt zusammenfassen: Organisationen zielen darauf ab, technisch (im Sinne ihrer übergeordneten Zielsetzung) effizient zu arbeiten. Dies steht jedoch oftmals im Widerspruch zu den institutionalisierten Rationalitätsmythen, welche Anspruchsgruppen in der Umwelt der Organisation an die Organisation herantragen. Organisationen übernehmen diese Rationalitätsmythen (z. B. in Form von Konzepten oder Stellen), um Legitimität zu erlangen und ihren Ressourcenzufluss aufrechtzuerhalten. Damit sichern Organisationen ihr langfristiges Überleben.

Thesen: Meyer und Rowan (1977) unterbrechen ihren Argumentationsfluss nur an den Stellen, an denen sie Thesen formulieren, um das bereits Gesagte in empirisch überprüfbarer Form zusammenzufassen. Die drei theoretischen Kernthesen (Propositionen), die sich aus der oben geschilderten Grundargumentation (vgl. Abschn. 5.2.3) ergeben, lauten wie folgt:

„Die Herausbildung institutionalisierter Regeln, die sich auf einzelne Bereiche der Arbeitsaktivitäten von Organisationen beziehen, führen dazu, dass sich die formale Struktur dieser Organisationen in einer den institutionalisierten Regeln entsprechenden Weise ausformt oder erweitert" (Meyer und Rowan 1977, S. 345).

„Moderne Gesellschaften weisen eine größere Anzahl von Bereichen auf, die rationalisierte Institutionen enthalten. Zugleich ist die Struktur der rationalisierten Institutionen in diesen Bereichen ausgedehnter als in anderen Gesellschaften" (Meyer und Rowan 1977, S. 345).

„Organisationen, die gesellschaftlich legitimierte und rationalisierte Elemente in ihre formale Struktur übernehmen, maximieren ihre Legitimität, erhöhen den Ressourcenzufluss und verbessern ihre Überlebenschancen" (Meyer und Rowan 1977, S. 352; Übersetzung der Verfasser).

Es ist wichtig zu bemerken, dass Propositionen breiter gefasste Aussagen über Wirkungszusammenhänge beinhalten als Hypothesen. Zudem ist Propositionen gemein, dass die in ihnen formulierten Zusammenhänge zumeist theoretisches Neuland betreten. In Hypothesen hingegen werden auf Basis elaborierterer theoretischer Argumente konkretisierte Wirkungszusammenhänge abgeleitet (vgl. Kap. 7). Propositionen sind oftmals der Endpunkt empirisch-qualitativer Arbeiten, während Hypothesen der Startpunkt empirisch-quantitativer Arbeiten sind.

5.2.4 Ermunterung zur Theorieentwicklung in Abschlussarbeiten

Uns ist bewusst, dass es nicht der Anspruch einer wissenschaftlichen Abschlussarbeit sein kann, das hohe theoretische Niveau einer Arbeit wie der von John W. Meyer und Brian Rowan zu erreichen. Trotzdem können und sollten Studierende solche Aufsätze genau studieren, den Aufbau verinnerlichen und sich im Rahmen der eigenen Arbeit daran orientieren. Deshalb raten wir Ihnen keineswegs davon ab, im Rahmen Ihrer Abschlussarbeit ein theoretisches Konzept zu entwickeln.

Im Kontext einer theoretisch-konzeptionellen Abschlussarbeit ist insbesondere die Forschungsidee und -frage (vgl. Kap. 2) von entscheidender Bedeutung. Da theoretisch-konzeptionelle Arbeiten an einem Mangel bestehender Theorien ansetzen, ist in jedem Fall die tiefgreifende Kenntnis eben jener Theorie, die den Mangel aufweist, notwendig. Ihr theoretisch-konzeptioneller Lösungsansatz kann dabei innerhalb des theoretischen Rahmens operieren (endogen), indem Sie bestehende Konstrukte neu ausdeuten oder neue (Wirkungs-)Zusammenhänge postulieren und argumentativ darstellen. Sie können auch externe Theorien heranziehen, um die mangelnde Erklärungskraft einer bestimmten Theorie zu bearbeiten (exogen). In diesem Fall müssen Sie ebenfalls tiefgreifende Kenntnis der zweiten hinzugezogenen Theorie erlangen.

Wir raten Ihnen deshalb dazu, die Komplexität Ihrer theoretischen Argumentation möglichst gering zu halten und sich auf nur wenige Konstrukte und Propositionen zu beschränken. Dies hilft Ihnen dabei sich nur auf Teilaspekte einer

Theorie (endogene Lösung) bzw. zwei Theorien (exogen) zu fokussieren. Weiterhin hilft dies Ihnen dabei, stets konsistent in Ihrer Argumentationslogik zu verbleiben. Wenn Sie nur wenige Konstrukte nutzen und nur wenige Propositionen entwickeln, dann wird es für Sie ebenfalls einfacher, Ihren theoretischen Beitrag klar und deutlich herauszuarbeiten und aufzuzeigen, zu welcher theoretischen Diskussion Sie beitragen.

Literatur

Aguinis, H., & Glavas, A. (2012). What we know and don't know about corporate social responsibility: a review and research agenda. *Journal of Management, 38*(4), 932–968.
Lee, D., & Madhavan, R. (2010). Divestiture and firm performance: a meta-analysis. *Journal of Management, 36*(6), 1345–1371.
Meyer, J. W., & Rowan, B. (1977). Institutionalized organizations: formal structure as myth and ceremony. *American Journal of Sociology, 83*(2), 340–363.
Parris, D. L., & Peachey, J. W. (2013). A systematic literature review of servant leadership theory in organizational contexts. *Journal of Business Ethics, 113*(3), 377–393.
Petticrew, M., & Roberts, H. (2012). *Systematic reviews in the social sciences: a practical guide* (12. Aufl.). Malden: Blackwell Publishing.
Schmidt, F. L., & Hunter, J. E. (2014). *Methods of meta-analysis: correcting error and bias in research findings* (3. Aufl.). Los Angeles: SAGE.
Simsek, Z., Fox, B. C., & Heavey, C. (2015). "What's past is prologue": a framework, review, and future directions for organizational research on imprinting. *Journal of Management, 41*(1), 288–317.
Stinchcombe, A. L. (1965). Social structure and organizations. In J. G. March (Hrsg.), *Handbook of organizations* (S. 142–193). Chicago: Rand McNally.

Empirisch-qualitative Forschung 6

Lernziele

Am Ende des Kapitels sollten Sie ...

- die Grundlagen qualitativer Forschung kennen und verstehen.
- für den Wert qualitativer Forschungsansätze und den wesentlichen Unterschied zu quantitativen Forschungsdesigns sensibilisiert sein.
- Methoden der qualitativen Sozialforschung kennen und unterscheiden können.
- anhand gegebener Beispiele das Design und das Vorgehen qualitativer Forschungsansätze nachvollziehen können.

6.1 Was ist qualitative Forschung und wann ist sie sinnvoll?

Qualitative Forschung und die Motivation dazu können vielfältige Ursprünge haben. Einerseits beginnt qualitative Forschung damit, dass bei der Beobachtung von Phänomenen in der sozialen Welt eine Verwunderung eintritt. Eine Verwunderung über Zusammenhänge, die so nicht – oder anders – erwartet worden sind. Ebenfalls ist oftmals der noch diffuse Zweifel an theoretischen Argumenten ein Ausgangspunkt. Somit beginnt qualitative Forschung idealtypisch mit dem Nachdenken über etwas, über das noch nicht – oder nicht in dieser Form – nachgedacht wurde (vgl. für eine umfassendere Darstellung Mayring 2016).

Andererseits findet qualitative Forschung auch immer dann statt, wenn die Untersuchung einen beschreibenden oder verstehenden Charakter besitzt. Dieser Fakt,

---

Unter Mitarbeit von Dr. Simon Oertel, Wissenschaftlicher Mitarbeiter am Lehrstuhl für ABWL/Organisation, Führung und Human Resource Management, Friedrich-Schiller-Universität Jena.

© Springer Fachmedien Wiesbaden GmbH, ein Teil von Springer Nature 2018
J. Goldenstein et al., *Wissenschaftliche(s) Arbeiten in den Wirtschaftswissenschaften*,
https://doi.org/10.1007/978-3-658-20345-0_6

der die qualitative Forschung wesentlich von quantitativen Ansätzen abhebt, bezieht sich somit vor allem auf die Erhebung und Analyse der Datengrundlage einer Studie (Denzin und Lincoln 2018).

Qualitative Forschung untersucht Zusammenhänge und Phänomene in dem Umfeld und der Situation, in welchem diese auftreten und nutzt dabei regelmäßig Wahrnehmungen bzw. deren Wiedergabe (z. b. in Form von transkribierten Beobachtungen), Aussagen (z. B. in Form von Interviews) und Äußerungen (z. B. in Form von Webpages, Pressemitteilungen, etc.) der involvierten sozialen Akteure. Die Frage nach dem „Warum" und somit das Verstehen der Phänomene ist dabei das zentrale Anliegen qualitativer Untersuchungen (Denzin und Lincoln 2018).

Hierzu benötigen Forscher, die qualitativ arbeiten, die Fähigkeit, ihre zwangsläufig individuellen Beobachtungen, Beschreibungen und Interpretationen in den entsprechenden Kontext, die Situation, einzubetten. Hiermit ist der Aspekt der Anwendung von Gütekriterien in der qualitativen Forschung angesprochen (vgl. Abschn. 6.5). Gütekriterien sind deshalb besonders wichtig, weil qualitative Forschung ein offener Prozess ist, der sich während der eigentlichen Forschung entwickelt und an neu auftretende Phänomen anpassen kann, und manchmal sogar muss; beispielsweise durch das Eintreten nicht erwarteter Ereignisse, welche neue Interpretationen bisheriger Erhebungen oder Befunde nahelegen (Van Maanen 1998).

Im Gegensatz zu quantitativer Forschung basiert qualitative Forschung nicht auf einem hypothesen-prüfenden Vorgehen, welches die Zusammenhänge und Beziehungen zwischen Konstrukten und den daraus abgeleiteten Variablen aufdeckt und somit allgemeine theoretische Annahmen prüft. Vielmehr dient qualitative Forschung dazu, Konstrukte zu entwickeln, die Zusammenhänge zwischen diesen herauszuarbeiten und daran anschließend die Konstrukte zu konzeptualisieren und in Theorien zu überführen. Qualitative Arbeiten dienen jedoch auch dazu, bereits bestehende Theorien zu ergänzen bzw. zu erweitern, wenn bestimmte Aspekte einer Theorie unterbeleuchtet oder postulierte Zusammenhänge unklar sind.

Als qualitative Forschung wird häufig auch die quantitative Analyse qualitativer Daten verstanden. Dies ist der Fall, wenn beispielsweise bestimmte Texte nach einem spezifischen Muster kodiert werden und die Häufigkeit des Auftauchens bestimmter Codes ausgewertet wird. Hier ist allerdings einzuwenden – und das spricht nicht grundsätzlich gegen dieses Vorgehen im Rahmen wissenschaftlicher Arbeiten –, dass die quantitative Analyse qualitativer Daten einer Quantifizierung qualitativer Daten bedarf. Streng genommen handelt es sich somit nicht mehr um qualitative, sondern quantitative Forschung bzw. eine Verknüpfung beider Ansätze (Gephart 2004).

In den folgenden Abschnitten werden nun einige gängige Methoden zur Datengenerierung und Auswertung im Rahmen qualitativer Sozialforschung vorgestellt. Diese Darstellung kann aufgrund der Vielzahl unterschiedlicher qualitativer Methoden nicht vollständig sein. Jedoch existieren Überblickswerke, die sich vollständig auf die Präsentation qualitativer Forschungsmethoden fokussieren und auf die wir hier verweisen möchten (z. B. Atteslander 2010; Bohnsack 2010; Denzin und Lincoln 2018; Mayring 2016). Damit es uns jedoch gelingt, diejenigen Methoden, die wir für essentiell erachten, anschaulich zu diskutieren, greifen wir auf zwei wissenschaftliche Aufsätze zurück. Diese kombinieren darüber hinaus verschiedene qualitative Daten und Methoden. Hiermit möchten wir zudem die Kombinationen von Daten aus unterschiedlichen Quellen und verschiedenen Methoden zu deren Analyse (**Triangulation**) als ein wesentliches Charakteristikum qualitativer Forschungsarbeiten betonen. Eine Triangulation ist im Rahmen von qualitativer Forschung von hoher Bedeutung, da die Analyse eines Phänomens oder eines Umstands auf Grundlage verschiedener Datenquellen und Methoden einen vollständigeren Überblick ermöglicht. Sie erlaubt darüber hinaus, potenziell falsche oder verzerrte Einschätzungen zu korrigieren. Trotz des offenen Charakters von qualitativer Forschung ist es gleichwohl sinnvoll auf etablierte Methoden zurückzugreifen, da die Orientierung an diesen die Transparenz und Nachvollziehbarkeit der Untersuchung erhöht.

6.2 Beispiel 1: Elsbach und Kramer (2003)

6.2.1 Untersuchungsgegenstand und theoretischer Hintergrund

In ihrem Aufsatz untersuchen Elsbach und Kramer den Beurteilungsprozess von Experten (in ihrer Studie Filmverantwortliche und Produzenten in Hollywood) bei der Bewertung des Kreativitätspotenzials von ihnen unbekannten Drehbuchautoren im Rahmen von so genannten „pitch meetings", d. h. im Rahmen von Treffen, bei denen Drehbuchautoren versuchen, Produzenten ihre Ideen zu verkaufen. Das Untersuchungsinteresse der Studie dreht sich also um die Frage, wie Entscheidungsträger im Rahmen eines (kurzen) Treffens und ohne (großes) Hintergrundwissen das kreative Potenzial einer ihnen bis dahin unbekannten Person einschätzen.

Die Befunde der Studie sind in mehrfacher Hinsicht interessant. Zum einen zeigen die Autoren, dass die Bewertung in zwei Phasen abläuft: In der ersten Phase werden Personen (hier Drehbuchautoren) durch die Entscheidungsträger prototypischen Kategorien zugeordnet. Dabei entsprechen diese Prototypen jeweils einem spezifischen Level von Kreativität bzw. Nicht-Kreativität. Die zweite Phase bezieht sich auf die Beziehung zwischen Entscheider (Catcher) und Drehbuchautor (Pitcher). Insbesondere die Passung und die Einschätzung des Entscheiders hinsichtlich der Möglichkeit, mit dem Drehbuchautor arbeiten und dessen Idee ggf. gemeinsam mit dem Autor weiterentwickeln zu können, spielt eine entscheidende Rolle im Rahmen der Bewertung.

Für dieses Kapitel sind jedoch weniger die Befunde, sondern vielmehr das Vorgehen von Elsbach und Kramer von Interesse. Bevor wir auf das methodische Vorgehen detaillierter eingehen möchten, erscheint es uns jedoch angebracht, noch kurz Bezug auf die Herangehensweise bei der theoretischen Einbettung der Studie durch Elsbach und Kramer zu nehmen. Die Autoren stellen ein Phänomen bzw. eine ungeklärte Frage in den Mittelpunkt (nämlich, wie Catcher im Rahmen eines Meetings und mit begrenztem Hintergrundwissen das kreative Potenzial eines ihnen bisher unbekannten Pitchers einschätzen). Dazu stellen sie die bisherigen Theorien und Untersuchungen im Rahmen der Bewertung von Kreativität dar und zeigen dabei auf, an welchen Stellen noch Lücken in den vorliegenden Theorien hinsichtlich der von ihnen gestellten Forschungsfrage bestehen.

6.2.2 Setting

Elsbach und Kramer begründen ihr qualitatives Untersuchungsdesign damit, dass bisher keine systematischen Untersuchungen zu ihrer Forschungsfrage vorliegen und insofern ein induktives Vorgehen sinnvoll erscheint. Zwar – das heben die Autoren hervor – gibt es einige empirische Studien, welche auf Laboruntersuchungen basieren, diese spiegeln aus ihrer Sicht jedoch nicht die Wirklichkeit wider und beeinflussen das Verhalten der Probanden in problematischer Weise. Die Bedeutung der Analyse echter Situationen (real life) im Gegensatz zu konstruierten Situationen im Labor begründen sie dabei sehr detailliert, beispielsweise indem sie die Dynamik in solchen „pitch meetings" betonen, welche sich nur sehr bedingt in einem Labor erzeugen lässt. Die Autoren nutzen vor allem Interviews und Beobachtungen als Methoden zur Datenerhebung. Im Folgenden stellen wir zunächst allgemein dar, was unter diesen Methoden zu verstehen ist und anschließend beschreiben wir, wie Elsbach und Kramer diese Methoden konkret angewandt haben.

6.2.3 Interviews und Beobachtungen als Methoden zur Datenerhebung

6.2.3.1 Interviews

Interviews lassen sich als Situationen charakterisieren, in denen ein oder mehrere Wissenschaftler mit einer anderen Person (oder mehreren Personen bzw. Gruppen), meist auf der Grundlage spezifischer Fragen, interagieren. Die forschenden Personen fragen, der Interviewpartner antwortet. Interviewtechniken können dabei sehr unterschiedlich sein. **Ethnografische Interviews** dienen dem tiefgehenden Verständnis bestimmter Verhaltensweisen und schließen häufig auch längere Beobachtungsphasen, in denen das untersuchte Individuum begleitet wird, mit ein (siehe unten). **Leitfadengestützte Interviews** sind wesentlich enger gefasst. Sie basieren auf Fragen, die auf bereits bestehenden Annahmen oder theoretischen Vorüberlegungen basieren.

Elsbach und Kramer entschieden sich für eine Form des ethnografisch orientierten Interviews. Die Autoren führten insgesamt Interviews mit 36 Informanten, in denen sie konkret nach den in der Film- und Fernsehbranche üblichen Abläufen im Rahmen eines „pitch meetings" fragten. Dabei führten sie zwei Runden von Interviews durch. In einer ersten Runde mit 22 Interviewpartnern fragten sie nach den Arten von „pitches", in die die Interviewpartner selbst involviert waren. Anschließend fragten sie, wie ein typischer „pitch" abläuft, wie ein erfolgreicher „pitch" abläuft und was einen „pitch" erfolgreich macht. Darüber hinaus fragten Elsbach und Kramer nach der Rolle des Drehbuchautors bei erfolgreichen und nicht erfolgreichen „pitches" sowie danach, ob der Drehbuchautor durch die Präsentation und sein Auftreten beeinflussen kann, ob ein „pitch" erfolgreich wird.

6.2.3.2 Beobachtungen

Neben Interviews sind auch Beobachtungen eine häufige Methode der empirisch-qualitativen Forschung. Unter einer Beobachtung versteht man das systematische Erfassen, Festhalten und die Interpretation wahrnehmbaren Verhaltens. Dabei muss es sich nicht immer um ethnografische Langzeitstudien handeln, in denen der Wissenschaftler ein Studienobjekt eine längere Zeit begleitet. Auch kürzere Beobachtungszeiträume können durchaus sinnvoll sein (beispielsweise um bestimmte Verhaltensmuster oder Arbeitsabläufe besser verstehen zu können). Beobachtungen bieten sich insbesondere immer dann an, wenn zu erwarten ist, dass die in Frage stehenden Verhaltensmuster verbal nicht kommuniziert werden (können). Dies ist z. B. dann gegeben, wenn es sich um implizites Wissen in Form von Routinen handelt.

Im Rahmen ihrer Datenerhebung nutzten Elsbach und Kramer Beobachtungen aus 28 „pitches" für Fernseh- oder Filmprojekte. Dabei war es den Autoren zusätzlich möglich, Fragen zu stellen und teilweise auch die „pitches" hierfür zu unterbrechen. Weiterhin besuchte Elsbach drei Drehbuchautorenkurse, bei denen die Präsentation von „pitches" unterrichtet wurde. Dieses Vorgehen zielt darauf ab, besser zu verstehen, wie sich die Überzeugungen der Catcher in ihrem Verhalten manifestieren und wie das Verhalten in der Situation des „pitches" mit den in den Interviews geäußerten Interpretationen korrespondiert. Deshalb können Beobachtungen eine sinnvolle Ergänzung zu den rein verbalen Äußerungen in Interviews sein, da Beobachtungen allen Formen sinnlich wahrnehmbaren sozialen Verhaltens nachgehen können.

6.2.4 Datenanalyse mittels qualitativer Inhaltsanalyse

Eine qualitative Inhaltsanalyse kann immer dann zum Einsatz kommen, wenn regelgeleitet kommunikatives Material auf manifeste und/oder latente Inhalte hin geordnet oder strukturiert werden soll (Früh 2017; Mayring 2015). Kommunikatives Material beschränkt sich dabei nicht allein auf Sprache, sondern umfasst auch Bilder und Handlungen. Manifeste Inhalte sind objektiv vorhanden (z. B. Worte in Texten oder Farben auf Bildern). Latente Inhalte sind hingegen „unter der Oberfläche" angesiedelt (z. B. die Bedeutung von Worten oder die kommunikative Absicht eines Bildes).

Die Analyse der Daten erfolgte bei Elsbach und Kramer in mehreren Stufen. In einem ersten Schritt konzentrierten sie sich auf die Transkripte der beobachteten „pitches". Dabei suchten sie nach Bezügen zu und Eigenschaften von erfolgreichen (d. h. kreativen) und nicht erfolgreichen (d. h. unkreativen) „pitches". Anschließend kodierten sie Stichwörter, welche auf erfolgreiche „pitches" hindeuten. Dieser Analyseschritt endete mit 15 verschiedenen Stichwörtern, welche Entscheidungsträger und Produzenten nutzten, um die Kreativität eines Drehbuchautors zu bewerten, sowie vier Stichwörtern, um fehlende Kreativität zu bewerten. In dieser Stufe haben die Autoren unabhängig voneinander das Textmaterial untersucht und kodiert. Unterschiede in der Kodierung wurden von den Autoren des Aufsatzes anschließend diskutiert, um Unklarheiten auszuräumen. So entstand im Verlauf der Kodierung ein einheitliches Verständnis der verwendeten Kodes. Die Wahrscheinlichkeit, dass alle relevanten Passagen und Aussagen in die Studie einfließen, erhöht sich dadurch.

In der zweiten Stufe suchten die Autoren nach Beschreibungen bestimmter Prototypen von „pitches". Solche Prototypen – dies haben frühere Studien ergeben – manifestieren sich häufig bei Entscheidungsträgern im Rahmen von „pitch-meetings". Insgesamt ergaben sich aus der Analyse sieben verschiedene Prototypen (beispielsweise der „Storyteller"). Dieser Prototyp leitete sich beispielsweise aus Passagen ab, in denen der Drehbuchautor von den Produzenten als „Storyteller" beschrieben wurde oder in denen der Drehbuchautor als jemand beschrieben wurde, der Geschichten in seinen „pitch" einbaut.

Die dritte Stufe der Untersuchung wurde ausgelöst durch die Arbeit mit den Texten, die in den ersten beiden Stufen entstanden waren. In den Analysen wurde deutlich, dass neben Stichwörtern und prototypischen „pitches" auch die Selbstwahrnehmung der Entscheidungsträger während der „pitches" eine bedeutende Rolle hinsichtlich der Einschätzung der Kreativität eines Drehbuchautors spielt. Entscheidungsträger berichteten beispielsweise, dass sie in „pitches", in denen sie einen Drehbuchautor als sehr kreativ einschätzten, selbst ein hohes Maß an Aufregung verspürten. Diese Selbstwahrnehmung – ausgelöst durch den „pitch" – hat wiederum auch eine Relevanz für die Einschätzung der Drehbuchautoren.

6.2.5 Würdigung

Beeindruckend an der Untersuchung und dem methodischen Vorgehen von Elsbach und Kramer sind die Genauigkeit ihrer Analyse und die Häufigkeit, mit der die beiden Autoren die ihnen zur Verfügung stehenden Unterlagen analysierten. Bei dem Aufsatz handelt es sich jedoch um eine besonders bemerkenswerte Arbeit (nicht umsonst wurde der Aufsatz mit dem Best Paper Award des Academy of Management Journals ausgezeichnet – ein im Bereich der Managementwissenschaften höchst reputierlicher Preis). Wissenschaftliche Abschlussarbeiten können dieses Niveau in der zur Verfügung stehenden Bearbeitungszeit kaum erreichen. Auch die angewendete Datentriangulation ist beeindruckend, sie ist von Studierenden im Rahmen einer Abschlussarbeit jedoch kaum replizierbar. Trotzdem können und sollten Studierende solche Aufsätze genau studieren, den Aufbau verinnerlichen und sich im Rahmen der eigenen Arbeit daran orientieren.

6.3 Beispiel 2: Gephart (1997)

6.3.1 Die Fallstudie

Der Aufsatz von Gephart ist aus zwei Gründen interessant, da er einerseits am Beispiel einer explorativen **Fallstudie** eine tiefgreifende qualitative **Inhaltsanalyse** demonstriert, andererseits aber auch Hinweise darauf gibt, wie diese Verfahren mit quantitativ orientierten Ansätzen (vgl. Kap. 7) verbunden werden können, ohne jedoch den Fokus auf das Verstehen von sozialen Zusammenhängen zu vernachlässigen.

Im Allgemeinen ist die Fallstudie eine Methode, in der ein einzelnes vom Wissenschaftler ausgesuchtes Ereignis oder ein einzelnes Objekt (beispielsweise eine Unternehmung) analysiert wird. **Komparative Fallstudien** nutzen mehr als einen Fall mit dem Ziel, Unterschiede zwischen zwei oder mehr Fällen aufzuzeigen und Rückschlüsse auf die Bedeutung, Relevanz und Gründe dieser Unterschiede ziehen zu können. Fallstudien nutzen beispielsweise **Interviews**, **Beobachtungen** oder **Archivdaten** und kombinieren diese oft auch mit zusätzlichen, sowohl qualitativen als auch quantitativen Daten, welche eine detaillierte Beschreibung des Falls – häufig über einen bestimmten Zeitraum – ermöglichen.

In seiner Studie untersucht Gephart auf Basis der Theorie des „Sensemaking" (Weick 1995), wie quantitative Messgrößen (Größe, Volumen, Anzahl, Masse, Konzentration, etc.) in Organisationen mit Sinn bzw. Bedeutung unterlegt werden. Das heißt in diesem Fall, dass Kennzahlen als Auslösebedingungen für nachfolgende Reaktionen und Handlungen der Organisation dienen. Um Handlungen auszulösen, müssen Kennzahlen interpretiert und als Hinweis auf Fakten akzeptiert und nicht weiter hinterfragt werden. Durch Messzahlen wird somit Realität sozial konstruiert. Gephart argumentiert, dass dies besonders bei Krisenereignissen relevant ist. Aus diesem Grund untersucht er den Fall eines unkontrollierten Austritts von gesundheitsschädlichem Gas aus einem Leck in einem Gasbrunnen der Amoco Canada Petroleum Company, Ltd. (kurz: Amoco). Dieser Fall wurde von einem Untersuchungsausschuss der kanadischen Provinz Alberta unter Einbezug zweier wesentlicher Stakeholder-Gruppen – Amoco und Energy Resource Conservation Board (kurz: ERCB) – untersucht. Untersuchungsmaterial waren die Dokumentation (Archivdaten) des Prozessverlaufs (217 Seiten) und der Abschlussbericht (16 Seiten).

Der Autor geht drei Forschungsfragen nach:

(1) Welche Praktiken und Begriffe der Quantifizierung werden in Sinngebungsprozessen angesichts organisationaler Krisen verwendet und wie werden diese genutzt?
(2) Wie werden diese Praktiken und Kennzahlen in Beziehung zum Risikomanagement gesetzt?
(3) Welche Varianten der Sinngebung treten in verschiedenen Stakeholder-Gruppen auf und welche Implikationen für organisationale Reaktionen ergeben sich daraus?

Eine qualitative Inhaltsanalyse erfolgt gewöhnlich stufenweise, wobei sich die Art der Stufen und die Art des Vorgehens von Arbeit zu Arbeit unterscheiden. Wichtig ist jedoch in jedem Fall ein transparentes und schlüssig dokumentiertes Vorgehen. Der Autor nutzt in seiner Arbeit insgesamt fünf Analysestufen, die im Folgenden näher beschrieben werden. Zunächst wollen wir hier kurz darstellen, wie es Gephart gelingt, aus der Fülle des im vorliegenden Textmaterials einen Fokus für seine weitere Analyse zu generieren (vgl. Abschn. 6.3.2). Anschließend wenden wir uns der eigentlichen Inhaltanalyse der Prozessdokumentation und des Abschlussberichts zu (vgl. Abschn. 6.3.3).

6.3.2 Einen Analysefokus generieren

Gephart nutzt zur Adressierung seiner Forschungsfragen 1 und 2 seine Vorkenntnisse aus der Theorie des „Sensemaking", um eine Liste von Schlüsselworten zu extrahieren, die möglicherweise als Kennzahlen dienen, um ein Gasleck näher beschreiben zu können (beispielsweise Menge, Bewegung, Zusammensetzung, Größe, Konzentration, Anzahl, etc.). Außerdem sucht er vor dem Hintergrund seiner Forschungsfrage 3 nach Begriffen, die mögliche Reaktionen bzw. Handlungen beschreiben können (beispielsweise Monitoring).

Die erstellte Liste mit Begriffen nutzt Gephart nun, um ihre Relevanz für die Untersuchung des Gaslecks zu erfassen. Er nutzt sie als Suchbegriffe, um einerseits ihre absolute Häufigkeit (Frequenz) und andererseits ihre Verwendung im Text zu untersuchen. Zu diesem Zweck analysiert der Autor alle Textstellen, in denen das jeweilige Wort auftritt. Gephart stellt am Ende dieses Schrittes fest, dass die identifizierten, häufig verwendeten Begriffe in Kontexten auftreten, die sich unter die Themen „Maße" und „Risiko" subsummieren lassen. Bei der weiteren Analyse der identifizierten Textstellen ergibt sich, dass die Kategorie „Maße" in zwei Bedeutungsvarianten genutzt wird: Erstens in Verbindung mit Reaktionen auf das Gasleck und zweitens in Verbindung mit Kennzahlen, die das Gasleck repräsentieren. Vor diesem Hintergrund beschließt der Autor, sich in seinen weiteren Analysen auf den Zusammenhang von „Maßen" und „Risiko" zu konzentrieren.

6.3.3 Durchführung der Inhaltsanalyse

Aus dem Analysefokus leitet Gephart ein Vorgehen ab, das aus zwei parallel verlaufenden Schritten besteht. Er untersucht im Detail Textauszüge, welche die Themen „Maße" und „Risiko" hervorheben. Eine Detailanalyse bedeutet hier das exakte, zeilenweise Lesen und anschließende Kategorisieren von Textstellen. Hierbei werden die Textstellen induktiv (vgl. Kap. 3) nach Gesichtspunkten geordnet, die im Rahmen der Analyse definiert wurden. Mit Hilfe dieses Vorgehens untersucht der Autor, welche Vorstellungen die beteiligten Stakeholder-Gruppen davon haben, wie quantitative Maße zur Repräsentation und Kontrolle von Risiken eingesetzt werden können.

Ein Ergebnis dieser Analyse ist, dass Kennzahlen, die Risiken messen, möglichst auf exakten Informationen – oder solchen, die dafür gehalten werden – basieren sollten, um glaubhaft zu sein. Ein weiterer Befund ist, dass Kennzahlen nicht als ausreichend für Entscheidungen akzeptiert werden, wenn die Einstellungen und Emotionen von Beteiligten angesichts von Gefahrensituationen die Interpretation der Kennzahlen verzerren.

Anschließend weitet Gephart seine Begriffsbasis aus, indem er weitere Begriffe aus den Texten extrahiert, welche die Themen „Maße" (beispielsweise Messung, Kennzahl, messen) und „Risiken" (beispielsweise Gefahr, Risiko, gefährlich) ausdrücken können. Diese Begriffe nutzt er als weitere Schlüsselworte für die weiteren Analysen.

Nachdem die relevanten Textstellen in Bezug auf die Schlüsselworte extrahiert wurden, überprüft der Autor, ob die Schlüsselworte tatsächlich über den gesamten Text in der unterstellten Bedeutung (als Begriffe für „Maße" oder „Risiko") auftreten. Im Anschluss analysiert er alle Textstellen, in denen die Schlüsselworte auftreten, tiefergehend. Sein Ziel ist es, mittels der inhaltlichen Bedeutung der Schlüsselworte zu analysieren, welche Rolle Kennzahlen für beide untersuchten Stakeholder-Gruppen einnehmen.

Ein Befund dieser Analyse ist, dass der Stakeholder ERCB Kennzahlen als Mittel betrachtet, mit welchem Risiken vorhergesehen werden können. Kennzahlen werden somit als bedeutsam angesehen, um Gefährdungen von Öffentlichkeit und Umwelt abzuwenden (beispielsweise durch die Messung von Umweltschäden in Folge eines Gaslecks). Das ERCB diskutiert in diesem Kontext zudem allgemeine Themen wie die Genauigkeit von Kennzahlen und wie diese erhoben werden sollten. Amoco bezieht sich hingegen weniger auf Kennzahlen als vielmehr auf (Sicherheits-)Maßnahmen, um Risiken beherrschbar zu machen. Außerdem wird von Amoco diskutiert, wodurch die Wirksamkeit dieser Maßnahmen beeinflusst wird. Diese Maßnahmen werden erst in einem zweiten Schritt in Kennzahlen überführt.

Die abschließende Analyse zielt in besonderem Maße auf die Bedeutung von Worten ab. Um zu untermauern, dass die extrahierten Bedeutungen (beispielsweise, dass Amoco das Thema „Maße" mehr als Maßnahmen interpretiert) nicht zufällig sind, nutzt Gephart das quantitative Verfahren einer „collocation"-Analyse. Im Rahmen einer „collocation"-Analyse wird untersucht, mit welchen anderen Begriffen ein Schlüsselwort innerhalb einer bestimmten Spanne (beispielsweise einem Satz) statistisch signifikant, und somit wahrscheinlich nicht zufällig, auftritt. Das Verfahren unterstützt die qualitativen Ergebnisse.

6.3.4 Zusammenführung und Implikationen der Ergebnisse

In qualitativen Studien ist das gemeinsame Interpretieren, die Zusammenführung aller Ergebnisse für die Herstellung eines Gesamtbildes von großer Bedeutung. Dies geschieht im Zusammenspiel mit den gestellten Forschungsfragen. In Bezug auf seine Forschungsfragen 1 und 2 hält Gephart fest, dass Kennzahlen extensiv zur Beschreibung für das Gasleck genutzt werden. Kennzahlen dienen als wesentliche Auslöser für Maßnahmen des Risikomanagements. Kennzahlen vermitteln dabei ein Gefühl der Präzision, obwohl ihre Validität kaum überprüfbar ist und von verschiedenen Faktoren beeinflusst wird. Dennoch ist die Plausibilität von Kennzahlen bedeutsam für ihre wahrgenommene Nützlichkeit.

In Bezug auf seine Forschungsfrage 3 hält Gephart fest, dass ERCB Kennzahlen als Basis der Begründungen für die Untersuchung des Vorfalls und für folgende Maßnahmen verwendet. Das betroffene Unternehmen Amoco hingegen sieht Kennzahlen in einer nur künstlichen bzw. ergänzenden Rolle, indem Maßnahmen der Risikovorsorge, die nicht auf Kennzahlen basieren, erst nachträglich in Kennzahlen ausgedrückt werden.

Im vorliegenden Fall trägt Gephart mit seiner Studie zur Theorieentwicklung bei. Er reichert die Theorie des „Sensemaking" mit dem Verständnis über die Rolle von Kennzahlen an, die dazu dienen, subjektiv wahrgenommene Phänomene in intersubjektiv feststellbare Ereignisse zu verwandeln, die wiederum weitergehende Maßnahmen rechtfertigen bzw. deren scheinbare Wirksamkeit dokumentieren sollen.

6.4 Wissenschaftliches Schreiben im Kontext qualitativer Forschung

Zum Abschluss dieses Kapitels wollen wir auf einige Alleinstellungsmerkmale qualitativer Forschung hinweisen, die beim Abfassen Ihrer Abschlussarbeit bedeutsam sind. Allgemeine Ausführungen zur Gliederung und zum Verfassen von Abschlussarbeiten finden Sie in Kap. 8.

(1) Eine qualitative Arbeit zeichnet sich dadurch aus, dass sie ausführlich das Setting der Untersuchung beschreibt. Gephart (1997) sowie Elsbach und Kramer (2003) geben dem Leser einen umfassenden Einblick in den Kontext der Verwendung von Risikokennzahlen bzw. den Ablauf von „pitch meetings". Dies geschieht einerseits, um dem Leser einen Eindruck davon zu vermitteln, wie geeignet das Setting zur Untersuchung der jeweiligen Forschungsfragen ist. Andererseits dient diese ausführliche Beschreibung jedoch auch dazu, die Reichweite der Ergebnisse der Studie beurteilen und kritisch würdigen zu können. Da qualitative Untersuchungen i. d. R. auf kleinen Fallzahlen basieren, können die Ergebnisse nicht ohne Einschränkung auf andere Kontexte übertragen werden (Generalisierung). Das heißt, die Befunde von Elsbach und Kramer (2003) können nur auf Gespräche, in denen eine Partei eine andere von der Güte ihres Produktes überzeugen möchte, übertragen werden. Auf klassische Bewerberinterviews in Unternehmen, in denen der Aspekt des „Verkaufens" eines Produkts fehlt, lassen sie sich jedoch nur noch sehr begrenzt übertragen.
(2) Weiterhin zeichnen sich qualitative Studien durch eine relativ kurz gehaltene theoretische Einbettung aus. Zum einen korrespondiert dies mit unserer Feststellung, dass qualitative Untersuchungen primär theoriegenerierend sind. Zum anderen dient Theorie in qualitativen Untersuchungen mehr als Rahmung der Studie. Gephart (1997) bettet beispielsweise seine Studie in den theoretischen Rahmen des „Sensemaking" ein. Er nutzt diesen Rahmen, um dem Leser zu verdeutlichen, worauf seine Studie abzielt, nämlich auf die Analyse von Prozessen, in dem Ereignisse mit Sinn und Bedeutung unterlegt werden. Da der

Untersuchungskontext ein organisationaler ist, beschreibt er nicht nur „Sensemaking" im Allgemeinen, sondern diskutiert diesen theoretischen Rahmen anhand von Studien, die sich mit Organisationen bzw. Prozessen in Organisationen im Zusammenhang mit Risiko beschäftigt haben. Vor allem der letztgenannte Aspekt ist bedeutsam, um dem Leser die Relevanz der identifizierten Forschungslücke zu verdeutlichen.

(3) Eine qualitative Arbeit stellt darüber hinaus ihre Ergebnisse argumentativ und illustrativ dar. Dies bedeutet, dass ein großer Teil einer qualitativen Studie darauf verwendet wird, dem Leser die Ergebnisse der Untersuchung zu präsentieren und dabei von der eigenen, regelgeleitet erzeugten Interpretation zu überzeugen. Dies bedeutet, dass der Ergebnisteil in besonderer Weise das Kriterium der Nachvollziehbarkeit erfüllen muss. Da eine qualitative Arbeit darauf abzielt, Theorie zu generieren, müssen die Ergebnisse so präsentiert werden, dass sie sich im Laufe der Arbeit abstrahieren und in einen größeren Zusammenhang einordnen lassen. Wie stark vom untersuchten Fall abstrahiert werden kann, hängt insbesondere vom Setting der Studie ab.

6.5 Gütekriterien qualitativer Forschung

Aufgrund des Charakters qualitativer Forschungsdesigns lassen sich keine strikten methodischen Standardisierungen vornehmen. Will sich die qualitative Forschung jedoch nicht dem Vorwurf der Willkür bzw. der Beliebigkeit aussetzen, muss sie eigene Kriterien zur Sicherung der Validität und Reliabilität ihrer Ergebnisse entwickeln. Wir stellen hier – in Anlehnung an Krippendorff (1980) und Mayring (2015) – ein Bündel an Kriterien vor, die als Mindeststandard betrachtet werden.

Die **Reliabilität** (Zuverlässigkeit) ist ein Maß für die Verlässlichkeit wissenschaftlicher Untersuchungen. Eine hohe Reliabilität ist dann erzielt, wenn die Wiederholung der Untersuchung unter gleichen Bedingungen das gleiche Ergebnis hervorbringt (Replizierbarkeit). Die Reliabilität der Datenanalyse in qualitativen Studien kann durch **Stabilität** und **Reproduzierbarkeit** sichergestellt werden:

- Stabilität: Das entwickelte Analyseinstrument wird erneut zur Untersuchung desselben Materials verwendet. Hierdurch kann eine **Intra**coder-Reliabilität sichergestellt werden. Dieses Vorgehen gibt einen wichtigen Hinweis darauf, dass der Forscher ein stimmiges Verständnis seines Analyseinstruments besitzt.
- Reproduzierbarkeit: Hiermit ist der Grad der Übereinstimmung gemeint, mit dem andere Wissenschaftler zu denselben Ergebnissen gelangen. Hier wird eine **Inter**coder-Reliabilität sichergestellt. Es wird gewährleistet, dass das Analyse-

instrument auch für andere nachvollziehbar, schlüssig und verständlich ist. Dies bedeutet jedoch nicht, dass andere Personen inhaltlich mit der Art des Analyseinstruments einverstanden sein müssen.

Die **Validität** (Gültigkeit) setzt Reliabilität voraus und bezeichnet die Belastbarkeit der empirischen Ergebnisse. Eine derartige Belastbarkeit hängt in qualitativen Untersuchungen von folgenden Kriterien ab: Semantische Gültigkeit, Konstruktvalidität und kommunikative Validität.

- **Semantische Gültigkeit:** Diese bezieht sich auf die Genauigkeit der Beobachtungen, Beschreibungen und Interpretationen. Sie kann mit einem nachvollziehbar dokumentierten Erhebungs- und Analyseinstrument sichergestellt werden. Es wird beobachtet, beschrieben und interpretiert, was auch tatsächlich Gegenstand der Forschung ist. Die semantische Gültigkeit ist vor allem bei der Auswahl des Untersuchungsmaterials wichtig. Sie adressiert die Frage, ob mit dem zur Verfügung stehenden Material die geplante Untersuchung überhaupt sinnvoll durchgeführt werden kann (z. B.: der Prozess der Strategiefindung eines Unternehmens wird eher mit Interviews und/oder Beobachtungen zu erheben sein als durch die Nutzung von Zeitungsartikeln).
- **Konstruktvalidität:** Hierbei sind die theoretischen Vorüberlegungen relevant, auf denen die qualitative Untersuchung basiert. Diese sind entweder bereits durch vorliegende Untersuchungen und Theorien abzusichern oder – sollten derartige Ankerpunkte nicht oder nicht ausreichend vorhanden sein – durch eine klare Beschreibung der Situation, in denen die Untersuchung stattfindet, vorzunehmen. Dies geschieht beispielsweise durch Rücksprache mit Experten, die mit dem Untersuchungskontext vertraut sind. Ziel ist es einerseits an bereits bestehende theoretische Überlegungen anzuschließen bzw. andererseits die selbst entwickelten Konstrukte durch weitere Sichtweisen abzusichern.
- **Kommunikative Validität:** Hiermit ist nicht nur die Diskussion mit anderen Wissenschaftlern über das Erhebungsinstrument und die Datenanalyse gemeint, sondern ggf. auch die Rückkopplung der Ergebnisse an die Beobachteten oder die Befragten. Grundgedanke ist hierbei, einen Abgleich von Selbst- und Fremdwahrnehmung vorzunehmen.

Zusammenfassend ist zu sagen, dass die Güte einer qualitativen Studie in der nachvollziehbaren Dokumentation und der kommunikativen Rückkopplung liegt. Kurz: Eine qualitative Studie sollte sich durch eine Orientierung an explizit gemachten und nachvollziehbaren Regeln auszeichnen.

Literatur

Atteslander, P. (2010). *Methoden der empirischen Sozialforschung* (13. Aufl.). Berlin: Erich Schmidt Verlag.
Bohnsack, R. (2010). *Rekonstruktive Sozialforschung* (8. Aufl.). (S. 2018). Opladen, Farmington Hills: UTB.
Denzin, N. K., & Lincoln, Y. S. (2018). *Handbook of qualitative research* (5. Aufl.). Thousand Oaks: SAGE.
Elsbach, K. D., & Kramer, R. M. (2003). Assessing creativity in Hollywood pitch meetings: evidence for a dual-process model of creativity judgments. *Academy of Management Journal, 46*(3), 283–301.
Früh, W. (2017). *Inhaltsanalyse: Theorie und Praxis* (9. Aufl.). Konstanz: UVK.
Gephart, R. (1997). Hazardous measures: an interpretative textual analysis of quantitative sensemaking during crisis. *Journal of Organizational Behavior, 18*(1), 583–622.
Gephart, R. P. (2004). Qualitative research and the Academy of Management Journal. *Academy of Management Journal, 47*(4), 454–462.
Krippendorff, K. (1980). *Content analysis*. Beverly Hills: SAGE.
Van Maanen, J. (1998). *Qualitative studies of organizations*. Thousand Oaks: SAGE.
Mayring, P. (2015). *Qualitative Inhaltsanalyse: Grundlagen und Techniken* (12. Aufl.). Weinheim: Beltz.
Mayring, P. (2016). *Einführung in die qualitative Sozialforschung: Eine Anleitung zu qualitativem Denken* (6. Aufl.). Weinheim: Beltz.
Weick, K. E. (1995). *Sensemaking in organizations*. Thousand Oaks: SAGE.

Empirisch-quantitative Forschung 7

Lernziele

Am Ende des Kapitels sollten Sie ...

- eine Charakterisierung quantitativer Forschung vornehmen können.
- für wesentliche Aspekte bei der Durchführung quantitativer Forschung sensibilisiert sein.
- Methoden quantitativer Forschung unterscheiden können.

7.1 Charakterisierung quantitativer Forschung

Unter dem Begriff der quantitativen Forschung wird eine Vielzahl an Methoden, Techniken und Verfahren zusammengefasst, welche der statistischen Überprüfung eines theoretischen Modells bzw. der diesem Modell zugrundeliegenden Hypothesen dienen. Quantitative Forschung zeichnet sich i. d. R. durch einen deduktiven Charakter aus (vgl. Kap. 3), d. h., vorab theoretisch hergeleitete kausale Wirkungszusammenhänge werden anhand eines Untersuchungssamples auf ihre Gültigkeit sowie Übertragbarkeit auf die Grundgesamtheit überprüft.

Ziel dieses Kapitels ist es nicht, möglichst viele dieser Methoden, Techniken und Verfahren darzustellen. Hierzu empfehlen wir die Lektüre einschlägiger Statistiklehrbücher (Empfehlungen hierfür finden Sie am Ende des Abschn. 7.6). Vielmehr möchten wir Ihnen einen Überblick über wesentliche Aspekte quantitativer Forschung geben, die Sie bei der Konzeption eigener Untersuchungen unbedingt beachten sollten. Abb. 7.1 fasst zentrale Elemente quantitativer Forschung zusammen.

Unter Mitarbeit von Dr. Simon Oertel, Wissenschaftlicher Mitarbeiter am Lehrstuhl für ABWL/Organisation, Führung und Human Resource Management, Friedrich-Schiller-Universität Jena.

© Springer Fachmedien Wiesbaden GmbH, ein Teil von Springer Nature 2018
J. Goldenstein et al., *Wissenschaftliche(s) Arbeiten in den Wirtschaftswissenschaften*,
https://doi.org/10.1007/978-3-658-20345-0_7

Im Folgenden werden wir die dargestellten Elemente quantitativer Forschung wie folgt thematisieren:

(1) Entwicklung des Untersuchungsmodells inklusive Operationalisierung (Abschn. 7.2).
(2) Festlegung des Forschungsdesigns inklusive Erhebungsmethode (Abschn. 7.3 und 7.4).
(3) Gestaltung des Untersuchungssamples (Abschn. 7.5).

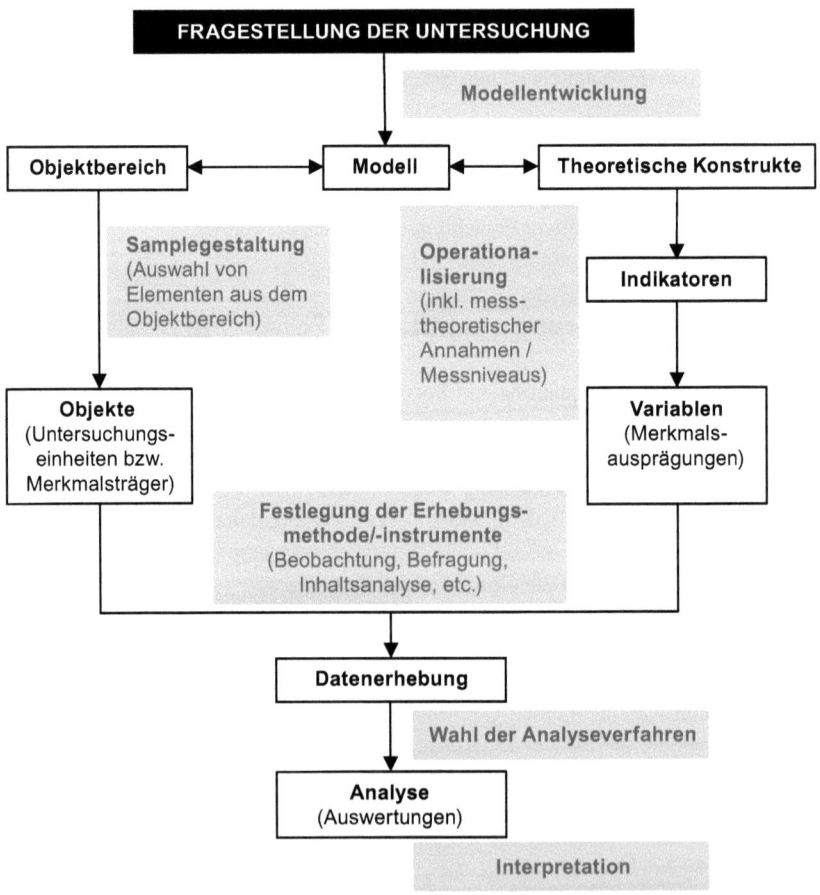

Abb. 7.1 Zentrale Elemente quantitativer Forschung. (In Anlehnung an Kromrey et al. 2016, S. 98)

7.1 Charakterisierung quantitativer Forschung

(4) Wahl geeigneter statistischer Analyseverfahren (Abschn. 7.6).
(5) Statistiken und deren Interpretation (Abschn. 7.7).

Auch wenn wir die aufgeführten Punkte im Rahmen dieses Buches nacheinander darstellen werden, so muss berücksichtigt werden, dass sie sich wechselseitig beeinflussen. Daher sind die dargelegten Aspekte stets in ihrer Gesamtheit zu betrachten, und so ist im Vorfeld beispielsweise bereits zu berücksichtigen, welche statistischen Verfahren welche Variablenniveaus oder welche zu testenden Wirkungszusammenhänge welche Samplegestaltung bedingen.

Um unsere Ausführungen möglichst nachvollziehbar zu gestalten, werden wir uns über das Kapitel hinweg immer wieder auf ausgewählte quantitative Forschungsarbeiten beziehen. Diese sollen der Veranschaulichung wesentlicher Aspekte quantitativen Forschens dienen und Ihnen gleichzeitig aufzeigen, welche (strukturellen) Aspekte bei der Verschriftlichung Ihrer Arbeit von Relevanz sind. Hier müssen wir jedoch anmerken, dass ein vollkommen standardisiertes Vorgehen im Rahmen quantitativer Forschung nicht etabliert ist. Allenfalls findet sich eine allgemeine und häufig anzutreffende Struktur, welche Ihnen als Orientierungshilfe dienen kann.

An dieser Stelle möchten wir zudem kurz darauf eingehen, dass viele Studierende eine gewisse Hemmung vor empirischem Arbeiten im Allgemeinen und quantitativen Studien im Speziellen zeigen. Die Ursachen hierfür liegen neben dem hohen Arbeitsaufwand auch in fehlenden statistischen Kenntnissen sowie weiteren spezifischen Unsicherheiten. Eine solche Unsicherheit resultiert zum Beispiel daraus, dass nicht abzusehen ist, ob die „gewünschten" Ergebnisse erzielt werden können. Hier gilt es darauf hinzuweisen, dass die Anzahl unterstützter Hypothesen letztlich nicht über die Qualität einer Abschlussarbeit entscheidet. Zudem gilt es zu berücksichtigen, dass quantitative Forschung immer bestimmten Restriktionen – z. B. bezüglich der Datenverfügbarkeit, der Messbarkeit oder der Rücklaufquote von quantitativ auswertbaren Befragungen – unterliegt. Allerdings sollten auch diese Aspekte aus unserer Sicht keine Argumente gegen empirisch quantitatives Arbeiten darstellen; vielmehr gilt es, mit diesen Einschränkungen in geeigneter Weise umzugehen.

Das Verfassen quantitativer Forschungsarbeiten scheint (zumeist) mit einem höheren Unsicherheitsgrad einherzugehen, als z. B. die Anfertigung einer rein konzeptionellen Arbeit – der Arbeitsaufwand und der Anspruch der Arbeit unterscheidet sich nach unserer Erfahrung jedoch nicht. Der wahrgenommenen Unsicherheit kann jedoch durch eine striktere Projektplanung begegnet werden. Das heißt: Planen Sie alle notwendigen Schritte sehr genau und erstellen Sie einen detaillierten Projektplan.

7.2 Entwicklung des Untersuchungsmodells

7.2.1 Konstrukte und deren Operationalisierung

Die Grundlage quantitativer Forschung in den Sozialwissenschaften und somit auch in den Managementwissenschaften in der Betriebswirtschaftslehre bilden theoretische Modelle. Während qualitative Forschung (vgl. Kap. 6) grundsätzlich zur Theoriebildung beiträgt, zielt quantitative Forschung meist auf die Überprüfung spezifischer Theorien oder der Konstrukte einer Theorie ab. Dabei dient quantitative Forschung insbesondere der Kontrolle und Überprüfung der Gültigkeit bestimmter Annahmen. Selbstverständlich ermöglicht quantitative Forschung hierdurch auch Beiträge zur Theorie. Sie kann die Theoriebildung unterstützen. Sie ermöglicht also nicht nur die Überprüfung bestehender Annahmen, sondern auch deren Erweiterung oder Modifikation sowie die Entwicklung gänzlich neuer Annahmen. Beispielsweise kann ein unerwarteter (der Theorie widersprechender) Befund im Rahmen der Überprüfung einer gängigen Theorieannahme einen wichtigen Beitrag zur Verbesserung einer Theorie leisten.

Theorien müssen, um überprüft werden zu können, in Modelle überführt werden, welche die Wirkungsbeziehungen zwischen den Elementen der Theorie abbilden. Die Elemente der Theorie sind die sogenannten theoretischen Konstrukte. Die Wirkungsbeziehungen zwischen ihnen werden in Hypothesen formuliert. Hypothesen stellen (begründete) Annahmen dar, welche auf Basis theoretischer Argumente hergeleitet und/oder durch empirische Ergebnisse vergleichbarer Zusammenhänge gestützt werden können. Da Hypothesen überprüfbar sein müssen, werden die theoretischen Konstrukte mittels logischer Begriffe (wenn ... dann, je ... desto) verknüpft, welche die angenommene Wirkungsbeziehung beschreiben. In der Managementwissenschaft finden sich in der Regel gerichtete unspezifische Hypothesen, d. h., es wird zwar eine Wirkungsrichtung vorgegeben, deren Stärke wird jedoch nicht spezifiziert.

Es ist das Ziel quantitativer Untersuchungen diese Annahmen an realen Daten zu überprüfen. Um eine Aussage darüber treffen zu können, ob eine theoretisch abgeleitete Annahme in erhobenen Daten tatsächlich zu finden ist, wird auf Signifikanzniveaus zurückgegriffen. Das **Signifikanzniveau** (auch Irrtumswahrscheinlichkeit genannt) gibt an, mit welcher Wahrscheinlichkeit die Nullhypothese, zurückgewiesen wird, obwohl sie in Wirklichkeit wahr ist (beruhend auf falsch positiven Ergebnissen). Die Nullhypothese bezeichnet die gegensätzliche Formulierung zum zu untersuchenden Zusammenhang. Zumeist ist in ihr demnach die Annahme formuliert, dass *kein* Zusammenhang besteht bzw. dass *kein* Effekt bzw. Unterschied vorliegt. Eine Aussage über die Effektstärke zu treffen, d. h. darüber,

7.2 Entwicklung des Untersuchungsmodells

wie stark eine Variable eine andere Variable beeinflusst, erlaubt das Signifikanzniveau nicht (vgl. hierzu und im Folgenden Wasserstein und Lazar 2016). Vielmehr ist zu konstatieren, dass bei genügend hoher Fallzahl jeder noch so marginale Effekt statistische Signifikanz erlangen kann. Zudem sei darauf hingewiesen, dass die statistische Signifikanz zwar eine Aussage darüber zulässt, wie gut Daten auf einen hypothetisch unterstellten Wirkungszusammenhang (bzw. auf ein theoretisches Modell insgesamt) passen, jedoch keine (isolierte) Aussage zulässt, wie belastbar der unterstellte Wirkungszusammenhang inhaltlich ist. Dies bedeutet auch, dass auf Basis des Signifikanzniveaus nicht argumentiert werden kann, mit welcher Wahrscheinlichkeit eine Hypothese wahr ist, oder mit welcher Wahrscheinlichkeit der untersuchte Zusammenhang lediglich zufällig zustande gekommen ist.

Obwohl in einigen Zeitschriften auch das 10 %-Signifikanzniveau noch akzeptiert wird, liegt die obere Akzeptanzgrenze in den Managementwissenschaften üblicherweise bei einem 5 %-Signifikanzniveau. Dies bedeutet, dass man mit maximal 5%iger Wahrscheinlichkeit irrt, wenn man die Nullhypothese verwirft und somit annimmt, dass der hypothetisch unterstellte Wirkungszusammenhang durch die Daten unterstützt wird. Je geringer das Signifikanzniveau, desto geringer die Wahrscheinlichkeit sich zu irren. Es hat sich dabei etabliert eine Unterscheidung der folgenden Signifikanzniveaus vorzunehmen: 5 %, 1 % sowie 0,1 %.

Theoretische Konstrukte in Modellen lassen sich nicht direkt fassen bzw. messen. Vielmehr müssen hierfür Indikatoren bzw. Variablen entwickelt werden, welche den entsprechenden Sachverhalt überzeugend abbilden können. Dieser Vorgang des Messbarmachens theoretischer Konstrukte wird als **Operationalisierung** bezeichnet (vgl. weiterführend Kromrey et al. 2016; Schnell et al. 2013). Die entwickelten Variablen sollten dabei folgenden Gütekriterien genügen: Objektivität, Validität und Reliabilität.

Als Beispiele für theoretische Konstrukte lassen sich z. B. Innovationsaktivität, Arbeitszufriedenheit, Motivation, Humankapital, Opportunismus, oder unternehmerische Orientierung anführen. Nehmen wir einmal an, dass Sie im Rahmen Ihres Untersuchungsmodells die Wirkung der Innovationsaktivität auf den Unternehmenserfolg untersuchen möchten. Das Konstrukt Innovationsaktivität lässt sich von Ihnen nun über eine Vielzahl an Variablen messen: z. B. über die Ausgaben für Forschung und Entwicklung, die Anzahl der erteilten Patente, Anteil des Umsatzes neuer Produkte am Gesamtumsatz, etc. Alle diese Variablen besitzen jedoch spezifische Vor- und Nachteile und sind demnach mehr oder weniger gut geeignet. So stellen z. B. die Ausgaben für Forschung und Entwicklung lediglich einen Inputfaktor dar und lassen keine Aussage darüber zu, wie effektiv und effizient diese Gelder investiert werden. Demgegenüber könnte man bei der Anzahl der gewährten Patente argumentieren, dass Patente unterschiedlich wertvoll sein können.

Der Prozess der Operationalisierung umfasst neben der Auswahl und Begründung von Messindikatoren zudem auch die Messvorschriften sowie die Indexbildung für Konstrukte, welche über mehrere Indikatoren gemessen werden. Bezüglich der Messvorschriften wäre bei obigem Beispiel zu spezifizieren, aus welcher Datenquelle (Fragebogen, Datenbank, Geschäftsbericht, etc.) und für welches Jahr die F&E-Ausgaben erhoben werden sollen. Häufig ist es zudem sinnvoll und notwendig, einzelne Konstrukte über mehrere Indikatoren zu messen. Z. B. hat es sich in der Forschung etabliert, den Internationalisierungsgrad eines Unternehmens als Durchschnitt der drei Indikatoren (1) Mitarbeiterzahl im Ausland zu Gesamtmitarbeiterzahl, (2) Umsatz im Ausland zu Gesamtumsatz und (3) Anlagevermögen im Ausland zu Gesamtanlagevermögen zu ermitteln.

Sie werden sich nun vielleicht fragen, welche der potenziell möglichen Operationalisierungen Sie jeweils für Ihre Untersuchung wählen sollten. Eine eindeutige Empfehlung kann an dieser Stelle nicht gegeben werden. Wir möchten Ihnen jedoch fünf übergeordnete Aspekte bei der Operationalisierung von theoretischen Konstrukten nahelegen.

(1) Wir empfehlen Ihnen, sich bei der Operationalisierung von Konstrukten an in der Literatur bereits etablierten Variablen oder Fragebogenitems zu orientieren. Diese etablierten Skalen können Sie selbstständig aus vergangenen Studien extrahieren. Eine Sammlung von in der Managementforschung bereits etablierten Skalen findet sich auf www.managementscales.com.

(2) Wählen Sie die Variable oder, bei Fragebogenitems, die Skala, die mit Blick auf Ihre spezifische Studie am passendsten ist und begründen Sie die getroffene Auswahl in Ihrer Arbeit.

(3) Stellen Sie, v. a. bei selbst entwickelten Operationalisierungen, Ihre Operationalisierungen für den Leser nachvollziehbar dar, z. B. durch Aufnahme der exakten Berechnungsformeln oder aller Fragebogenitems. Nur wenn ein Leser Ihre Variablenoperationalisierung nachvollziehen kann, kann er auch Ihre Ergebnisse einschätzen und entsprechend würdigen.

(4) Bitte beachten Sie, dass die Operationalisierung der theoretischen Konstrukte eng mit der Wahl statistischer Verfahren verknüpft ist, da die Anwendbarkeit spezifischer statistischer Verfahren vom Skalenniveau Ihrer abhängigen sowie unabhängigen Variablen beeinflusst wird. Bei der Erhebung von Variablen sollten Sie darauf achten, dass Sie das höchst mögliche Skalenniveau erheben, um alle Informationen und Ausprägungsmöglichkeiten einer Variablen nutzen zu können.

(5) Seien Sie sich im Rahmen der Ergebnisinterpretation der Limitationen Ihrer Variablenmessung bewusst.

7.2.2 Variablenarten

Variablen können hinsichtlich mehrerer Kriterien unterschieden werden (vgl. Tab. 7.1). Zu diesen Kriterien zählen z. B. sowohl ihre Funktion im Rahmen der Untersuchung als auch ihre Merkmalsausprägung.

Hinsichtlich der Funktion einer Variablen lassen sich hierbei grundsätzlich drei Arten unterscheiden: (a) abhängige Variablen, (b) unabhängige Variablen und (c) Kontrollvariablen. Im Rahmen Ihrer Modellbildung gilt es demnach zunächst zu klären: Welche Variablen (**unabhängige Variablen**) sollten aus welchem Grund (theoretische Argumente) einen Effekt auf welche Variable (**abhängige Variable**) haben? Ein solcher Kausalzusammenhang zwischen unabhängigen (beeinflussenden) und abhängigen (beeinflussten) Variablen lässt sich in Hypothesen z. B. in einer „Je ... desto ..." bzw. „Wenn ... dann ..."-Formulierung darstellen. Zumeist wird die in Ihrem Modell enthaltene abhängige Variable nicht nur durch die von Ihnen vermuteten unabhängigen Variablen, sondern auch von weiteren Faktoren beeinflusst. Um diese zusätzlichen Effekte zu berücksichtigen, werden solche Variablen als Kontrollvariablen in empirischen Untersuchungen aufgenommen. **Kontrollvariablen** dienen insofern in Untersuchungsmodellen dazu, alternative Erklärungsmöglichkeiten für Änderungen der abhängigen Variable zu berücksichtigen und somit die Belastbarkeit des von Ihnen analysierten Wirkungszusammenhangs zu stärken.

Möchten Sie beispielsweise untersuchen ob und wie der Erfolg eines Unternehmens durch die Innovationstätigkeit beeinflusst wird, könnten Sie anhand von Argumenten des Ressourcenbasierten Ansatzes die folgende Hypothese ableiten: „Je höher die Innovationstätigkeit desto höher der Erfolg von Unternehmen". Ihr komplettes Untersuchungsmodell könnte sich darauf aufbauend in etwa wie folgt zusammensetzen: Das Umsatzwachstum (als Maß für den Unternehmenserfolg) wäre Ihre abhängige Variable, die Höhe der F&E-Ausgaben (als Maß für die Innovationstätigkeit) wäre Ihre unabhängige Variable, und da der Unternehmenserfolg

Tab. 7.1 Übersicht von Variablenarten. (Unter Verwendung von Döring und Bortz 2016)

Variablenunterteilung	
... nach dem Stellenwert in der Untersuchung	... nach der Art ihrer Merkmalsausprägung bzw. des Skalenniveaus
– Unabhängige Variable – Abhängige Variable – Kontroll- bzw. Störvariable – Moderatorvariable – Mediatorvariable	– Diskrete und stetige Variable – Dichotome und polytome Variable – Nominal-, ordinal-, intervall- und kardinalskalierte Variable

sich nun einmal nicht ausschließlich durch die Innovationstätigkeit erklärt, sondern eben auch, wie in vielen empirischen Studien gezeigt, durch die Branche oder den Internationalisierungsgrad beeinflusst wird, würden Sie Kontrollvariablen für diese Konstrukte in Ihr Modell inkludieren.

Da Sie nicht für alle möglichen Einflussfaktoren kontrollieren können, stellt sich relativ schnell die Frage, welche Kontrollvariablen Sie in Ihre Studie aufnehmen sollen. Auch hier gibt es keine allgemeingültige Antwort. Wichtig ist jedoch, eine vernünftige Balance zwischen relevanten Kontrollvariablen und der eher „kosmetischen" Nutzung solcher Variablen zu finden. Hier lässt sich als Grundregel festhalten: Wenn bestimmte Variablen und deren Bedeutung in der einschlägigen Literatur bereits diskutiert und nachgewiesen wurden, dann sollten diese Variablen auch als Kontrollvariablen in Betracht gezogen werden.

Wenn Sie es bis hierhin geschafft haben, haben Sie bereits ein ziemlich passables Modell aufgestellt. Sie haben eine abhängige Variable, eine (oder auch mehrere) unabhängige Variablen und Kontrollvariablen. Grundsätzlich könnten Sie hier stoppen und mit der Datenerhebung sowie -auswertung starten. In manchen Fällen und für bestimmte Fragestellungen sind jedoch der Einfluss zusätzlicher Variablen auf den Zusammenhang zwischen unabhängiger und abhängiger Variable von theoretischer Relevanz. Im Rahmen dieser zusätzlichen Variablen (Drittvariablen) können Interaktionsvariablen (Moderatorvariablen) sowie Mediatorvariablen unterschieden werden.

Moderatorvariablen zeichnen sich dadurch aus, dass sie einen Einfluss auf die Stärke des Zusammenhangs zwischen einer unabhängigen und einer abhängigen Variable ausüben. Dies kann (in Extremfällen) sogar dazu führen, dass eine Moderatorvariable nicht nur die Stärke, sondern sogar die Richtung des Zusammenhangs beeinflusst. Bleiben wir bei unserem oben gewählten Beispiel: Bezüglich des Einflusses der Innovationsaktivität auf den Unternehmenserfolg könnten z. B. die Marketingaktivitäten eine Moderatorvariable darstellen (vgl. Abb. 7.2). So ließe sich vermuten, dass der positive Zusammenhang zwischen Innovationsaktivität und Unternehmenserfolg bei gleichzeitig hoher Marketingaktivität stärker ausgeprägt ist als bei geringer Marketingaktivität (und vice versa). Dies ließe sich eventuell dadurch erklären, dass Kunden nicht von allein die technologische Überlegenheit von Produkten erkennen, sondern durch gezielte Werbemaßnahmen darüber informiert werden müssen. Im Zusammenspiel beider Variablen sollte sich daher ein besonders hoher Unternehmenserfolg ergeben.

Demgegenüber stellt eine **Mediatorvariable** eine Variable dar, durch welche eine unabhängige Variable (vollständig oder teilweise) ihren Einfluss auf eine abhängige Variable ausübt. Ein Mediator vermittelt demnach den Zusammenhang zwischen unabhängiger und abhängiger Variable. Für das gewählte Beispiel ließe

7.2 Entwicklung des Untersuchungsmodells

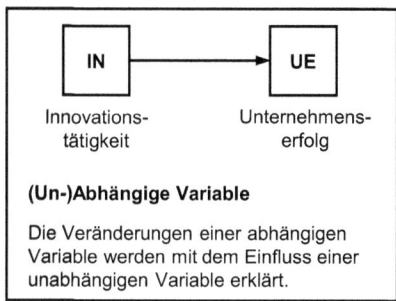
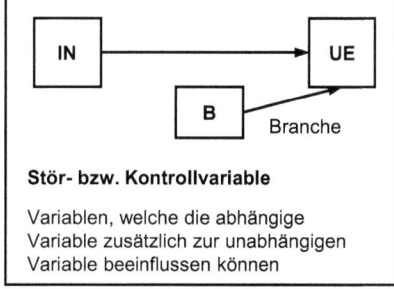
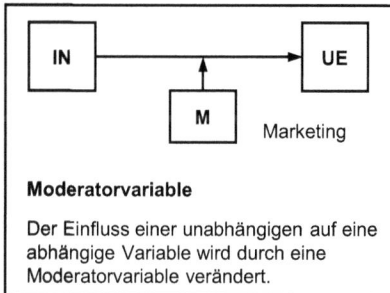
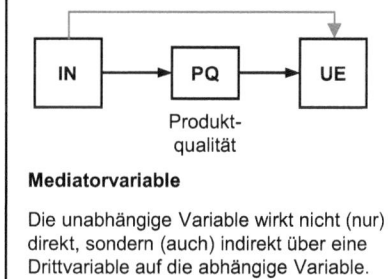

Abb. 7.2 Übersicht verschiedener Variablenarten

sich argumentieren, dass die Innovationstätigkeit nicht per se auf den Unternehmenserfolg einwirkt, sondern dass sich dieser Einfluss über weitere Variablen begründen lässt. Es kann z. B. davon ausgegangen werden, dass sich eine stärkere Innovationstätigkeit in einer höheren Produktqualität niederschlägt und diese höhere Produktqualität schlussendlich zu einem höheren Unternehmenserfolg führt. In diesem Fall würde also die Produktqualität den Mediator darstellen.

Es lässt sich aber auch folgendes Beispiel betrachten, in welchem die Innovationstätigkeit den Mediator darstellen wird: In empirischen Untersuchungen wird oftmals auch die externe Umwelt (Umweltsituation) zur Erklärung des Unternehmenserfolgs herangezogen. Hierbei kann z. B. zwischen stabilen und dynamischen Umwelten unterschieden werden. Dynamische Umweltsituationen lassen sich durch eine hohe Unsicherheit und Diskontinuitäten hinsichtlich technologischer Entwicklungen charakterisieren. Gleichzeitig sind dynamische Umweltsituationen oftmals durch ein hohes Umsatzwachstum (Unternehmenserfolg) charakterisiert. Hierbei ließe sich jedoch vermuten, dass eine dynamische Umweltsituation nicht per se einen höheren Erfolg bedingt als eine stabile Umweltsituation, sondern

Unternehmen in unterschiedlichen Situationen variierende Strategien entwickeln, welche schlussendlich den Erfolg beeinflussen. Eine solche Strategie könnte z. B. die Innovationstätigkeit darstellen. Da in dynamischen Umwelten Technologien schnell überholt sein können, tendieren Unternehmen in diesen Umwelten zu höheren F&E-Ausgaben. Dynamische Umweltsituationen könnten sich also deshalb durch höhere Unternehmenserfolge auszeichnen, da Unternehmen in diesen Umwelten besonders hohe Innovationsaktivitäten tätigen und sich diese letztendlich in höheren Unternehmenserfolgen niederschlagen. In diesem Fall würde die Innovationstätigkeit den Zusammenhang zwischen Umweltsituation und Unternehmenserfolg mediieren.

Eine Zusammenfassung zu den verschiedenen Begrifflichkeiten und eine Veranschaulichung des Unterschieds zwischen einer Moderator- und Mediatorvariable finden Sie in Abb. 7.2.

Im Folgenden wollen wir kurz auf Grundlage von ausgewählten empirischen Forschungsarbeiten die Entwicklung eines Untersuchungsmodells verdeutlichen:

Beispiel 1

Rao, H. (1994): The social construction of reputation: certification contests, legitimation, and the survival of organizations in the American automobile industry: 1895–1912. *Strategic Management Journal*, 15(1): 29–44.

Rao (1994) untersucht in seiner Arbeit die Bedeutung von Reputation auf die Überlebenschancen von Organisationen in den ersten Jahren einer sich neu entwickelnden Industrie. Die von ihm aufgegriffene Frage nach Überlebenschancen von Organisationen ist in verschiedenen Theorien ebenso eine zentrale Fragestellung wie die Frage nach der Bedeutung von Reputation für den Unternehmenserfolg. Gleichwohl – hier liegt der Reiz an der Fragestellung – gab es 1994 kaum Arbeiten, die den Effekt von Reputation auf die Überlebenschancen von Organisationen empirisch überprüft haben. Das heißt, theoretische Argumente für einen Einfluss der Reputation auf die Überlebenschancen von Organisationen in jungen Industrien gab es, eine umfangreiche empirische Überprüfung dieses Effekts war (und ist) jedoch schwierig. Ein Grund für diese Forschungslücke ist sicherlich, dass Reputation eine nicht direkt messbare (latente) Variable darstellt.

Rao betrachtet nun die Rolle von Reputation in Bezug auf eine noch junge Industrie. Diese junge Industrie stellt in seinem Aufsatz die frühe amerikanische Automobilindustrie dar. Das Konstrukt Reputation operationalisiert Rao in dieser Industrie durch die Variable „Anzahl an gewonnenen Wettbewerben" („Certification Contests"), wobei er hierbei Wettbewerbe meint, in denen eine eher technische

7.2 Entwicklung des Untersuchungsmodells

Leistungsbewertung stattfindet. Natürlich kann man diese Operationalisierung kritisieren, gleichwohl legt Rao sehr explizit die Bedeutung solcher Wettbewerbe für die damaligen Automobilhersteller dar und verdeutlicht damit dem Leser, dass der Gewinn dieser Wettbewerbe durchaus als Maß für die Reputation eines Automobilherstellers herangezogen werden kann.

Neben dem Einfluss der unabhängigen Variable (Reputation) auf die abhängige Variable (Überleben) berücksichtigt Rao auch den Effekt verschiedener Kontrollvariablen. Eine solche Kontrollvariable ist beispielsweise das Alter der Organisation. Hierzu definierte er eine Variable „Start-up", welche für neue Automobilhersteller den Wert „1" annimmt. Bereits bestehende Hersteller bekamen bei dieser Variable den Wert „0". Diese Variable führt er ein, da junge, neugegründete Organisationen eventuell per se geringere Überlebenschancen haben, als ältere, etablierte Organisationen. Dies kann zum einen auf eine geringere Ressourcenausstattung neugegründeter Unternehmen zurückgeführt werden, aber auch darauf, dass mit dem Alter besser etablierte und eingeübte Rollen und/oder Routinen in der Organisation, die angenommenen höheren Überlebenschancen herbeiführen. Um diesen Wirkungseinfluss des Alters auf die Überlebenschancen ebenfalls zu berücksichtigen, bietet sich also der Einbezug der Kontrollvariablen „Start-up" an. Die Frage, die Rao mit dem Einbezug der Kontrollvariable also beantworten möchte, lautet: Ist es wirklich die Reputation (operationalisiert durch die Anzahl gewonnener Wettbewerbe), welche die Überlebenschancen beeinflusst, oder ist es vielleicht das höhere Alter und die dadurch bessere Ressourcenausstattung einer Unternehmung?

Rao nutzt in seiner Arbeit darüber hinaus eine Moderatorvariable. Neben dem grundsätzlichen Effekt der Reputation auf das Überleben von Organisationen testet er auch, ob dieser Zusammenhang zwischen Reputation und Überleben für Neugründungen (Start-ups) stärker ausgeprägt ist als für etablierte Unternehmen. Hierzu berechnet Rao eine Interaktionsvariable durch die Multiplikation der Variablen „Anzahl an gewonnenen Wettbewerben" und „Start-up". Diese Interaktionsvariable nutzt er nun in einem zusätzlichen Modell und kann so analysieren, ob sich die Wirkung gewonnener Wettbewerbe für Neugründungen und etablierte Unternehmen unterscheidet – nur zur Vollständigkeit: Die Interaktionsvariable ist in der Untersuchung von Rao nicht signifikant. Bei einem signifikanten und positiven Koeffizienten, hätte Rao die Interaktion dahingehend interpretieren können, dass neugegründete Automobilhersteller stärker von gewonnenen Wettbewerben profitieren als bereits etablierte. Bei einem negativen Vorzeichen (und signifikantem Koeffizienten) wäre die gegenteilige Aussage zutreffend gewesen.

Beispiel 2
Mannor, M. J.; Shamsie, J.; & Conlon, D. E. (2016): Does experience help or hinder top managers? Working with different types of resources in Hollywood. *Strategic Management Journal*, 37(4): 1330–1340.

Ein weiteres Beispiel für einen Moderatoreffekt findet sich in einem Aufsatz von Mannor et al. (2016). In dieser Arbeit untersuchen die Autoren aus dem Blickwinkel des Ressourcenbasierten Ansatzes, welche Rolle die Erfahrung von Managern bei der Nutzbarmachung von Unternehmensressourcen spielt. Anders formuliert gehen sie der Frage nach, ob Unternehmen mit vergleichbaren Finanz- und Humanressourcen mehr oder weniger erfolgreich sind, wenn ihre Manager mehr oder weniger Erfahrungen aufweisen und somit die vorhandenen Ressourcen mehr oder weniger effizient nutzen. Sie untersuchen dies am Beispiel von 837 Hollywoodfilmen.

Mit Bezug auf diese Studie lässt sich zunächst nochmals die Bedeutung und Interpretation von Kontrollvariablen erläutern. Im entwickelten Untersuchungsmodell analysieren die Autoren den Einfluss bestimmter Ressourcen sowie die Erfahrung der Produzenten auf den Erfolg von Hollywoodfilmen. Es ist jedoch davon auszugehen, dass über die im Untersuchungsmodell enthaltenen unabhängigen Variablen (also die Variablen, welche in der Untersuchung besonders im Fokus stehen) hinaus weitere Variablen den Erfolg von Hollywoodfilmen beeinflussen. So kontrollieren die Autoren z. B. zusätzlich, ob Topstars in einem Film eine Rolle übernehmen, da davon ausgegangen werden kann, dass deren Berühmtheit den Erfolg eines Filmes positiv beeinflusst. Zudem wird das Marketingbudget eines Films kontrolliert, da stärker beworbene Filme auch erfolgreicher abschneiden könnten. Und es wird zudem kontrolliert, ob der Film während der Sommerferien bzw. der Weihnachtszeit Premiere in den Kinos feierte, da zu dieser Zeit die Erfolgsaussichten von Filmen geringer bzw. höher sein könnten.

Die erzielten Ergebnisse lassen sich mit Bezug auf das Untersuchungsmodell wie folgt zusammenfassen. Grundsätzlich führen mehr finanzielle Ressourcen (Produktionsbudget) zu einem höheren finanziellen Erfolg (Einspielergebnis). Dieser Zusammenhang (vgl. Abb. 7.3) ist aber für Manager mit geringem und hohem Erfahrungsniveau unterschiedlich (stark) ausgeprägt: Bei Managern mit geringen Erfahrungen spielt das Produktionsbudget keine Rolle mit Blick auf den Erfolg, während bei Managern mit großer Erfahrung das Produktionsbudget eine sehr starke Rolle für den Erfolg besitzt. Man kann diesen Zusammenhang auch anders darstellen: Bei geringem Budget sind Manager mit weniger Erfahrung erfolgreicher; bei hohem Budget Manager mit viel Erfahrung.

7.2 Entwicklung des Untersuchungsmodells

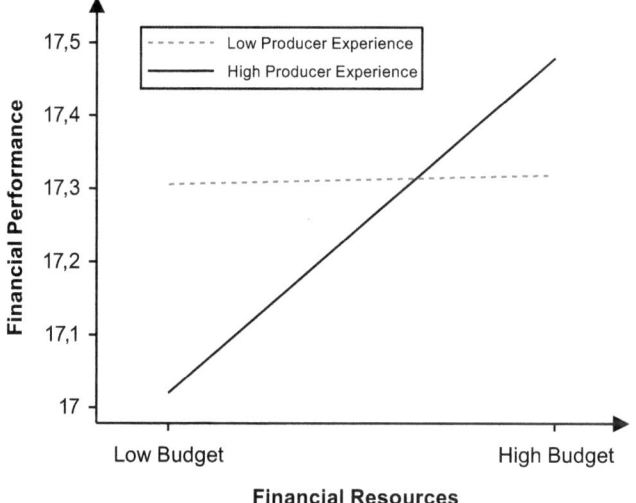

Abb. 7.3 Graphische Darstellung eines Interaktionseffektes. (Mannor et al. 2016, S. 1337)

Beispiel 3

Gong, Y.; Shenkar, O.; Luo, Y.; & Nyaw, M.-K. (2007). Do multiple parents help or hinder international joint venture performance? The mediating roles of contract completeness and partner cooperation. *Strategic Management Journal*, 28(10): 1021–1034.

Anhand eines letzten Beispiels wollen wir Ihnen das Grundverständnis von Mediatorvariablen erläutern. Gong et al. (2007) untersuchen in ihrem Aufsatz, ob bestimmte Faktoren den Zusammenhang zwischen der Anzahl der an einem Joint Venture beteiligten Partner und dessen Erfolg mediieren. Die Autoren gehen dabei davon aus, dass die Anzahl der beteiligten Partner nicht direkt auf den Erfolg eines Joint Ventures einwirkt, sondern dass sich diese Auswirkung indirekt über zwei weitere Faktoren (Mediatorvariablen) ergibt (vgl. Abb. 7.4).

Als erste Mediatorvariable untersuchen die Autoren das Ausmaß der Kooperation unter den Partnern (partner cooperation). Sie argumentieren, dass mit steigender Anzahl an beteiligten Partnern das Ausmaß an Kooperation zwischen diesen sinkt, da nun die Absichten und Strategien aller Beteiligten diverser und zudem schwerer zu beurteilen sind. Sie gehen davon aus, dass dies zu einer sinken Bereitschaft zur Kooperation und zum Austausch wertvoller Ressourcen führt. Die abnehmende

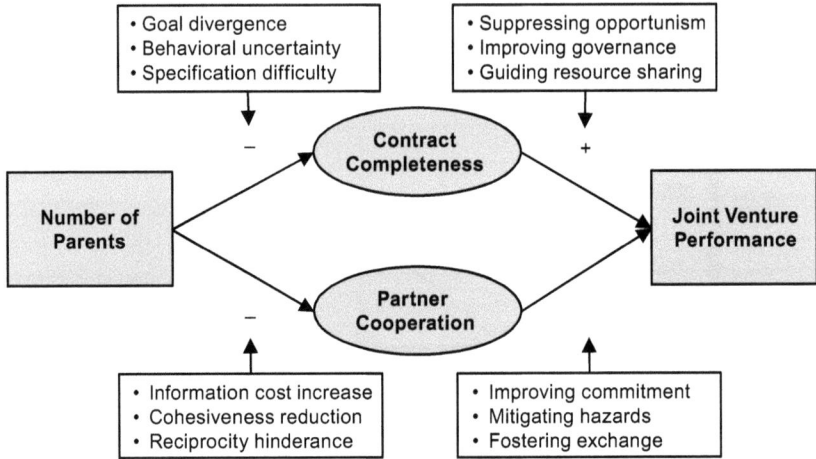

Abb. 7.4 Darstellung eines Mediationsmodells. (Gong et al. 2007, S. 1022)

Kooperation zwischen den beteiligten Partnern wiederum schlägt sich nun negativ im Erfolg des Joint Ventures nieder, da der effektive Austausch von Ressourcen gestört ist und somit das Joint Venture nicht erfolgreich operieren kann.

Als zweite Mediatorvariable betrachten die Autoren die Vollständigkeit des geschlossenen Vertrages (contract completeness). Hierbei argumentieren die Autoren auf Basis der Transaktionskostentheorie, dass mit zunehmender Partneranzahl die Vollständigkeit des Vertrages sinkt, da es nun schwerer möglich ist, alle divergierenden Vorstellungen und Eventualitäten vertraglich zu spezifizieren. Diese sinkende Vollständigkeit wiederum führt zu einem verminderten Joint Venture Erfolg, da sich die Wahrscheinlichkeit für opportunistisches Verhalten der Partner erhöht und wegen der vertraglichen Unsicherheiten Ressourcen nur begrenzt eingebracht werden.

7.3 Festlegung des Forschungsdesigns

Eng mit der Ausgestaltung des Untersuchungsmodells verknüpft ist die Auseinandersetzung mit der Entwicklung des Forschungsdesigns (oder auch Untersuchungsdesigns). Das Forschungsdesign beschreibt dabei, wie Sie Ihre Fragestellung untersuchen möchten. Prinzipiell können Forschungsdesigns hinsichtlich verschiedener Charakteristika unterschieden werden. Der Aufbau des Forschungsde-

7.3 Festlegung des Forschungsdesigns

signs ist dabei entscheidend dafür, mit welcher Verlässlichkeit Sie Aussagen über Ursache-Wirkungs-Zusammenhänge (Kausalanalysen) treffen können. Wir wollen uns im Rahmen dieses Kapitels auf zwei essentielle Charakteristika beschränken.

Ein erstes Charakteristikum adressiert, **inwieweit Modellvariablen und deren Beziehungen untereinander überwacht bzw. sogar manipuliert** werden können. Dies schließt ganz unmittelbar die Frage ein, inwieweit im Rahmen eines gewählten Verfahrens Störfaktoren (d. h. Drittvariablen) kontrolliert oder sogar komplett eliminiert werden können. Hierbei lassen sich Experimentelle Designs (Labor- und Feldexperimente) von Ex-post-facto-Designs unterscheiden. Experimentelle Designs zeichnen sich durch die Möglichkeit der Kontrolle von Störfaktoren und somit durch eine hohe interne Validität aus (vgl. hierzu und im Folgenden ausführlicher Schnell et al. 2013). Dies bedeutet, dass tatsächlich sehr verlässlich der Wirkungszusammenhang gemessen wird, welcher Gegenstand der Untersuchung ist. Der notwendige Einsatz der Kontrolltechniken erfordert zumeist die Durchführung des Experiments im Labor. Laborexperimente weisen jedoch, aufgrund der künstlich geschaffenen Untersuchungssituation, prinzipiell Schwächen hinsichtlich der externen Validität auf. Es kann nämlich vermutet werden, dass sich Probanden in künstlich geschaffenen Laborsituationen anders verhalten, als sie dies in realen Situationen tun würden. Feldexperimente hingegen, die in der natürlichen Umgebung durchgeführt werden, weisen zwar eine höhere externe Validität auf, dafür sind die Möglichkeiten der Kontrolle von Störfaktoren jedoch zumeist eingeschränkt, wodurch die interne Validität gemindert wird. Auf Basis der charakterisierten Eigenschaften von Experimentellen Designs, gelten diese als bevorzugte Wahl bei jeder Form von Kausalanalysen (Kromrey et al. 2016).

In den Managementwissenschaften kommen jedoch überwiegend Ex-post-facto-Designs zum Einsatz, in deren Rahmen keine direkte Kontrolle der unabhängigen Variablen vorgenommen werden kann. Die große Verbreitung dieser Forschungsdesigns in den Organisations- und Managementwissenschaften kann primär damit erklärt werden, dass eine Vielzahl interessierender Variablen, wie z. B. Organisationscharakteristika aber auch Aspekte wie Arbeitszufriedenheit, Mitarbeiterfluktuation, etc., überprüft werden müssen, welche durch die Forscher per se nicht gezielt veränderbar (systematisch manipulierbar) sind. Klassischen Ex-post-facto-Designs ist gemein, dass eine einmalige, gleichzeitige Messung aller relevanten Variablen erfolgt. Es handelt sich im Gegensatz zu experimentellen Designs um nachträgliche (ex-post) Analysen des Einflusses potenziell unabhängiger Variablen. Ex-post-facto-Designs weisen demnach spezifische methodische Probleme auf, welchen jedoch anhand geeigneter Strategien teilweise begegnet werden kann (vgl. Tab. 7.2).

Tab. 7.2 Methodische Probleme von Ex-post-facto-Designs. (In Anlehnung an Schnell et al. 2013, S. 230 ff.)

Problem	Charakterisierung	Lösungsstrategie
Varianz der unabhängigen Variablen	Bestimmte interessierende Merkmalsausprägungen treten u. U. nur sehr selten auf	– Gezieltes Sampledesign
Kausale Reihenfolge der Variablen	Durch einmalige und gleichzeitige Erhebung aller Daten keine Aussagen über Ursache-Wirkungs-Zusammenhänge möglich	– Retrospektivfragen, d. h. Vorhermessung durch geeignete Fragestellungen nachträglich simulieren – Wiederholte Messung (Panelstudien)
Kontrolle von Drittvariablen	Die Einwirkung der unabhängigen Variablen kann nicht gezielt auf die Untersuchungsobjekte verteilt werden	– Theoriegeleitete Integration und Erhebung relevanter Drittvariablen (Kontrollvariablen)

Ein zweites Charakteristikum von Forschungsdesigns adressiert die **zeitliche Struktur der Untersuchung**. Hierbei lassen sich Querschnitts- und Längsschnittstudien unterscheiden. Bei Querschnittsstudien wird die Untersuchung zu einem bestimmten Zeitpunkt (bzw. in einem bestimmten Zeitraum) einmalig an verschiedenen Untersuchungsobjekten durchgeführt. Demgegenüber zeichnen sich Längsschnittstudien dadurch aus, dass eine identische Untersuchung zu mehreren Zeitpunkten wiederholend stattfindet. Hierbei lassen sich u. a. Panelstudien, in welchen dieselben Untersuchungsobjekte hinsichtlich derselben Merkmale mehrfach untersucht werden, und Trendstudien, in deren Rahmen dieselben Merkmale zu unterschiedlichen Zeitpunkten an verschiedenen Untersuchungsobjekten gemessen werden, voneinander abgrenzen.

Für welches Forschungsdesign Sie sich letztendlich entscheiden, wird jedoch nicht zuletzt durch Ihr Untersuchungsmodell und die zeitliche Begrenzung Ihres Vorhabens determiniert.

7.4 Ausgestaltung des Untersuchungssamples (Stichprobendesign)

Eng verknüpft mit der Festlegung des Forschungsdesigns ist die Frage, über welche **Grundgesamtheit**, d. h. welche Fälle, Individuen und/oder Organisationen Ihre Untersuchung Aussagen treffen soll. Wollen Sie sich beispielsweise die Auswirkung eines Führungsstils anschauen, so könnten Sie sich die Auswirkungen

7.4 Ausgestaltung des Untersuchungssamples (Stichprobendesign)

bezogen auf alle Organisationen, Wirtschaftsunternehmen, kleine Unternehmen, deutsche Unternehmen, Projektteams, virtuelle Teams, etc. anschauen. Die Grundgesamtheit umfasst demnach die Objekte, auf welche Ihre Untersuchungsergebnisse übertragen werden können oder anderes formuliert, sie definiert den Raum der möglichen **Generalisierbarkeit** von Untersuchungsbefunden (Wienold 2000).

In der Regel wird es Ihnen nicht möglich sein, eine Vollerhebung der Grundgesamtheit durchzuführen, d. h. alle für Ihre theoretische Fragestellung relevanten Untersuchungsobjekte in Ihrer Untersuchung tatsächlich zu berücksichtigen. Das gelingt auch den meisten etablierten Wissenschaftlern nicht und ist grundsätzlich auch nicht notwendig. Vielmehr ist es Standard, dass im Rahmen einer Teilerhebung einzelne Untersuchungsobjekte aus der Grundgesamtheit betrachtet werden. Diese werden als **Stichprobe** bezeichnet (vgl. für umfassendere Darstellung zur Stichprobenziehung Döring und Bortz 2016; Lohr 2010; Schnell et al. 2013). Da quantitative Studien jedoch, wie bereits ausgeführt, eine Überprüfung der Übertragbarkeit ihrer Ergebnisse auf die Grundgesamtheit zum Ziel haben (Generalisierbarkeit), kommt der Ausgestaltung der Stichprobe eine wichtige Rolle zu. Um möglichst verlässliche Aussagen über die Grundgesamtheit treffen zu können, sollte Ihre Stichprobe eine hohe **Repräsentativität** aufweisen, d. h., die Merkmalszusammensetzung in der Stichprobe sollte die Merkmalszusammensetzung in der Grundgesamtheit widerspiegeln (Döring und Bortz 2016). Diese Übereinstimmung kann sich dabei auf besonders relevante Merkmale beschränken (merkmalsspezifisch-repräsentative Stichproben) oder alle Merkmale umfassen (global-repräsentative Stichproben).

Das Ausmaß der Repräsentativität wird dabei maßgeblich durch das zugrundeliegende Verfahren der Stichprobenermittlung beeinflusst. Prinzipiell lassen sich probabilistische Verfahren, d. h. auf dem Zufallsprinzip beruhende Stichprobenverfahren, von nicht- probabilistische Verfahren abgrenzen, welche sich durch eine willkürliche oder bewusste Auswahl auszeichnen (vgl. Tab. 7.3).

Global-repräsentative Stichproben, welche in allen Merkmalen und Merkmalskombinationen mit der Grundgesamtheit übereinstimmen, können dabei nur durch probabilistische Stichprobenverfahren gewonnen werden (siehe ausführlicher Döring und Bortz 2016). Die Autoren führen zudem aus, dass auch ein Mindeststichprobenumfang notwendig ist, da nur bei entsprechend großen Stichproben die Zufallsauswahl greift (Gesetz der großen Zahlen).

Übergeordnet kann festgehalten werden, dass v. a. für populationsbeschreibende Untersuchungen global-repräsentative Stichproben notwendig sind. Auch den Aspekt der Samplegestaltung möchten wir wieder anhand eines Beispiels illustrieren.

Tab. 7.3 Charakterisierung einzelner Stichprobenverfahren. (Unter Verwendung von Döring und Bortz 2016, S. 294 ff.)

Nicht-probabilistische Stichprobenverfahren	Probabilistische Stichprobenverfahren
– **Willkürliche Auswahl bzw. Gelegenheitsauswahl:** Untersuchungsobjekte werden nach günstiger Gelegenheit ausgewählt – **Quotenverfahren:** Verteilung wichtiger Merkmale in der Grundgesamtheit wird bei der Auswahl der Untersuchungsobjekte berücksichtigt – **Schneeballverfahren:** Das Studium eines Untersuchungsobjekts führt zum nächsten Untersuchungsobjekt (z. B. Teilnehmer einer Befragung empfehlen weitere potenzielle Teilnehmer). Das Verfahren dient dem Auffinden sehr kleiner bzw. schwer erreichbarer Untersuchungsobjekte	– **Einfache Zufallsauswahl:** aus vollständiger Liste aller Untersuchungsobjekte erfolgt Auswahl nach „blindem" statistischen Zufallsprinzip – **Geschichtete Zufallsauswahl:** Grundgesamtheit wird auf Basis eines wichtigen Merkmals in Teilpopulationen unterteilt, aus welchen dann jeweils eine einfache Zufallsstichprobe entnommen wird – **Klumpenauswahl:** einzelne Teilgruppen der Grundgesamtheit werden ausgewählt (z. B. Schreinereien für die Grundgesamtheit Handwerksbetriebe) – **Mehrstufige Zufallsauswahl:** Zunächst Auswahl einzelner Teilgruppen (Klumpen), aus welchen dann geschichtete Zufallsstichprobe gezogen werden kann

Beispiel 4

Baum, M.; Gsell, L.; & Kabst, R. (2012): Determinanten des Employer Branding in deutschen Unternehmen. *Betriebswirtschaft*, 72(3): 235–253.

Die Autoren gehen in diesem Aufsatz der Frage nach, welche Faktoren einen Einfluss auf die Intensität von Employer Branding ausüben. Unter Employer Branding versteht man den nachhaltigen Aufbau einer Arbeitgebermarke mit dem Ziel für Mitarbeiter und Bewerber attraktiv zu sein und die Bindung bestehender Mitarbeiter sowie die Gewinnung neuer Mitarbeiter zu vereinfachen. Theoretisch orientiert sich der Aufsatz an der Neo-Institutionalistischen Organisationstheorie, welche betont, dass die Strukturen und Prozesse in Organisationen nicht ausschließlich auf Effizienzkriterien basieren, sondern auch durch Normen, Erwartungen und Ansprüche der institutionellen Umwelt bestimmt werden. Die Befolgung institutioneller Anforderungen steigert dabei die Legitimität der Organisation und ermöglicht den Zugang zu wichtigen Ressourcen. So argumentieren auch Baum et al. (2012), dass der Einsatz von Employer Branding durch den Konformitätsdruck von Organisationen gegenüber ihren Umweltanforderungen bedingt wird. Hierbei gehen sie beispielsweise davon aus, dass größere Unternehmen durch ihren höheren Bekanntheitsgrad einem höheren Druck des Einsatzes von Employer Branding ausgesetzt sind als kleinere Unternehmen. Bezogen auf das Untersuchungsmodell wäre hier also die abhängige Variable der Einsatz von Employer Branding und die unabhängige Variable die Größe des Unternehmens.

Baum et al. (2012) greifen zur empirischen Überprüfung ihres theoretischen Modells auf Daten eines standardisierten Fragebogens zurück, welcher an die obersten Personalverantwortlichen von 4000 privatwirtschaftlichen und öffentlichen Organisationen versendet wurde. Eine solche Befragung wäre nun ein sehr umfangreiches Unterfangen im Rahmen einer Abschlussarbeit. Sie könnten sich jedoch alternativ beispielsweise auf die DAX Unternehmen konzentrieren. Hier hätten Sie dann allerdings die Restriktion, dass es sich bei diesen Unternehmen (durch die Indexierung im DAX) per se um sehr sichtbare und bekannte Unternehmen handelt. Das wäre für die angedachte Fragestellung und die Idee, dass größere Organisationen durch ihren höheren Bekanntheitsgrad den institutionellen Gegebenheiten eher folgen müssen als kleinere Organisationen, wenig zuträglich. Sie könnten sich (als bessere Alternative) auf die Unternehmen des Prime Standards konzentrieren; also die Unternehmen des DAX, MDAX, SDAX und TECDAX. Diese Unternehmen sind zwar auch alle bekannt, gleichwohl unterscheiden sich die Bekanntheitsgrade (und die Größe) der Unternehmen beträchtlich.

Alle Unternehmen des Prime Standards mit einem Fragebogen zu kontaktieren bedeutet jedoch immer noch einen hohen Arbeitsumfang im Rahmen einer Abschlussarbeit. Daher könnten Sie nun beispielsweise eine einfache Zufallsstichprobe oder eine geschichtete Zufallsauswahl vornehmen. Im Falle einer **einfachen Zufallsstichprobe** würde jedes Unternehmen des Prime Standards die gleiche Wahrscheinlichkeit haben in Ihre Stichprobe einzugehen, wobei die Auswahl (die Ziehung der Fälle) aus der Grundgesamtheit unabhängig voneinander erfolgt. Einschlägige Statistiksoftware ermöglicht es Ihnen dabei, die Stichprobe mit wenig Aufwand zu ziehen. Wenn jedoch eine höhere Repräsentativität der Stichprobe gewährleistet werden soll, würde sich z. B. die geschichtete Zufallsauswahl anbieten. Bei der **geschichteten Zufallsstichprobe** wird die Grundgesamtheit in mehrere Gruppen (z. B. die unterschiedlichen Börsenindizes) aufgeteilt, aus denen dann wieder eine zufällige Stichprobe gezogen wird. Diese Stichproben werden zudem hinsichtlich der Passung zur Grundgesamtheit gewichtet.

7.5 Methoden der Datenerhebung

Neben der Frage des Stichprobendesigns, muss im Vorfeld der Datenerhebung geklärt werden, auf welche Art von Daten und somit auf welche Datenquelle(n) Sie im Rahmen Ihrer Untersuchung zurückgreifen müssen/möchten (vgl. für ausführlichere Darstellungen zur Datenerhebung Brake 2005; Kromrey et al. 2016; Schnell et al. 2013). (Die Art der verwendbaren Daten wird dabei wiederum nicht unwesentlich von Ihrem Untersuchungsmodell und den zu erhebenden Variablen bestimmt.)

Prinzipiell lassen sich zwei grundlegende Arten von Daten(-quellen) unterscheiden: Primär- und Sekundärdaten.

Für die Gewinnung von **Primärdaten** bietet sich eine eigenständige Befragung bzw. Beobachtung an. Darüber hinaus können auch durch eigenständige Experimente bzw. Simulationsstudien Primärdaten gewonnen werden. Solch eigenständig ermittelte Daten besitzen große Vorteile: Sie selbst erheben die Daten und sind nicht durch die Verfügbarkeit bzw. Nicht-Verfügbarkeit von Daten, die begrenzten Informationen in fremden Datenquellen sowie die (fragliche) Qualität von Sekundärdaten eingeschränkt. Der Nachteil von Primärdaten ist sicherlich die zu investierende Zeit im Rahmen der Erhebung. Im Rahmen einer eigenen Befragung ist hierbei zunächst ein Fragebogen zu entwickeln, zu pre-testen und anschließend zu versenden. Darüber hinaus sind Sie bei eigenen Befragungen immer auf eine ausreichend hohe Rücklaufquote angewiesen.

Es bietet sich daher an, auf bereits existierende Daten (**Sekundärdaten**) zurückzugreifen. Sollte dies für Ihr Forschungsvorhaben möglich sein, so lässt sich u. U. in deutlich geringerer Zeit eine Vielzahl an Variablen für eine große Zahl an Untersuchungsobjekten erheben.

Als Sekundärdatenquellen sind zunächst einmal einschlägige Datenbanken anzuführen. Natürlich gibt es nicht für jedes Untersuchungsmodell eine bereits erhobene und direkt verfügbare Datengrundlage. Gleichwohl gibt es inzwischen viele Datenbanken, welche mehr oder weniger einfach zugänglich sind und für viele Fragestellungen passende (oder in Teilen passende) Daten enthalten.

Erster Ansprechpartner sollte hier Ihre Universitätsbibliothek sein. Die meisten Universitätsbibliotheken haben Zugang zu verschiedensten Datenbanken oder können bei einem elektronischen Zugang zu einer nicht lokal vorhandenen Datenbank behilflich sein. Neben Datenbanken professioneller Anbieter existiert eine Vielzahl weiterer Quellen für Sekundärdaten:

- Statistisches Bundesamt
- Wirtschafts- und Branchenverbände
- OECD
- IWF
- Homepages von Unternehmen sowie deren Geschäftsberichte

Auch können einschlägige Lexika oder Fachzeitschriften eine Grundlage für Ihren eigenen Datensatz sein. Rao (1994) hat sich den Hauptteil seiner Datengrundlage beispielsweise aus dem „Standard Catalogue of Cars" zusammengestellt.

7.6 Wahl geeigneter statistischer Verfahren

Die Wahl geeigneter statistischer Verfahren hängt unmittelbar von Ihrem Erkenntnisinteresse und den Ihnen zur Verfügung stehenden Daten ab. Zumeist werden Sie auf multivariate Analysemethoden zurückgreifen (vgl. für detailliertere Darstellungen Backhaus et al. 2016; Bühl 2014; Döring und Bortz 2016; Kühl et al. 2005), welche sich dadurch auszeichnen, dass – im Gegensatz zu univariaten und bivariaten Analysemethoden – eine simultane statistische Analyse von mehr als zwei Variablen erfolgt. Multivariate Analysemethoden lassen sich übergeordnet in zwei Gruppen untergliedern: strukturentdeckende sowie strukturprüfende Verfahren. **Strukturentdeckenden Verfahren** ist gemein, dass im Vorfeld der Analysen keine Aussagen/Vermutungen über Zusammenhänge zwischen Variablen oder Untersuchungsobjekten bestehen, sondern diese Strukturelemente erst aus den Daten extrahiert werden. Demgegenüber wird im Rahmen von **strukturprüfenden Verfahren** eine Struktur vorgegeben, und es wird überprüft, ob die vorhandenen Daten dieser Struktur entsprechen. Es erfolgt also eine Überprüfung von Zusammenhängen zwischen Variablen. Tab. 7.4 gibt einen Überblick über wesentliche Analyseverfahren innerhalb beider Gruppen.

Tab. 7.4 Übersicht grundlegender multivariater Analyseverfahren mit beispielhaften Untersuchungsfragen. (Unter Verwendung von Backhaus et al. 2016, S. 14 ff.)

Strukturprüfende Verfahren	Strukturentdeckende Verfahren
– **Faktoranalyse:** Verdichtung einer Vielzahl von Eigenschaftsbeurteilungen auf zugrundeliegende Beurteilungsdimensionen	– **Regressionsanalyse:** Abhängigkeit des Überlebens von Start-ups von Reputation und Alter
– **Clusteranalyse:** Bildung von Unternehmensgruppen auf Basis organisationaler Merkmale	– **Zeitreihenanalyse:** Analyse und Prognose der zeitlichen Entwicklung des Umsatzes einer Produktgruppe oder eines Marktes
– **Multidimensionale Skalierung:** Positionierung von Ländern hinsichtlich ihrer kulturellen Ähnlichkeiten	– **Varianzanalyse:** Wirkung alternativer demografischer Ausgestaltungen des Vorstandes auf den Unternehmenserfolg
– **Korrespondenzanalyse:** Darstellung von Branchen und Branchenmerkmalen in einem gemeinsamen Raum	– **Diskriminanzanalyse:** Unterscheidung von Managertypen hinsichtlich soziodemografischer und psychografischer Merkmale
– **Neuronale Netze:** Untersuchung von Aktienkursen und möglichen Einflussfaktoren zwecks Prognose von Kursentwicklungen	– **Strukturgleichungsanalyse:** Abhängigkeit der Arbeitszufriedenheit von der subjektiv eingeschätzten Qualität des Arbeitsumfeldes in einem Unternehmen
	– **Conjoint-Analyse:** Ableitung der Bedeutung alternativer Entlohnungsmodelle, Arbeitszeitregelungen und Karriereperspektiven für die Arbeitgeberattraktivität

Tab. 7.5 Grundlegende strukturprüfende Verfahren. (Backhaus et al. 2016, S. 14)

		Unabhängige Variable	
		Metrisches Skalenniveau	**Nominales Skalenniveau**
Abhängige Variable	**Metrisches Skalenniveau**	Regressionsanalyse, Zeitreihenanalyse	Varianzanalyse, Regression mit Dummies
	Nominales Skalenniveau	Diskriminanzanalyse, Logistische Regression	Kontingenzanalyse, Auswahlbasierte Conjoint-Analyse

Bitte beachten Sie, dass die Operationalisierung der Konstrukte eng mit der Wahl statistischer Verfahren verknüpft ist, da die Anwendbarkeit spezifischer statistischer Verfahren vom Skalenniveau Ihrer Variablen beeinflusst wird (vgl. Tab. 7.5).

Um ein Gefühl dafür zu entwickeln, welche Forschungsfragen und theoretischen Modelle bzw. Hypothesen mit den genannten statistischen Verfahren untersucht werden können, empfehlen wir Ihnen im Rahmen Ihrer Literaturrecherche nicht nur nach Aufsätzen und Studien zu suchen, die sich mit ähnlichen inhaltlichen und theoretischen Fragestellungen beschäftigen, sondern auch nach Arbeiten, die Daten mit einer ähnlichen Struktur auswerten, wie Sie es planen. Hierbei kann auch ein Blick in gänzlich andere Wissenschaftsdisziplinen (bspw. in die Medizin oder Biologie) nützlich sein. Für Sie ist es im frühen Stadium Ihrer Arbeit zunächst einmal weniger bedeutend, ob es in den Arbeiten, die sie mit Blick auf ihr methodisches Vorgehen betrachten, um die Analyse der Sterberaten bestimmter Zellkulturen oder um die kleiner und mittelständischer Unternehmen geht. Die Methode zur Analyse ist in beiden Fällen gleich oder zumindest hinreichend ähnlich. Sich frühzeitig mit methodischen Aspekten anderer Arbeiten zu beschäftigen ist zumeist sehr hilfreich, da beispielsweise potenzielle Fehler bei der Datenerhebung bereits antizipiert und vermieden werden können.

Wir möchten Ihnen an dieser Stelle noch einige Lehrbücher empfehlen, welche sich aus unserer Erfahrung im Kontext von wissenschaftlichen Abschlussarbeiten besonders bewährt haben:

Backhaus, K., Erichson, B., Plinke, W., & Weiber, R. (2016). *Multivariate Analysemethoden: Eine anwendungsorientierte Einführung* (14. Aufl.). Berlin, Heidelberg: Springer Gabler.
Bühl, A. (2014). *SPSS 22: Einführung in die moderne Datenanalyse* (14. Aufl.). Hallbergmoos: Pearson Deutschland GmbH.
Döring, N., & Bortz, J. (2016). *Forschungsmethoden und Evaluation in den Sozial- und Humanwissenschaften* (5. Aufl.). Berlin, Heidelberg: Springer.

Kühl, S., Strodtholz, P., & Taffertshofer, A. (Hrsg.). (2005). *Quantitative Methoden der Organisationsforschung: Ein Handbuch.* Wiesbaden: VS.

7.7 Statistiken und deren Interpretation

In einem letzten Abschnitt möchten wir anhand des Beispiels von Regressionsanalysen kurz darauf eingehen, welche Statistiken Sie in Ihrer Arbeit aufnehmen sollten, wie diese zu interpretieren sind und welche Ergebnisse sich hieraus ableiten lassen. Dies wollen wir an den Statistiken der Arbeit von Mannor et al. (2016) darstellen.

Für den Ergebnisteil von Studien mit Regressionsanalysen ist es üblich, über die beiden folgenden Arten von Tabellen im Datenteil zu berichten:

- Korrelationsmatrix, inkl. deskriptiver Statistiken sowie
- Regressionstabelle

Die Korrelationsmatrix (vgl. Tab. 7.6) enthält die Korrelationen zwischen den Variablen Ihres Modells. (Wir empfehlen Ihnen, alle Variablen, d. h. abhängige, unabhängige sowie Kontrollvariablen, in die Korrelationsmatrix aufzunehmen.)

Zusätzlich sollten in der Korrelationsmatrix auch wichtige deskriptive Statistiken der einzelnen Variablen berichtet werden. Hierzu gehören v. a. der **Mittelwert** (**MW**, in Tab. 7.6 mit Mean bezeichnet) sowie die **Standardabweichung** (**sd**). Zusätzlich plädieren wir für eine Aufnahme der deskriptiven Statistiken **Minimum** (**Min**), **Maximum** (**Max**) der Merkmalsausprägung sowie – bei variierenden Fallzahlen pro Variable – der **Häufigkeit** (**N**). Innerhalb der Korrelationsmatrix sollten Korrelationen kenntlich gemacht werden, welche ein gewisses Signifikanzniveau aufweisen. Wie bereits beschrieben, ist es etabliert Korrelationen auf folgenden

Tab. 7.6 Beispielhafte Korrelationsmatrix. (Mannor et al. 2016, S. 1335)

Variable	Min	Max	Mean	SD	1	2	3	4	5	6	7	8	9	10	11	12
1. Box office revenue*	1.65	601.00	54.90	62.50	1.00											
2. Ratio: revenue / budget	0.04	4.10	0.84	0.63	0.78	1.00										
3. Restrictive rating (no/yes)	0.00	1.00	0.38	0.49	-0.13	-0.11	1.00									
4. Holiday opening (no/yes)	0.00	1.00	0.39	0.49	0.38	0.20	-0.17	1.00								
5. Number of producers	1.00	7.00	2.73	1.43	0.09	-0.06	-0.03	0.08	1.00							
6. Director a producer (no/yes)	0.00	1.00	0.22	0.41	0.07	-0.08	0.04	0.09	0.19	1.00						
7. Marketing budget*	1.29	65.00	19.10	10.50	0.75	0.34	-0.18	0.37	0.25	0.14	1.00					
8. Top star in film	0.00	1.00	0.19	0.39	0.24	0.06	0.01	0.15	0.04	0.13	0.20	1.00				
9. Financial resources (budget)	1.00	200.00	43.60	31.40	0.58	0.06	-0.04	0.34	0.16	0.22	0.67	0.31	1.00			
10. Human resources (director)	0.00	1.00	0.19	0.39	0.07	-0.05	0.13	0.07	-0.02	0.24	0.08	0.12	0.17	1.00		
11. Brand resources (sequel)	0.00	1.00	0.10	0.29	0.13	0.13	-0.07	0.11	-0.05	-0.05	0.08	-0.03	0.08	-0.09	1.00	
12. Producer experience	0.00	67.00	6.57	7.10	0.04	-0.04	0.11	-0.09	-0.10	-0.06	0.07	0.02	0.12	0.05	-0.04	1.00

Notes: N = 837 films. Correlations greater than .06 are significant p < .05. Correlations equal or greater than .05 are significant p < .01. * indicates variable is measured in millions.

drei Signifikanzniveaus kenntlich zu machen: 5 %, 1 % sowie 0,1 %. (Um nicht alle signifikanten Werte einzeln mit Sternchen kenntlich machen zu müssen, kann wie bei Tab. 7.6 unterhalb der Korrelationsmatrix der Satz „Werte auf dem absoluten Niveau von x, y, z bzw. z sind auf dem 0,1 %, 1 % bzw. 5 % Niveau signifikant." aufgenommen werden). Obwohl die Verwendung einzelner Korrelationskoeffizienten an gewisse Voraussetzungen (wie z. B. das Skalenniveau) geknüpft ist, wird standardmäßig die Pearson Produkt-Moment-Korrelation (auch Bravais-Pearson-Korrelation oder Pearson-Korrelation) berichtet.

Eine Regressionstabelle (vgl. Tab. 7.7) ist durch einen hierarchischen Aufbau charakterisiert. In der linken Spalte finden Sie eine Auflistung:

- aller im Untersuchungsmodell enthaltenen **Kontrollvariablen** („restrictive rating" bis „top star in film"),
- **unabhängigen Variablen** („producer experience" bis „human resources (director talent)"),
- ggf. **Mediator-** (in diesem Modell nicht enthalten) oder **Moderatorvariablen** (welche als Multiplikationsterme der entsprechenden Variablen kenntlich gemacht sind, z. B. „producer experience × financial resources")
- der **Modellkonstante** (constant) sowie
- verschiedener **Gütekriterien** der Regressionsmodelle.

Welche Gütekriterien sinnvoll zur Bewertung der Regression herangezogen werden können, hängt von dem spezifischen Regressionsmodell ab. Häufig findet sich – wie in dem Beispiel auch – R^2 als Bestimmtheitsmaß. Dieser Wert gibt an, wie viel Prozent der Varianz der abhängigen Variablen durch die unabhängigen und/oder Kontrollvariablen, die in dem jeweiligen Modell aufgenommen sind, erklärt werden. In Modell 1 werden also beispielsweise 61 % der Varianz (Streuung) der abhängigen Variablen durch die in dem Modell aufgenommenen Variablen erklärt. Darüber hinaus erfolgt zumeist der Ausweis einer Teststatistik, in diesem Beispiel FΔ, welche eine Aussage darüber zulässt, ob einzelne Modelle im Vergleich zum Grundmodell (1) signifikant mehr Varianz erklären oder nicht. Der F-Wert (Overall F) schließlich dient der Beurteilung der Signifikanz des Regressionsmodells. Ist der Wert nicht signifikant, kann man davon ausgehen, dass das Regressionsmodell keinen Erklärungswert für die Varianz der abhängigen Variablen besitzt.

In den weiteren Spalten der Tab. 7.7 finden Sie nun die Statistiken für verschiedene Regressionsmodelle (hier (1) bis (6)) dargestellt. Diese Regressionsmodelle unterscheiden sich nach den im Modell enthaltenen Variablen. Zunächst werden die Ergebnisse eines Regressionsmodells (Modell 1) berichtet, in welchem nur

7.7 Statistiken und deren Interpretation

Tab. 7.7 Beispielhafte Regressionstabelle. (Mannor et al. 2016, S. 1336)

Variables	Financial Performance (Box Office Revenue)					
	(1)	(2)	(3)	(4)	(5)	(6)
Restrictive rating	0.02	0.02	0.01	0.01	0.02	0.01
	(0.05)	(0.05)	(0.05)	(0.05)	(0.05)	(0.05)
Holiday opening	0.14**	0.13*	0.13*	0.13*	0.13*	0.13*
	(0.05)	(0.05)	(0.05)	(0.05)	(0.05)	(0.05)
Number of producers	-0.03	-0.03	-0.02	-0.03	-0.02	-0.02
	(0.02)	(0.02)	(0.02)	(0.02)	(0.02)	(0.02)
Director a producer	-0.14*	-0.14*	-0.14*	-0.14*	-0.14*	-0.15*
	(0.06)	(0.06)	(0.06)	(0.06)	(0.06)	(0.06)
Marketing budget	0.01**	0.01**	0.01**	0.01**	0.01**	0.01**
	(0.00)	(0.00)	(0.00)	(0.00)	(0.00)	(0.00)
Top star in film	0.20**	0.18**	0.17**	0.18**	0.18**	0.17**
	(0.06)	(0.06)	(0.06)	(0.06)	(0.06)	(0.06)
Producer experience		-0.00	-0.01	-0.00	0.00	-0.00
		(0.00)	(0.00)	(0.00)	(0.00)	(0.00)
Financial resources (budget)		0.09*	0.11**	0.09*	0.09*	0.10*
		(0.04)	(0.04)	(0.04)	(0.04)	(0.04)
Brand resource (sequel)		0.19*	0.16*	0.19*	0.20*	0.17*
		(0.08)	(0.08)	(0.08)	(0.08)	(0.08)
Human resources (director talent)		-0.04	-0.04	-0.04	-0.03	-0.03
		(0.06)	(0.06)	(0.06)	(0.06)	(0.06)
Producer experience x financial resources			0.01**			0.01*
			(0.00)			(0.00)
Producer experience x brand resources				0.02*		0.01
				(0.01)		(0.01)
Producer experience x human resources					-0.02*	-0.02*
					(0.01)	(0.01)
Constant	16.11**	16.17**	16.17**	16.17**	16.17**	16.17**
	(0.09)	(0.10)	(0.10)	(0.10)	(0.10)	(0.10)
Adjusted R2	0.610	0.614	0.619	0.616	0.616	0.620
FΔ		2.73*	4.26**	2.75*	3.04*	3.59**
Overall F	70.22**	58.98**	57.59**	56.76**	56.92**	53.42**

†p < 0.010; *p < 0.05; **p < 0.01
Note: Results based on 837 observations. F-change statistics for each model are evaluated in comparison to the baseline control models (Model 1)

die Kontrollvariablen enthalten sind. Auch wenn dieses Modell, welches auch als „baseline model" bezeichnet wird, keinen unmittelbaren Bezug zur Prüfung der Hypothesen einer Studie hat, ist dessen Relevanz im Rahmen der statistischen Analyse aus zwei Gründen hoch.

(1) Es erlaubt eine Einschätzung des Erklärungsgehalts der unabhängigen Variablen durch einen Vergleich der Modellgütekriterien („baseline model" versus Modelle mit unabhängigen Variablen). Hierbei steht die Frage im Raum, ob durch die Hinzunahme der unabhängigen Variablen und Moderatorvariablen ein signifikant höherer Anteil der Varianz der abhängigen Variable erklärt werden kann. Prinzipiell sollte es ja das Ziel sein, durch den Einbezug weiterer Variablen zusätzliche Varianz der abhängigen Variablen erklären zu können.

(2) Zum anderen kann durch einen Vergleich der Veränderungen von Koeffizienten und Signifikanzniveaus über die Modelle hinweg ein bisher nicht beachteter oder erwarteter Einfluss zwischen Kontrollvariablen und unabhängigen Variablen erkannt werden.

In Modell 2 werden dann die unabhängigen Variablen einbezogen. Die Modelle 3–5 beziehen jeweils eine Interaktion zwischen den unabhängigen Variablen ein. Hier werden die Interaktionen jeweils einzeln in einem Modell getestet, um eine potenzielle Beeinflussung zwischen Interaktionen und damit eine Verzerrung der Koeffizienten und Signifikanzniveaus zu vermeiden – ein ähnliches Vorgehen ist auch hinsichtlich des Einflusses der unabhängigen Variablen denkbar.

Modell 6 stellt abschließend ein vollständiges Modell dar, in dem alle Variablen einbezogen wurden. Hier lassen sich dann auch Wirkungszusammenhänge zwischen allen Variablen zeigen. Abweichungen zwischen den Einzelmodellen und dem vollständigen Modell bedürfen grundsätzlich einer kurzen Erläuterung am Ende des Ergebnisteils (in dieser wird erörtert, ob es beispielsweise kausale Zusammenhänge geben könnte, die eine wechselseitige Beeinflussung von Variablen erklären könnten).

Für die einzelnen Variablen werden jeweils der Regressionskoeffizient sowie in Klammern darunter der Standardfehler berichtet. Vergleichbar mit den bei der Korrelation angegebenen Signifikanzniveaus (0,1 % = ***, 1 % = ** bzw. 5 % = *) werden signifikante Koeffizienten regelmäßig durch hochgestellte Sternchen markiert. Während die Interpretation der signifikanten Koeffizienten hinsichtlich ihrer Wirkungsrichtung (positives vs. negatives Vorzeichen) von hoher Bedeutung für die Unterstützung einer Hypothese ist, wird die Effektstärke verhältnismäßig selten in Studien der Organisations- und Managementforschung diskutiert. Eine solche Diskussion kann sich jedoch anbieten, und zwar insbesondere, wenn sich durch die Interpretation einzelner Effektstärken oder den Vergleich zwischen Effektstärken zusätzliche oder umfänglichere Aussagen ableiten lassen. Eine solche Interpretation der Effektstärke wird in jüngerer Zeit auch von einschlägigen wissenschaftlichen Zeitschriften (z. B. Strategic Management Journal) gefordert.

Literatur

Backhaus, K., Erichson, B., Plinke, W., & Weiber, R. (2016). *Multivariate Analysemethoden: Eine anwendungsorientierte Einführung* (14. Aufl.). Berlin, Heidelberg: Springer Gabler.
Baum, M., Gsell, L., & Kabst, R. (2012). Determinanten des Employer Branding in deutschen Unternehmen. *Betriebswirtschaft, 72*(3), 235–253.
Brake, A. (2005). Schriftliche Befragung. In S. Kühl, P. Strodtholz & A. Taffertshofer (Hrsg.), *Quantitative Methoden der Organisationsforschung: Ein Handbuch* (S. 33–58). Wiesbaden: VS.
Bühl, A. (2014). *SPSS 22: Einführung in die moderne Datenanalyse* (14. Aufl.). Hallbergmoos: Pearson Deutschland GmbH.
Döring, N., & Bortz, J. (2016). *Forschungsmethoden und Evaluation in den Sozial- und Humanwissenschaften* (5. Aufl.). Berlin, Heidelberg: Springer.
Gong, Y., Shenkar, O., Luo, Y., & Nyaw, M.-K. (2007). Do multiple parents help or hinder international joint venture performance? The mediating roles of contract completeness and partner cooperation. *Strategic Management Journal, 28*(10), 1021–1034.
Kromrey, H., Roose, J., & Strübing, J. (2016). *Empirische Sozialforschung: Modelle und Methoden der standardisierten Datenerhebung und Datenauswertung mit Annotationen aus qualitativ-interpretativer Perspektive* (13. Aufl.). Konstanz, München: UVK.
Kühl, S., Strodtholz, P., & Taffertshofer, A. (Hrsg.). (2005). *Quantitative Methoden der Organisationsforschung: Ein Handbuch*. Wiesbaden: VS.
Lohr, S. L. (2010). *Sampling: design and analysis* (2. Aufl.). Boston: Brooks/Cole, Cengage Learning.
Mannor, M. J., Shamsie, J., & Conlon, D. E. (2016). Does experience help or hinder top managers? Working with different types of resources in Hollywood. *Strategic Management Journal, 37*(4), 1330–1340.
Rao, H. (1994). The social construction of reputation: certification contests, legitimation, and the survival of organizations in the American automobile industry: 1895–1912. *Strategic Management Journal, 15*(1), 29–44.
Schnell, R., Hill, P. B., & Esser, E. (2013). *Methoden der empirischen Sozialforschung* (10. Aufl.). München: Oldenbourg.
Wasserstein, R. L., & Lazar, N. A. (2016). The ASA's statement on p-values: context, process, and purpose. *The American Statistician, 70*(2), 129–133.
Wienold, H. (2000). *Empirische Sozialforschung: Praxis und Methode*. Münster: Westfälisches Dampfboot.

Schreiben wissenschaftlicher Arbeiten 8

> **Lernziele**
> Am Ende des Kapitels sollten Sie ...
>
> - Kenntnisse über wichtige Gestaltungselemente wissenschaftlicher Arbeiten erlangt haben und für deren Relevanz sensibilisiert sein.
> - die grundlegenden Formalia wissenschaftlicher Arbeiten berücksichtigen können.
> - die grundlegende Argumentation in wissenschaftlichen Arbeiten verstanden haben.
> - kapitelspezifische Gestaltungselemente wissenschaftlicher Arbeiten umsetzen können.

8.1 Aspekte wissenschaftlichen Schreibens

Wie in Kap. 4 angedeutet unterscheidet sich wissenschaftliche Literatur von anderen Literaturformen hinsichtlich bestimmter Charakteristika der formalen und inhaltlichen Ausgestaltung. Für das Verfassen Ihrer eigenen wissenschaftlichen Arbeit ist es demnach notwendig, diese Aspekte zu kennen und adäquat zu berücksichtigen. In diesem Kapitel möchten wir daher folgende Aspekte wissenschaftlicher Arbeiten ausführlicher diskutieren:

(1) Übergeordnete Gestaltungselemente (Abschn. 8.2) – v. a. während des Schreibprozesses. Hinzu kommen Formalia sowie Textgestaltung, Gliederung, Argumentieren und Zitieren sowie

(2) Kapitelspezifische Gestaltungselemente (Abschn. 8.3) – v. a. in Bezug auf Einleitung, Theorieteil, Methodenteil und Diskussion.

Prinzipiell ist anzumerken, dass viele der im Folgenden diskutierten Aspekte des wissenschaftlichen Schreibens immer auch spezifischen Vorgaben Ihrer Wissenschafts(sub)disziplin, Ihrer Hochschule, Ihres Lehrstuhls bzw. sogar Ihres Betreuers unterliegen können. Derartige Vorgaben beschränken sich dabei nicht nur auf übergeordnete formale und textgestalterische Aspekte wie Schriftgröße, Zitierformat etc., sondern auch auf kapitelspezifische Aspekte. Einige Betreuer werden z. B. einen größeren Schwerpunkt auf praktische Implikationen Ihrer Arbeit legen, als andere das tun. Wir können daher lediglich versuchen Ihnen jene Aspekte zu vermitteln, von denen wir überzeugt sind, dass sie von der breiten Mehrheit der Wissenschaftler geteilt werden. Sie sollten jedoch den spezifischen Anforderungen, die Ihnen im Rahmen Ihrer Abschlussarbeit kommuniziert werden, eine höhere Priorität einräumen, als den von uns skizzierten allgemeinen Aspekten. Der Aspekt variierender Gestaltungsvorgaben ist im Übrigen kein Phänomen, das nur für Ihre Abschlussarbeit Gültigkeit besitzt. Auch beim Verfassen wissenschaftlicher Aufsätze im Allgemeinen gilt es zu berücksichtigen, dass die formalen und inhaltlichen Vorgaben zwischen einzelnen wissenschaftlichen Zeitschriften mitunter stark variieren.

8.2 Übergeordnete Aspekte

8.2.1 Schreibprozess

Der Schreibprozess beginnt – metaphorisch betrachtet – mit einem weißen Blatt. Aus diesem leeren Blatt soll am Ende Ihre fertige Abschlussarbeit stehen. An dieser Stelle stellt sich Ihnen womöglich die Frage: Wie soll das nur funktionieren? Grundsätzlich gibt es zwei Varianten, wie der Schreibprozess in Gang gesetzt werden kann. Einerseits gibt es die Variante des „Drauflos-Schreibens", bei der Sie sofort beginnen Sätze zu formulieren und ganze Kapitel zu schreiben. Die niedergeschriebenen Texte werden als Fragmente genutzt, aus denen sich durch fortwährendes Ergänzen, Überarbeiten und Verwerfen langsam die finale Arbeit herausschält. Andererseits kann eine wissenschaftliche Arbeit auch als Skizze auf einem einzigen Papier konzipiert werden. Bei dieser Variante des „Konzipierten-Schreibens" orientieren Sie sich anschließend kontinuierlich an eben dieser Skizze.

Unabhängig davon, welches Vorgehen Sie präferieren, beide Vorgehensweisen haben gemein, dass sie mit den Ergebnissen der Ideenfindung (vgl. Kap. 2) und einer Grobgliederung beginnen sollten. Machen Sie sich stets klar, dass Sie bereits vor dem eigentlichen Schreibprozess einen großen Schritt in Richtung der fertigen Arbeit gemacht haben: Sie haben Ihr Thema gewählt, Ihre Forschungsidee her-

8.2 Übergeordnete Aspekte

ausgearbeitet und Ihre Forschungsfrage expliziert. Das bedeutet, Sie wissen schon ziemlich genau, worüber Sie schreiben wollen und worüber nicht. Eine Grobgliederung kann schließlich helfen, sicherzustellen, dass Sie während des Verfassens der Arbeit alle Kernelemente Ihrer Forschungsidee berücksichtigen. Der Bezug zur Forschungsidee muss demnach deutlich werden und zentrale Begriffe der Arbeit beinhalten.

Beispiel

1 Einleitung
2 Organisationen als Akteure der Ökonomie
2.1 Legitimität als zentrale Voraussetzung
2.1.1 Erwartungen der institutionellen Umwelt
2.1.2 Institutioneller Wandel als Bedrohung gewonnener Legitimität

Eine derartige Gliederung (vgl. Abschn. 8.2.3 für detailliertere Ausführungen) sollte ihr Ausgangspunkt sein, um die für sie relevante Literatur zu recherchieren, auszuwählen und zu verwenden (vgl. Kap. 4). Beim Schreiben von Sätzen und Kapiteln können Sie zudem anhand der Gliederung stets überprüfen, ob Ihr Text noch zur Struktur der Gliederung und damit zu Ihrer Forschungsidee passt. Im Laufe des Schreibprozesses kann die Grobgliederung weiter ausdifferenziert werden, so dass am Ende ein vollständiges Inhaltsverzeichnis für Ihre Arbeit entsteht.

▶ **TIPP!** Das Schreiben wissenschaftlicher Arbeiten stellt keine Kunstform dar, sondern kann erlernt und trainiert werden. Einerseits ist es ratsam, sich an wissenschaftlichen Aufsätzen aus renommierten Journals zu orientieren. Versuchen Sie bereits beim Lesen der Literatur die Muster des inhaltlichen Aufbaus von Aufsätzen oder Monographien zu identifizieren, um diese beim eigenen Schreiben anwenden zu können. Andererseits existieren an vielen Hochschulen Angebote zum Entwickeln und Verbessern von Schreibfähigkeiten, die Sie zusätzlich nutzen können.

Zur zielgeleiteten Schreibarbeit gehört eine stete Reflexion dessen, was bereits geschrieben worden ist. Hierzu ist es besonders wichtig, immer die explizite Forschungsfrage im Kopf zu behalten und sich kontinuierlich zu fragen: Sind die geschriebenen Kapitel, Absätze und Sätze wirklich notwendig, um die übergeordnete Forschungsfrage beantworten zu können oder können diese ausgespart werden? Zusätzlich sollten Sie kritisch hinterfragen, ob Ihre Argumentation in sich schlüssig ist und ob Ihre Argumente überzeugend sind. Was bis zu dieser Stelle deutlich geworden sein sollte: Der Entstehungsprozess einer wissenschaftlichen Arbeit verläuft in Schleifen.

Neben diesem kontinuierlichen und simultan zur Erstellung stattfindenden Überarbeitungsprozess sollte auch zwingend eine abschließende Korrektur und Revision des gesamten Textes durchgeführt werden. Hierbei sollte neben inhaltlichen Aspekten verstärkt die Einhaltung der vorgeschriebenen Formalia sowie Ausdruck, Grammatik und Orthografie überprüft werden. Beide Überarbeitungen ergänzen sich und nehmen gemeinsam oftmals mehr Zeit in Anspruch als erwartet.

> **TIPP!** Zusätzlich zur eigenen abschließenden Korrektur des Textes ist es unbedingt anzuraten, dass Sie Ihre Arbeit von anderen Korrektur lesen lassen. Sie selbst werden „blind" für Ihre eigenen Fehler. Eine Arbeit kann inhaltlich noch so brillant sein, eine Häufung an orthografischen und grammatikalischen Fehlern führt (fast) zwangsläufig zu einem deutlich geringer wahrgenommenen wissenschaftlichen Niveau. Planen Sie für diesen Schritt vor der Abgabe Ihrer Arbeit genügend Zeit ein.

Wesentlich für die Durchführung eines effektiven und effizienten Schreibprozess ist vor allem eine gute Zeitplanung. Um einen Zeitplan zu entwerfen, sind zunächst alle Aufgaben zu erfassen, die mit Ihrer Abschlussarbeit einhergehen. Dazu gehört die Recherche von Literatur, das Studieren der Quellen selber, die Beschaffung und Analyse von Daten, das Schreiben an sich, die Formatierung des fertigen Textes und die Korrektur.

8.2.2 Formalia und Textgestaltung

Die Vorgaben, welche bezüglich der Formatierung an Abschlussarbeiten gestellt werden (z. B. Schriftgröße, Seitenränder, Zitierstil, etc.) variieren stark zwischen Lehrstühlen und Betreuern. Sie sollten sich daher unbedingt über diese Vorgaben informieren, bevor Sie mit dem Schreiben Ihrer Abschlussarbeit beginnen. In vielen Fällen existieren lehrstuhlspezifische Leitfäden für die formale Ausgestaltung von Abschlussarbeiten. Sollten Sie solche Vorgaben nicht auffinden können, wenden Sie sich direkt an Ihren Betreuer. Zudem sollten Sie sich im Vorfeld auch über weitere Vorgaben (z. B. Anzahl abzugebender Exemplare, Form der abzugebenden Arbeit (Ringbindung, geleimte Bindung, etc.) sowie Wortlaut der eidesstattlichen Erklärung) in der für Sie gültigen Prüfungsordnung oder bei Ihrem zuständigen Prüfungsamt informieren.

8.2 Übergeordnete Aspekte

Übergeordnet sollten Sie bezüglich der formalen Gestaltung Ihrer Abschlussarbeit unbedingt darauf achten, dass Sie diese einheitlich gestalten. Setzen Sie demnach den für Sie gültigen Leitfaden zur formalen Ausgestaltung bzw. bei Nichtvorliegen eines solchen Leitfadens ein gängiges Regelwerk konsequent um. Wenden Sie innerhalb Ihrer Arbeit keine unterschiedlichen Vorgaben an, d. h. wechseln Sie z. B. nicht den Zitierstil, die Absatzgestaltung oder die Schriftgröße (vgl. für weiterführende Darstellungen zur formalen Gestaltung von Abschlussarbeiten Karmasin und Ribing 2010; Müller-Seitz und Braun 2013; Stickel-Wolf und Wolf 2005; Theisen 1998).

Prinzipiell besteht eine Abschlussarbeit aus den folgenden wesentlichen Teilen (zumeist in der hier dargestellten Reihenfolge):

- Deckblatt,
- Inhaltsverzeichnis,
- Tabellen- und Abbildungsverzeichnis,
- Abkürzungsverzeichnis,
- Textteil,
- Literaturverzeichnis,
- Anhang sowie
- Eidesstattliche Erklärung.

In einigen Fällen können zudem ein Vorwort mit eventueller Danksagung sowie eine Kurzzusammenfassung (Abstract) gefordert sein, welche sich i. d. R. direkt nach dem Deckblatt anschließen sollten.

Bezüglich der aufgeführten Teile lassen sich unabhängig von den spezifischen Formatierungsvorgaben einzelner Lehrstühle einige grundlegende Aspekte anführen, auf welche wir im Folgenden kurz eingehen werden.

Im **Inhaltsverzeichnis** spiegeln sich die Gliederung (vgl. Abschn. 8.2.3) und damit der logische Aufbau Ihrer Arbeit wider. Der Unterschied zwischen Gliederung und Inhaltsverzeichnis besteht darin, dass letzteres die Kapitelüberschriften samt Seitenzahlen aufführt, während eine Gliederung nur die Struktur der Arbeit spiegelt und keine Seitenangaben macht. Dem Leser soll hierdurch ein erster Eindruck von den Inhalten der Arbeit vermittelt werden. Aus diesem Grund ist auf eine knappe, aber verständliche Formulierung, präzise Kennzeichnung des jeweiligen Abschnittsinhaltes sowie logische Konsistenz zu achten.

Im Inhaltsverzeichnis werden alle Bestandteile und Kapitel Ihrer Abschlussarbeit in eine Struktur überführt strukturiert, d. h. entsprechend ihrer Reihenfolge, (untereinander) aufgeführt. Alle nicht zum Textteil gehörenden Bestandteile (Inhaltsverzeichnis, Tabellen- und Abbildungsverzeichnis, Abkürzungsverzeichnis,

Anhang und Literaturverzeichnis) Ihrer Arbeit werden in aller Regel mit römischen Seitenzahlen formatiert und entsprechend auch in das Inhaltsverzeichnis aufgenommen. Die einzelnen Kapitel des Textteils werden hingegen regelmäßig mit arabischer Nummerierung und Seitenzahlen aufgeführt. Berücksichtigen Sie bitte zudem, dass die Einleitung sowie das Fazit als eigenständige Kapitel zum Textteil einer wissenschaftlichen Arbeit gehören und entsprechend mit in die Nummerierung einbezogen werden müssen.

Sowohl **Abbildungs-** als auch **Tabellenverzeichnis** dienen dazu, dem Leser einen Überblick über die im Text und Anhang verwendeten grafischen und tabellarischen Darstellungen zu vermitteln. Die Tabellen und Abbildungen müssen eine klare Inhaltsbezeichnung tragen und sind jeweils fortlaufend mit arabischen Ziffern zu nummerieren (z. B. in der folgenden Form: „Tab. 1" oder „Tabelle 1 und „Abb. 1" oder „Abbildung 1"). Achten Sie bitte zudem darauf, die wichtigsten Ergebnisse und Aussagen von Abbildungen und Tabellen kurz im Text zu erläutern. Die Quellenangaben der Tabellen und Abbildungen werden mit dem Wort „Quelle:" unterhalb der Abbildung/Tabelle vermerkt. Haben Sie Tabellen bzw. Abbildungen selber erstellt, können Sie die Formulierung „eigene Darstellung" verwenden. Sind Tabellen bzw. Abbildungen eines anderen Autors durch Sie modifiziert worden, so ist dies beispielsweise mit „in Anlehnung an:" oder „unter Verwendung von:" zu kennzeichnen. Dies gilt auch, wenn Sie die nur schriftlich vorliegenden Gedanken anderer Autoren selbstständig in eine Tabelle bzw. Abbildung überführen.

Sämtliche Abbildungen und Tabellen der Arbeit sind mit ihrer Nummer, Inhaltsbezeichnung und Text- bzw. Anhang-Seite im Abbildungs- bzw. Tabellenverzeichnis aufzulisten.

Das **Abkürzungsverzeichnis** dient dem Leser einer wissenschaftlichen Arbeit gewissermaßen als Gedächtnisstütze. Wenn viele Abkürzungen verwendet werden, hilft es Ihnen und dem Leser die Übersicht zu behalten. Daher gilt in der Regel, dass allgemein geläufige Abkürzungen, wie „z. B." „etc.", „usw." nicht in das Abkürzungsverzeichnis aufgenommen werden müssen. Als Faustregel kann gelten, dass ein Abkürzungsverzeichnis ab drei Einträgen erstellt werden sollte. Wenn Sie auf Abkürzungen zurückgreifen, achten Sie bitte darauf, dass bei der erstmaligen Nennung im Text der Begriff ausgeschrieben werden muss. Die unmittelbar dahinter in Klammern aufgeführte Abkürzung weist auf die Verwendung der Abkürzung im fortfolgenden Text hin. Zur besseren Lesbarkeit Ihrer Arbeit sollten Sie sich jedoch bemühen, möglichst wenige Abkürzungen zu verwenden.

Für den **Textteil** Ihrer Arbeit möchten wir Ihnen an dieser Stelle einige grundlegende Aspekte der wissenschaftlichen Textgestaltung nahelegen. Führen Sie sich immer wieder vor Augen, dass Sie eine wissenschaftliche Arbeit verfassen. Die

8.2 Übergeordnete Aspekte

Tab. 8.1 Idealtypische Charakterisierung eines wissenschaftlichen Schreibstils. (Unter Verwendung von Theisen 1998, S. 120 f. und Müller-Seitz und Braun 2013, S. 122 f.)

Wissenschaftliche Arbeit	Belletristisches Werk
Begriffe werden definiert und einheitlich in der gesamten Arbeit verwendet	Meist keine Begriffsdefinitionen
Inhalt und Argumente sind literaturgestützt	Keine Zitate nötig, keine Literaturquellen angegeben
Sachliche, klare Sprache, (keine Füllwörter, kurze prägnante Sätze)	Flüssige, unterhaltsame Sprache (Sätze stilistisch ausschmücken)
Keine Übertreibungen und ausschmückenden Erörterungen	Oft bildhafte Ausdrucksweise
Keine Umgangssprache	Umgangssprache möglich

in der Einleitung dargelegten Prinzipien wissenschaftlichen Arbeitens implizieren dabei in Abgrenzung zu belletristischen Werken spezifische Anforderungen bezüglich des **Schreibstils** (vgl. Tab. 8.1).

Zentrales Element wissenschaftlicher Arbeit ist die Verwendung von eindeutig definierten Begriffen, deren Bedeutung im Verlauf der Arbeit konstant bleibt. Diese Begriffe beziehen sich auf die von Ihnen genutzten Konstrukte, Variablen oder Operationalisierungen. Um die von Ihnen definierten Begriffe herum bauen Sie Ihre Argumentation (vgl. Abschn. 8.2.4) auf, die Ihre komplette Arbeit stützt. Eindeutig definierte Begriffe spielen beispielsweise bei der Bestimmung der Forschungslücke, der Forschungsfrage, von Hypothesen und bei der Diskussion Ihrer Befunde eine zentrale Rolle. Ihre Argumentation baut dabei zwingend auf bereits veröffentlichten wissenschaftlichen Arbeiten auf. Zitierungen kommen dabei grundsätzlich zwei Funktionen zu. Zum einen unterlegen sie die Auseinandersetzung mit anderen Arbeiten und unterstützen den Nachweis, dass Sie tief in den Forschungsstand eines Forschungsfeldes eingedrungen sind und Sie demnach berechtigt beispielsweise auf Forschungslücken, offene Forschungsfragen oder Ungenauigkeiten anderer Argumentationen hinweisen. Zum anderen unterstützen Sie Ihre eigene Argumentation mit den Gedanken und Untersuchungsergebnissen anderer.

Sprachlich zeichnet sich eine wissenschaftliche Arbeit durch Prägnanz im Ausdruck, Sachlichkeit in der Präsentation der Argumente und die Vermeidung von Phrasen und Füllwörtern aus. Die Vermeidung umgangssprachlicher Ausdrücke und Redewendungen bedeutet im Gegenzug nicht, dass Ihre Abschlussarbeit eine Aneinanderreihung von Fach- und Fremdwörtern sein soll. Denken Sie beim Schreiben Ihrer Arbeit vielmehr daran, dass Sie durch prägnante Formulierungen und klar strukturierte Sätze die **Lesbarkeit** deutlich erhöhen. Zudem stellen Absätze, also mehrere Sätze, die einen Sinnzusammenhang ergeben, ein wesentliches Element der Lesefreundlichkeit dar. Setzen Sie jedoch nicht wahllos Absätze, sondern achten Sie darauf, dass innerhalb Ihrer Absätze tatsächlich ein inhaltlicher Sinnzusammenhang besteht. In diesem Zusammenhang möchten wir noch kurz auf den Aspekt der „blinden" Absätze eingehen. Als ein blinder Absatz wäre ein Textteil zu charakterisieren, welcher in diesem Kapitel z. B. zwischen den Überschriften 8.2 und 8.2.1 angeordnet wäre. Häufig führen Studierende in solchen Absätzen Sachverhalte aus, welche für das Verständnis der Arbeit nicht zwingend notwendig sind, wie „Im folgenden Kapitel soll auf ... eingegangen werden. Dazu wird in einem ersten Schritt ... charakterisiert ...". Grundsätzlich sollten Ihre Inhalte eindeutig den entsprechenden Kapiteln Ihrer Arbeit zuzuordnen sein. Daher sollten in „blinden" Absätzen auch keine wesentlichen inhaltlichen Aspekte (Definitionen, Konzepten, etc.) behandelt werden, da diese zwingend einem spezifischen Kapitel zugeordnet werden müssen. Hinterfragen Sie deshalb kritisch, ob „blinde" Absätze wirklich notwendig sind. Sie werden feststellen, dass Sie i. d. R. auf diese verzichten können.

Im **Literaturverzeichnis** sind sämtliche Quellen aufzunehmen, die im Text oder im Anhang als Quellenangaben aufgeführt wurden, um dem Leser einen Überblick über die in der Arbeit verwendete Literatur zu geben. Weitere Quellen, d. h. in der Arbeit nicht zitierte Werke, dürfen nicht aufgelistet werden. Alle Quellen sind alphabetisch nach dem Verfassernachnamen zu ordnen. Mehrere Veröffentlichungen eines Verfassers werden chronologisch – mit dem ältesten Titel beginnend – untereinander aufgeführt. Mehrere Titel desselben Verfassers bzw. derselben Verfasser in einem Jahr sind mit kleinen Buchstaben hinter dem Erscheinungsjahr in alphabetischer Reihenfolge zu unterscheiden. Das Verzeichnis ist nicht nach Monographien, Aufsätzen usw. zu unterteilen.

Bezüglich des **Anhangs** gilt es zu beachten, dass alle für das Verständnis der Arbeit notwendigen Tabellen, Abbildungen und Statistiken zwingend in den Textteil der Arbeit integriert werden müssen. In den Anhang sollten lediglich diejenigen Materialien und Informationen aufgenommen werden, die im Textteil der Arbeit nicht für das Verständnis des Argumentationsablaufs notwendig sind, wie z. B. Fragebögen, transkribierte Interviews, größere tabellarische und grafische Darstellungen, längere Gesetzestexte, etc. Diese Materialien sind jedoch allesamt für die Nachvollziehbarkeit Ihrer Arbeit wichtig und müssen deshalb dem Leser zur Verfügung gestellt werden. Demgegenüber sollten alle Aspekte, welche für das Verständnis und die Nachvollziehbarkeit Ihrer Arbeit nicht notwendig sind, weder im Textteil noch im Anhang aufgenommen werden. Hinterfragen Sie demnach immer kritisch, ob bestimmte inhaltliche Ausführungen sowie Materialien für das Verständnis Ihrer Arbeit notwendig sind. Sie sollten es zudem vermeiden, aus reinen Platzgründen Inhalte in den Anhang auszulagern.

Für die **Eidesstattliche Erklärung** sollte eine eigene DIN A4-Seite genutzt werden, welche entweder direkt nach dem Deckblatt oder als letzte Seite in die Arbeit eingebunden wird. Der genaue Wortlaut einer solchen Erklärung variiert leicht zwischen Universitäten und/oder Fakultäten. Informieren Sie sich hierüber in der für Sie gültigen Prüfungsordnung oder bei Ihrem zuständigen Prüfungsamt.

8.2.3 Gliederung

Der Gliederung Ihrer Arbeit kommt aus vielerlei Hinsicht eine zentrale Rolle zu. Zum ersten werden die Leser Ihrer Arbeit – ähnlich wie Sie dies z. B. bei der Lektüre von Lehrbüchern selbst tun – zumeist damit beginnen, einen Blick in das Inhaltsverzeichnis zu werfen, um sich einen Überblick über Ihre Gliederung und die thematisierten Inhalte zu verschaffen. Zum zweiten kann Ihnen eine gute Gliederung das Schreiben Ihrer Arbeit erheblich erleichtern. Nehmen Sie sich daher ausreichend Zeit, eine Struktur und Gliederung für Ihre Arbeit zu entwickeln.

Einen Ausgangspunkt für die Gliederungsentwicklung stellt die Grobstruktur wissenschaftlicher Aufsätze dar (vgl. Tab. 4.2 in Kap. 4). Beachten Sie hierbei, dass aufgrund des Erkenntnisinteresses verschiedener Arten wissenschaftlicher Arbeiten naturgemäß einzelnen Teilen wissenschaftlicher Arbeiten eine stärkere Bedeutung zukommt (vgl. Abb. 8.1). So fällt beispielsweise in empirisch-qualitativen Arbeiten die Ergebnisdarstellung für gewöhnlich viel umfangreicher aus, als dies in empirisch-quantitativen Arbeiten der Fall ist.

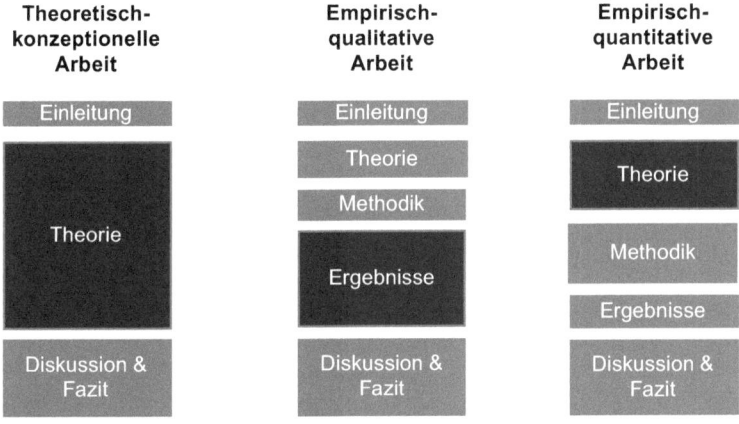

Abb. 8.1 Gewichtung einzelner Teile wissenschaftlicher Arbeiten

Der wesentlichste Aspekt in Bezug auf Ihre Gliederung ist die Gliederungslogik. Hierfür sollten Sie die MECE-Regel (engl. für mutually exclusive and collectively exhaustive) beherzigen, welche bezogen auf Gliederungen bedeutet, dass die Unterkapitel den Inhalt des Hauptkapitels vollständig und überschneidungsfrei abbilden sollen. Darüber hinaus sollten Ihre Hauptkapitel die Thematik Ihrer Abschlussarbeit ebenfalls vollständig und überschneidungsfrei abbilden.

Neben der Gliederungslogik sollten Sie zudem ein adäquates Verhältnis zwischen der Gliederungsbreite und -tiefe sicherstellen. Überprüfen Sie anhand der inhaltlichen Komplexität bzw. des Umfangs kritisch, bis zu welchem Punkt es notwendig ist eine Thematik weiter zu untergliedern und somit eine weitere Gliederungsebene hinzuzufügen. Hierbei gilt es zudem zu beachten, dass pro zusätzlicher Gliederungsebene mindestens zwei Unterelemente vorliegen müssen. Dies bedeutet konkret: Wenn Sie ein Hauptkapitel weiter untergliedern möchten, so müssen mindestens zwei Unterkapitel folgen.

Bezüglich der Kapitelüberschriften sollten Sie berücksichtigen, dass diese inhaltlich repräsentativ für das jeweilige Kapitel sein müssen. Vermeiden Sie demnach unspezifische Umschreibungen, wie Überblick, Allgemeines, etc.

8.2.4 Argumentieren

Grundlegend für das Argumentieren in wissenschaftlichen Arbeiten ist das Strukturieren von Gedanken (vgl. auch Müller-Seitz und Braun 2013). Ein Grundelement der Gesamtstruktur Ihrer Abschlussarbeit ist die Gliederung (vgl. Abschn. 8.2.3). Die Gesamtstruktur lässt sich demnach in Kapitel, Absätze und Sätze zerlegen. Jedes dieser Elemente trägt zur Gesamtargumentation der Arbeit bei. Das bedeutet, dass jeder Satz ein Argument trägt, das in einem Absatz entwickelt wird. Jeder Absatz gehört zu einem übergreifenden Argument, das innerhalb eines Kapitels mit anderen Argumenten zusammen ein Ganzes bildet. Jedes Kapitel zusammen trägt somit seinerseits die Gesamtargumentation Ihrer Abschlussarbeit.

Dies wird Ihnen auf den ersten Blick sehr komplex erscheinen. Aus diesem Grund starten wir bei Argumenten, die innerhalb weniger Sätze entwickelt werden können und zeigen anschließend, wie Sie Argumente schlüssig zu Absätzen und Kapitel verknüpfen können.

Ein gutes wissenschaftliches Argument stellt nicht einfach eine Behauptung auf, sondern überzeugt den Leser. Das bedeutet, dass Sie nicht einfach Thesen aneinanderreihen, sondern diese auch zu begründen haben. In einer wissenschaftlichen Arbeit wird üblicherweise – vor allem im englischen Sprachgebrach – die

These vorangestellt. Formulieren wir also folgende These, aus der sich nachfolgend ein Argument ergeben soll:
„Eine größere kulturelle Diversität im Top-Managementteam multinationaler Unternehmen führt zu einem höheren Gewinn des Unternehmens."
Wir benötigen Argumente und/oder empirische Befunde, die dies belegen können. Gehen wir davon aus, dass wir solche Argumente oder Befunde hätten. Allerdings müssen Argumente und Befunde noch logisch mit der These verknüpft werden. Denn bislang stehen bspw. die empirischen Befunde, dass Unternehmen mit größerer kultureller Diversität im Top-Managementteam einen höheren Gewinn erzielen, lose neben der aufgestellten These. Schließlich könnte die Beobachtung auch auf einem Zufall beruhen und die eigentliche unabhängige Variable ist beispielsweise die Region oder die Branche, in der das Unternehmen tätig ist. Eine derartige logische Verknüpfung geschieht durch die sogenannte Schlussregel. Ein derartiger Schlusssatz könnte so aussehen:
„Diese Unternehmen erzielen einen höheren Gewinn, weil kulturelle Unterschiede unterschiedliche Blickwinkel auf die Unternehmenssituation zulassen und somit ein besseres Erkennen von Gewinnchancen ermöglichen."
Der Schlusssatz wird hiernach noch durch weitere Argumente und Befunde gestützt, welche der kulturellen Diversität die obige oder eine ähnliche Eigenschaft zusprechen. Hierbei können auch Ausnahmen diskutiert werden. Dies sind Bedingungen, unter denen der Schlusssatz nicht zutrifft (z. B. gegenteilige empirische Befunde). Damit aus der obigen Behauptung ein tragfähiges Argument entsteht, sollten nun Schlussregel und Ausnahmebedingungen gegeneinander abgewogen und dargestellt werden, warum im Fall der vorliegenden Abschlussarbeit die Ausnahmebedingungen nicht oder nur in eigeschränktem Maße stichhaltig sind (z. B. weil empirische Arbeiten mit gegenteiligen Befunden andere Methoden oder unzureichende Untersuchungssample genutzt haben).

Argumentieren ist, wie angedeutet, kein punktuelles Vorgehen, das ausschließlich zur Formulierung von Thesen oder Hypothesen genutzt wird. In jedem Teil Ihrer Arbeit sind Argumente notwendig, um den Leser durch die Arbeit zu führen. In der Einleitung müssen Sie darlegen, wie Sie zu Ihrer Forschungsfrage kommen, warum die Beantwortung dieser Forschungsfrage relevant ist, warum Sie bisherige Arbeiten für nicht ausreichend halten und warum Sie zur Beantwortung Ihrer Forschungsfrage eine bestimmte Theorie und Methodik sowie einen bestimmten Datensatz wählen. In der Einleitung legen Sie den Grundstein dafür, dass der Leser Ihnen weiterfolgen möchte, weil er Ihre Argumente nachvollziehen kann.

Im Hauptteil leiten Sie schließlich unter Verwendung mehrerer Argumente Ihre Forschungslücke her (empirisch-qualitative Arbeiten), deduzieren Ihre Hypothesen (empirisch-quantitative Arbeiten) oder stellen Thesen auf (theoretisch-konzeptionelle Arbeiten). Dabei kann als Faustregel genannt werden, dass jedes Kapitel mindestens ein übergeordnetes Argument enthalten sollte, welches sich wiederum auf weitere Argumente, die in den einzelnen Paragraphen und/oder Sätzen vorgestellt werden, stützt.

Im Diskussionsteil müssen Sie mit Argumenten unterlegen, welchen Beitrag Ihre Arbeit zum wissenschaftlichen Fortschritt liefert, was aus Ihren Ergebnissen zu lernen ist und welche möglichen Anschlussfragen sich ergeben. Zusammengenommen haben Sie am Ende durch die Ergebnisse Ihrer Forschungsarbeit einen theoretischen und ggf. praktischen Beitrag entwickelt. Dieser übergeordnete Beitrag ist zugleich die Antwort auf die Forschungsfrage, die Sie am Anfang Ihrer Arbeit aufgeworfen haben. Sie sollten verstehen, dass sich der übergreifende Beitrag Ihrer Arbeit nicht zufällig ergibt, sondern das Ergebnis Stringenz von Argumenten ist, mit der Sie diese im Laufe der Arbeit ineinander verflochten haben. Ihre Einleitung führt zu Forschungslücken und zur Relevanz Ihrer Arbeit, die wiederum zur notwendigen Theoriedarstellung im Hauptteil und entsprechenden Hypothesen (nur bei quantitativer Forschung) führt. Wenn Sie empirisch arbeiten, führen die Forschungsfrage und Theorie argumentativ zu ihrer Forschungsmethode sowie dem gewählten Datensatz. In der Diskussion werden alle Elemente zusammengeführt und vor dem Gesichtspunkt Ihrer Forschungsfrage abgewogen.

8.2.5 Zitieren

Einwandfreies Zitieren ist Ausdruck guten wissenschaftlichen Arbeitens. Durch Zitate wird die Verwendung fremden Gedankenguts in Ihrer eigenen wissenschaftlichen Arbeit gekennzeichnet. Prinzipiell gilt, dass ausnahmslos alle fremden Gedanken als solche zu kennzeichnen sind. Unterschieden werden hierbei zwei Formen von Zitaten:

(1) **Direkte Zitate** stellen eine wortwörtliche Übernahme eines Satzelements, eines ganzen Satzes bzw. einer Textpassage dar. Sie werden stets durch Anführungszeichen begonnen und beendet. Grundsätzlich werden hierbei auch mögliche Schreibfehler oder nicht mehr gebräuchliche Schreibweisen beibehalten. Es ist jedoch möglich durch Auslassungspunkte [...] zu kennzeichnen, dass einzelne Worte oder Satzteile des Originalzitats nicht übernommen worden sind. Gleichzeitig ist es möglich, um ein wörtliches Zitat in den eigenen Textfluss einzupassen, einzelne Worte zum Originalzitat hinzuzufügen. Diese Worte sind dabei in eckige Klammern zu setzen und werden üblicherweise um ein Semikolon sowie die Abkürzung „d. V." für „der Verfasser" ergänzt.

Beispiel
Dies ist besonders zu betonen, da in „institutionalistischen Ansätzen [...] argumentiert [wird; d. V.], daß Verhaltensweisen und Strukturen, die institutionalisiert sind, sich regelmäßig langsamer verändern als solche, die es nicht sind" (Walgenbach, 2000: 20).

Fremdsprachige Zitate werden in Originalsprache übernommen und, wenn möglich, nur als ganze Sätze zitiert. Mit der Verwendung direkter Zitate sollte sparsam umgegangen werden. Sie sollten nur dann eingesetzt werden, wenn ein bestimmter Sachverhalt nicht mehr prägnanter beschrieben und/oder besser formuliert werden kann bzw. wenn die Aussage eines Autors besonders hervorgehoben werden soll.

(2) **Indirekte Zitate** liegen bei jeder Form einer textlichen Anlehnung oder sinngemäßen Wiedergabe fremder Gedanken vor. Sie werden in wissenschaftlichen Arbeiten wesentlich häufiger eingesetzt als direkte Zitate, da es zumeist sinnvoller ist, die Kernaussage herauszuarbeiten und mit eigenen Worten wiederzugeben anstatt ein langes wörtliches Zitat zu verwenden. Insbesondere werden indirekte Zitate dabei als stützende Argumentationshilfe der eigenen Ausführungen verwendet.

Unabhängig von der Art eines Zitats können zwei Zitierstile unterschieden werden.

Amerikanischer Zitierstil
Beim amerikanischen Zitierstil (Harvard Style) erfolgen die Quellenbelege direkt im Fließtext durch Klammern hinter dem entsprechenden Zitat. Es werden üblicherweise nur der/die Autorennachname/n, das Erscheinungsjahr sowie bei direkten Zitaten die Seitenzahlen angegeben. In den formalen Richtlinien einzelner Lehrstühle sind zudem der einleitende Zusatz „vgl." sowie Seitenzahlen auch bei indirekten Zitaten gebräuchlich.

Beispiel
Da davon ausgegangen werden kann, dass institutionalisierte Verhaltensweisen zeitlich stabiler sind als nicht-institutionalisierte Verhaltensweisen (Walgenbach, 2000), kann argumentiert werden ...

Alternative Zitierformate können folgende sein: (Walgenbach 2000) bzw. bei zusätzlicher Angabe der Seitenzahlen (Walgenbach, 2000, S. 20), (Walgenbach 2000, S. 20), (Walgenbach 2000: 20).

Deutscher Zitierstil
Beim deutschen Zitierstil werden die Quellenangaben demgegenüber jeweils als Fußnote am unteren Seitenrand eingefügt. Zudem werden beim deutschen Zitierstil bei der jeweils ersten Verwendung einer wissenschaftlichen Quelle umfangreichere Angaben zur Quelle aufgeführt: Nachname, Vorname, Titel, Erscheinungsort, Verlag, Erscheinungsjahr und Seitenzahl. Bei einer wiederholten Nutzung einer Quelle im weiteren Verlauf der eigenen Arbeit wird nur noch eine verkürzte Quellenangabe (Nachname, Erscheinungsjahr, Seitenanzahl) in der Fußnote verwendet.

Beispiel
Da davon ausgegangen werden kann, dass institutionalisierte Verhaltensweisen zeitlich stabiler sind als nicht-institutionalisierte Verhaltensweisen[1], kann argumentiert werden...

[1]Walgenbach, Peter.: Die normgerechte Organisation. Eine Studie über die Entstehung, Verbreitung und Nutzung der DIN EN ISO 9000er Normenreihe. Stuttgart: Schäffer-Poeschel 2000, S. 20.

Es ergeben sich unabhängig von der Art des Zitates und dem Zitierstil weitere Besonderheiten:

- Bei zwei Autoren ist es üblich, beide Nachnamen getrennt durch ein „/" oder ein „&" aufzuführen: (Autor 1/Autor 2, 2000) bzw. (Autor 1 & Autor 2, 2000).
- Bei mehr als zwei Autoren ist es üblich, nur den Nachnamen des Erstautors aufzunehmen und diesen um ein „et al." zu ergänzen: (Autor 1 et al., 2011).
- Werden für ein Argument mehrere Literaturquellen angeführt, so werden diese durch ein „;" getrennt: (Autor A, 1995; Autor B, 2002). Die Reihenfolge kann dabei nach dem zeitlichen Erscheinen der Quellen oder nach der alphabetischen Reihenfolge der Nachnamen der Erstautoren erfolgen.
- Werden mehrere Literaturquellen desselben Autoren(-teams) aus einem Jahr verwendet, wird die Jahreszahl um Kleinbuchstaben (a, b, ...) erweitert: (Autor, 2000a; 2000b).
- In beiden Zitierstilen kann bei einer direkt hintereinander folgenden Verwendung derselben Quelle anstelle der Nachnamen ein „ebenda" bzw. „ebd." genutzt werden.

Unabhängig von der Form eines Zitates sowie der formalen Zitierweise sollten Sie im Rahmen der Zitierung (sowie bei der Erstellung des Literaturverzeichnisses) folgende Punkte berücksichtigen:

8.2 Übergeordnete Aspekte

- Vollständigkeit – es sind ausnahmslos alle fremden Gedanken kenntlich zu machen.
- Originär – alle Quellen sollten im Original gelesen und zitiert werden. Sekundärzitate sind, soweit möglich, zu vermeiden. Wenn Sie tatsächlich keinen Zugriff auf eine Originalquelle bekommen können, dann zitieren sie wie folgt: (Autor 1, 1965 zit. nach Autor 2, 2011).
- Exaktheit – alle Zitate sind so zu nutzen, dass sie den tatsächlichen, vom Autor des Zitats vorgegebenen Sinn widerspiegeln. Es ist insbesondere darauf zu achten, dass Zitate nicht aus dem Zusammenhang gerissen werden.
- Nachprüfbarkeit – alle Zitate müssen nachprüfbar sein, d. h. anhand Ihrer Quellenangabe muss die spezifische Quelle vom Leser aufgefunden werden können.

Auf einen Aspekt der Zitierung möchten wir an dieser Stelle noch einmal besonders eingehen. Häufig ist in Lehrbüchern (aber auch in wissenschaftlichen Aufsätzen) die Literatur zu einem bestimmten Thema mit entsprechenden Quellenverweisen bereits in sehr prägnanter Form aufgearbeitet.

Stellen wir uns vor, Sie nehmen einen entsprechenden Abschnitt wortwörtlich oder umformuliert inklusive der aufgeführten Quellen – jedoch ohne den zusammenstellenden Autoren (z. B. Autor 1, 2012) zu erwähnen – in Ihre eigene wissenschaftliche Arbeit auf. In diesem Fall haben Sie zwar Zitierungen vorgenommen, Sie haben jedoch auch fremde Gedanken bzw. Leistungen (nämlich die Aufarbeitung des bisherigen Standes der Literatur durch einen anderen Autor) übernommen, ohne dies in Ihrer wissenschaftlichen Arbeit entsprechend zu kennzeichnen. Das heißt ganz konkret: durch Ihre Zitierungen ist nicht eindeutig nachvollziehbar, welche Gedanken/Leistungen Ihre eigenen darstellen und welche von fremden Autoren stammen. In oben skizziertem Beispiel könnten Sie dies z. B. in folgender Form vornehmen:

Beispiel

Autor 1 (2012) betont, dass vorliegende empirische Studien uneinheitliche Ergebnisse hervorgebracht haben. Hierfür verweist der Autor u. a. auf die Studien von Autor 2 et al. (2011), welche einen positiven Einfluss nachweist, und Autor 3 (2010), welche einen negativen Einfluss feststellt.

Eine zusätzliche eigene Leistung könnte darin bestehen, dass Sie z. B. aktuellere Studienergebnisse recherchieren und zusätzlich ausführen:

Beispiel

Auch aktuellere Studien von Autor 4 (2014) und Autor 5 (2014) zeigen keine eindeutigen Ergebnisse.

Sie werden intuitiv nachvollziehen können, dass Sie den Anforderungen an wissenschaftliches Zitieren nur gerecht werden können, wenn Sie sowohl Zitate als auch Quellenangaben mit großer Sorgfalt und Genauigkeit bearbeiten. Hierfür sollten Sie folgende Regeln beherzigen: Zitieren Sie sofort! Und dies einheitlich! Dies schließt die sofortige Kenntlichmachung als direktes oder indirektes Zitat ein! Legen Sie parallel sofort Ihr Literaturverzeichnis an! Obwohl ein solches Vorgehen eine Vielzahl erheblicher Vorteile bietet, wird es unserer Erfahrung nach nicht von allen Studierenden umgesetzt. Wir möchten an dieser Stelle deshalb noch einmal die wesentlichsten Vorteile aufführen:

(1) Sie vermeiden Plagiate, da Sie fremde Gedanken sofort als solche kennzeichnen.
(2) Sie vermeiden es, die Herkunft von Gedanken nicht mehr nachvollziehen und somit nicht mehr in der Arbeit verwenden zu können. Die Nachvollziehbarkeit ist vor allem immer dann wichtig, wenn Sie zitierte Textpassagen umschreiben oder um weitere Aspekte aus den genutzten Quellen ergänzen wollen.
(3) Sie vermeiden Such- und Formatierungsaufwand in der Endphase des Anfertigens Ihrer wissenschaftlichen Arbeiten. Haben Sie durchgängig im Text nach einem Zitationsstil gearbeitet, müssen Sie Ihren Text unter diesem Gesichtspunkt nicht erneut durchgehen. Gleiches gilt für das Anlegen Ihres Literaturverzeichnisses.

Als hilfreich können sich dabei Angebote einiger Literaturdatenbanken erweisen. So verfügt u. a. Google Scholar über einen Button „Zitieren" direkt unterhalb der Suchtreffer. Beim Anklicken dieses Buttons bietet Google Scholar für den entsprechenden Suchtreffer 3 potenzielle Zitierstile an, welche per Copy-Paste in Textverarbeitungsprogramme übernommen werden können (Achtung: Gelegentlich müssen die so übernommenen Quellen nachbearbeitet werden, weil die Formatierungen nicht immer einheitlich sind oder bestimmte Angaben fehlen). Weiterhin können Sie auf zahlreiche Literaturverwaltungsprogramme zurückgreifen (vgl. hierzu Abschn. 4.7).

Eine beliebte Frage im Zusammenhang mit Zitierungen bezieht sich auf die „notwendige" Anzahl an Literaturquellen in einer wissenschaftlichen Arbeit. Wenn Sie die bisherigen Ausführungen dieses Buches Revue passieren lassen, werden Sie nachvollziehen können, dass auf diese Frage keine Antwort möglich ist, da dies stark von der Art Ihrer Arbeit sowie Ihrer Forschungsfrage abhängig ist. Wissenschaftliche Arbeiten, welche den aktuellen Forschungsstand zu einer Thematik aufarbeiten, werden in der Regel mehr Quellen aufweisen (können), als Arbeiten, welche eine in der wissenschaftlichen Disziplin bisher nicht betrachtete Forschungsfrage bearbeiten. Prinzipiell sollten Sie versuchen im Grundlagen- und

Theorieteil Ihrer Arbeit die Breite der wissenschaftlichen Literatur zu Ihrem Thema aufzuzeigen. Das heißt, zeigen Sie unterschiedliche Standpunkte auf und belassen Sie es nicht bei der Ausführung der Sichtweise eines Autors.

8.3 Kapitelspezifische Aspekte

8.3.1 Einleitung

Der Einleitung einer Abschlussarbeit kommt unter zwei zentralen Gesichtspunkten eine wichtige Rolle zu. Zum Ersten gilt es im Rahmen der Einleitung wesentliche inhaltliche und argumentative Aspekte ihrer Abschlussarbeit zu skizzieren. In der Regel sollte eine Einleitung dafür in einigen wenigen Sätzen kurz zum Thema der Abschlussarbeit hinführen. Daran anschließend sollten insbesondere die Darstellung der Forschungsfrage sowie deren Relevanz erfolgen. Um hierbei einen guten Argumentations- und Lesefluss sicherzustellen, kann es sich als hilfreich erweisen nach den einleitenden Sätzen die entsprechenden Elemente in folgender Abfolge zu thematisieren:

- In welches Forschungsfeld ist die Abschlussarbeit einzuordnen? (Diese Frage sollten Sie dabei nach Möglichkeit implizit beantworten, indem Sie kurz zu Ihrem Themenbereich hinführen. Hierfür sind Formulierungen wie z. B. „In den vergangenen Jahren haben Forschungsarbeiten zum ... stark zugenommen." oder „in der Öffentlichkeit wird seit einiger Zeit diskutiert, dass ..." mögliche Einstiege.)
- Was wissen wir bereits in diesem Forschungsfeld? (Stellen Sie hierbei einige übergeordnete Aspekte kurz heraus.)
- Was wissen wir noch nicht in diesem Forschungsfeld bzw. welche Aspekte wurden bisher nicht (ausreichend) analysiert/diskutiert (**Forschungslücke**)? Typischerweise stellt einer dieser unbeantworteten Aspekte die **Forschungsfrage** der eigenen Abschlussarbeit dar.
- Warum sollten die nicht ausreichend thematisierten Aspekte jetzt Berücksichtigung finden? Dies bedeutet gleichzeitig: Stellen Sie dar, warum Ihre Forschungsfrage beantwortet werden sollte (**Relevanz**) und animieren Sie den Leser damit, Ihnen weiter durch den Text zu folgen.
- Geben Sie einen kurzen Ausblick darauf, was (a) die Kernbefunde und (b) ihre Kernbeiträge zur Forschung sind.
- Gewöhnlich schließt eine Einleitung mit der Kurzbeschreibung des Aufbaus der Arbeit.

Bitte beachten Sie, dass allein die Feststellung, dass eine spezifische Forschungsfrage noch nicht wissenschaftlich untersucht wurde, kein geeignetes Argument darstellt, um zu rechtfertigen, warum Sie sich in Ihrer Arbeit mit dieser auseinandersetzen. Vielmehr ist es zwingend notwendig, dass Sie zudem die theoretische und/oder praktische Relevanz der Forschungsfrage darlegen. Mit anderen Worten: Eine Forschungslücke stellt zwar eine notwendige, nicht aber eine hinreichende Bedingung dar.

Weiterhin kommt ihrer Einleitung auch über die inhaltlichen Aspekte hinaus eine wichtige Rolle zu, da diese einen ersten Eindruck ihrer wissenschaftlichen Arbeitsweise vermittelt. Einen sehr negativen Eindruck (z. B. durch gehäufte Rechtschreib- und Ausdruckfehler, unsaubere Zitierweise, fehlende Argumentationsstruktur, etc.) werden Sie im Laufe der Arbeit nur sehr schwer wieder revidieren können.

8.3.2 Theorieteil

Wir hatten herausgestellt, dass der Nachvollziehbarkeit eine zentrale Rolle im Rahmen wissenschaftlicher Arbeiten zukommt. Um diese zu gewährleisten, werden Sie in der Regel zu Beginn Ihrer Abschlussarbeit einige **Begriffe bzw. Konstrukte definieren** müssen. Hierbei gilt, dass all jene Begriffe definitionsbedürftig sind, welche für das Verständnis Ihrer Arbeit zentral sind und für welche sich in Ihrer Wissenschaftsdisziplin noch kein allgemeingültiger Konsens herausgebildet hat. Im Zuge der Definitionen werden Sie sich zumeist an bestehende Definitionen anlehnen wollen und hierbei feststellen, dass Sie in der Literatur auf verschiedene Definitionen für nahezu alle Konstrukte stoßen. (Dies hat den Hintergrund, dass Definitionen per se nicht wahr oder falsch sein können, sondern mit Blick auf ein spezifisches Untersuchungsziel vorgenommen werden und somit variieren.) Wenn Sie sich nun an die Literatur anlehnen möchten, so vermeiden Sie es wahllos verschiedene Definitionen aneinanderzureihen, sondern diskutieren Sie gegebenenfalls zentrale Unterschiede verschiedener Definitionen. Um Ihre weiteren Ausführungen nachvollziehbar zu gestalten, müssen Sie schlussendlich herausstellen, welche Definition Sie Ihrer Arbeit zugrunde legen. Die definierten Begrifflichkeiten sind im Laufe Ihrer Arbeit zudem stringent zu verwenden.

Neben der Definition zentraler Begriffe werden Sie in der Regel auch Theorien bzw. zentrale Elemente von Theorien darstellen und diskutieren, auf welche Sie im weiteren Verlauf Ihrer Arbeit zurückgreifen. In diesem Rahmen sollten Sie die **Originalliteratur** nutzen. Es ist immer wieder zu beobachten, dass bei der Darstellung von Theorien gängige Lehrbücher zitiert und deren Ausführungen wiedergegeben

8.3 Kapitelspezifische Aspekte

werden, ohne die Originalquellen zu zitieren – geschweige denn zu lesen. Bitte verinnerlichen Sie, dass ein solches Vorgehen den Anspruch verletzt, dass Zitate originär sein sollten.

Neben der Verwendung der Originalquellen sollten Sie im Zuge Ihrer Literaturaufarbeitung darauf achten, dass stets ein **Problembezug** der angeführten Elemente aus der Literatur existiert. Das heißt, häufen Sie nicht wahllos bestehendes theoretisches Wissen aus der Literatur an, ohne dass dies zur Beantwortung Ihrer Forschungsfrage beitragen kann. Konzentrieren Sie sich vielmehr auf die Darstellung und Diskussion von Theorien und Konstrukten, welche für das Verständnis Ihrer Arbeit essentiell sind.

Achten Sie zudem darauf, dass Sie i. d. R. nicht ganze inhaltliche Kapitel auf nur einer Literaturquelle aufbauen. Hier wäre es für den Leser zielführender, die Originalquelle zu studieren, da ihre Ausführungen keinen inhaltlichen Mehrwert generieren. Ein solches Vorgehen mag gerechtfertigt sein, wenn Sie in Ihrer Arbeit ein bestehendes Konzept weiterentwickeln, welches bisher nur einmal in der Literatur aufzufinden ist. In der Regel, werden Sie sich jedoch mit Theorien oder Konstrukten auseinandersetzen, welche von mehreren Autoren entwickelt und diskutiert wurden. Vor allem der Theorieteil Ihrer Arbeit lebt von der Darstellung und Diskussion **vielfältiger wissenschaftlicher Sichtweisen**.

Auch wenn Sie inhaltlich relevante Aspekte aus verschiedenen Literaturquellen zusammentragen, achten Sie drauf, dass Sie diese geeignet **argumentativ miteinander verknüpfen**. Vermeiden Sie es demnach eine reine Literaturcollage zu erstellen (vgl. Berger 2010), sondern nehmen Sie eine argumentative Anpassung vorhandener Elemente auf Ihre übergeordnete Fragestellung vor.

In diesem Zusammenhang möchten wir nochmals den Fakt aufgreifen, dass Zitieren Ausdruck guten wissenschaftlichen Arbeitens ist. Einige Studierende nehmen fälschlicher Weise an, dass Zitierungen in mehreren aufeinanderfolgenden Sätzen schlechtes wissenschaftliches Arbeiten darstellen würde. Hierbei ist jedoch das argumentative Verknüpfen fremder Gedanken nicht mit Literaturcollagen zu verwechseln. Gerade in den Teilen einer Abschlussarbeit mit starkem Theoriebezug (Theoriebeschreibung, Stand der Forschung, Hypothesenherleitung, und Diskussion) greifen Sie i. d. R. auf bestehende Literatur zurück – und dies in sehr erheblichem Umfang. Dass Sie in genau diesen Passagen sehr häufig (bzw. sogar fast ausschließlich) fremde Gedanken (Argumente/Befunde) wiedergeben und entsprechend zitieren, bedeutet nicht, dass Sie keine Eigenleistung erbracht haben. Ganz im Gegenteil! Ihre Eigenleistung liegt jedoch nicht in der Entwicklung der Gedanken (Argumente/Befunde) selbst, sondern in deren Aufarbeitung, Diskussion und Abwägung. Erst wenn Sie vielfältige Literatur zu einem Thema sichten und die Argumente und Befunde in ihrer Breite darlegen, werden Sie dem Anspruch an wissenschaftliche Arbeiten gerecht. Sie sollten dabei aber i. d. R. vermeiden ganze Absätze bzw. Kapitel aus lediglich einer Literaturquelle zu zitieren. Das heißt jedoch keineswegs, dass es nicht auch sinnvoll sein kann, die umfassende Definition eines wissenschaftlichen Konstrukts oder eine komplexe Argumentation aus nur einer Quelle zu zitieren. Ein solches Vorgehen kann immer dann sinnvoll sein, wenn Sie die Definition, das Konstrukt oder die Argumentation im Folgenden weiterverwenden und -entwickeln wollen.

8.3.3 Methodenteil

Unabhängig von den eingesetzten spezifischen Analysemethoden kann der Methodenteil bezüglich seines Aufbaus als ein stark standardisierter Teil einer wissenschaftlichen Arbeit aufgefasst werden. Dieser setzt sich aus einer klar definierten Abfolge zusammen, die im Kern nur zwischen empirisch-qualitativen und empirisch-quantitativen Forschungsarbeiten variiert (vgl. Kap. 6 und 7).

Für quantitative Forschungsarbeiten ist zumeist folgender Aufbau charakteristisch:

- Charakterisierung des Untersuchungssamples (Datenbasis) inklusive Vorgehen bei der Datenerhebung
- Darstellung der Operationalisierung der Variablen (inklusive Datenquellen)
- Beschreibung der Datenanalyse

Demgegenüber findet sich bei qualitativen Forschungsarbeiten oftmals folgender Aufbau:

- Räumliche und zeitliche Charakterisierung des empirischen Settings (Welches Phänomen wurde wann und wo untersucht? Beispiel: Untersuchung von Personalversammlungen zu drei Zeitpunkten. Einmal vor, einmal während und einmal nach einer unternehmerischen Krise).
- Charakterisierung der Grundlage bzw. der Form ihrer Erhebung (z. B. Beobachtungen, Interviews, Erzählungen).
- Darstellung der Datenerhebung (Welche Datenerhebungsmethoden wurden wie eingesetzt? Beispiel: Interviews.)
- Beschreibung der Datenanalyse (Wie wurden die erhobenen Daten ausgewertet?)

Beachten Sie bitte unbedingt, dass Sie all diese Aspekte detailliert beschreiben müssen. Gerade bezüglich des Methodenteils fällt in Abschlussarbeiten immer

8.3 Kapitelspezifische Aspekte

wieder auf, dass dieser einen zu geringen Detailierungsgrad aufweist. Wenn Sie sich jedoch einmal wissenschaftliche Aufsätze genauer anschauen, wird Ihnen auffallen, dass sowohl das Sample als auch die Methoden sehr detailliert beschrieben werden, und der Methodenteil somit umfangmäßig einen recht hohen Anteil an der Gesamtarbeit einnimmt. Wie bereits ausgeführt stellt die Nachvollziehbarkeit ein zentrales Element wissenschaftlichen Arbeitens dar. Nur wenn der Leser Ihr empirisches Setting nachvollziehen und ggf. auch nachprüfen kann, sind die erzielten Ergebnisse für ihn glaubhaft und einordbar. Wenn ein Leser Ihrer Arbeit z. B. die Variablenoperationalisierung oder das Vorgehen bei der Textkodierung nicht vollumfänglich versteht, so sind für ihn auch die Ergebnisse sowie die hieraus abgeleiteten theoretischen und/oder praktischen Implikationen zweifelhaft und somit irrelevant.

Neben der ausführlichen Beschreibung der skizzierten Aspekte sollten Sie nach Möglichkeit auch überzeugende Begründungen für Ihr gewähltes Vorgehen liefern. Geben Sie demnach Antworten auf die in diesem Zusammenhang auftretenden W-Fragen:

- Warum genau dieses Sample bzw. Setting (empirisch-quantitative und empirisch-qualitative Studie)?
- Warum wurden Ihre Variablen so gemessen (empirisch-quantitative Studie) bzw. die Kategorien so definiert oder Textstellen auf eine bestimmte Weise interpretiert (empirisch-qualitative Studie)?
- Warum wurde welche Variable (auch die Kontrollvariablen) in welchem Modell aufgenommen (empirisch-quantitative Studie) bzw. zur Vereinheitlichung/Kontrastierung des untersuchten Samples genutzt (empirisch-qualitative Studie)?
- Warum wurde diese statistische Analysemethode und nicht eine andere verwendet? (empirisch-quantitative Studie)

Exkurs zur Ergebnisdarstellung

Die Ergebnisdarstellung in empirisch-quantitativen Arbeiten ist teilweise ein Unterkapitel des Methodenkapitels bzw. fällt als alleinstehendes Kapitel i. d. R. relativ knapp aus, während in empirisch-qualitativen Arbeiten der Ergebnisteil zumeist ein eigenständiges Hauptkapitel darstellt. Darüber hinaus wird die Beschreibung der Forschungsmethodik in empirisch-qualitativen Arbeiten zumeist sehr viel detaillierter vorgenommen, als dies in empirisch-quantitativen Arbeiten der Fall ist. Dies lässt sich dadurch begründen, dass empirisch-qualitative Forschung weit weniger standardisiert abläuft und stärker an die jeweiligen Forschungsfragen angepasst wird. Deshalb ist es unerlässlich, das Vorgehen im Rahmen der Datenerhebung und vor allem der Datenanalyse intensiv zu dokumentieren.

Neben diesen Hinweisen zum grundlegenden Aufbau des Methodenteils Ihrer wissenschaftlichen Arbeit, möchten wir Ihnen einige weitere allgemeine Hinweise geben, welche

Sie beim Verfassen Ihres Methodenteils unbedingt berücksichtigen sollten. Hierzu zählen vor allem:
Verwenden Sie statistische und/oder forschungsmethodische Begrifflichkeiten einheitlich und zutreffend.

Begründen Sie den Einbezug von Kontrollvariablen inhaltlich (theoriegeleitet): Sehr häufig findet man in Abschlussarbeiten, dass Kontrollvariablen lediglich benannt werden und ihre Berechnung dargestellt wird. Für die Kontrollvariablen gilt es jedoch eine – wenn auch stark verkürzte – theoretische Begründung für deren Einbezug zu liefern.

8.3.4 Diskussion

Der Ausgestaltung des Diskussionsteils unterscheidet sich stark bei den unterschiedlichen Typen wissenschaftlicher Arbeiten. Im Kern dient er

- der Darstellung Ihres Beitrags zur Theorieentwicklung,
- einer kritischen Würdigung Ihrer Arbeit sowie
- dem Aufzeigen weiteren Forschungsbedarfs.

Vermeiden Sie es deshalb, sowohl eine reine Wiederholung Ihrer Ergebnisse als auch eine Diskussion Ihrer Befunde ohne Bezug zu Ihren theoretischen Ausführungen vorzunehmen.

Im Rahmen **theoretisch-konzeptioneller Abschlussarbeiten** dient die Diskussion einerseits der Zusammenfassung des während der Arbeit entwickelten theoretischen Arguments. Andererseits zeigt die Diskussion auch auf, zur Lösung welcher theoretischen Probleme die Arbeit beiträgt bzw. welche theoretischen Zusammenhänge geschärft, konkretisiert oder hinzugefügt worden sind. Dieser Aspekt beantwortet klar und prägnant, oftmals in Form der Aufstellung eines theoretischen Modells, was aus der Arbeit gelernt werden kann. Des Weiteren dient die Diskussion auch dazu aufzuzeigen, welche Konsequenzen der Beitrag der Arbeit mit Blick auf zukünftige empirische Forschung zeitigt. Konsequenzen für die empirische Forschung können sich z. B. mit Blick auf die Auswahl von Daten und Forschungsdesigns (Zeitpunkt vs. Zeitraumbetrachtungen) sowie die Wahl von Untersuchungsmethoden ergeben.

Im Rahmen von **Literaturübersichtsarbeiten** dient die Diskussion in **Narrative Reviews** insbesondere der Beantwortung der gestellten Forschungsfrage. Hierzu wird je nach Zielsetzung der Arbeit eine Synthese der Definition zentraler Konzepte, die Systematisierung eines Forschungsfeldes in zentrale Teilbereiche, die Darstellung wesentlicher Befunde dieser einzelnen Teilbereiche sowie die Entwicklung von Gesamtmodellen geschildert. Letzteren Aspekt haben Narrative

Reviews mit theoretisch-konzeptionellen Arbeiten gemein. Allerdings entwickeln Narrative Reviews nicht neue theoretische Argumente, sondern fügen bereits bestehende aber unzureichend verknüpfte Argumente in einen Gesamtzusammenhang ein. In **Systematic Literature Reviews** bzw. **Meta-Analysen** dient die Diskussion im Wesentlichem dem Zweck, den die Diskussion in empirisch-quantitativen Abschlussarbeiten einnimmt.

Im Rahmen **empirisch-quantitativer Abschlussarbeiten** liegt ein zentrales Ziel des Diskussionsteils in der Spiegelung Ihrer Untersuchungsergebnisse in den Ausführungen Ihres Theorieteils. Dabei werden Sie sehr wahrscheinlich mit der Situation konfrontiert werden, dass nicht alle Ihre Untersuchungshypothesen empirische Bestätigung gefunden haben. Dies heißt, dass nicht alle ihrer Hypothesen statistische Signifikanz erlangen und/oder in einzelnen Fällen Ihre empirischen Ergebnisse den theoretisch hergeleiteten Hypothesen sogar widersprechen werden (z. B.: Anstatt eines postulierten negativen Wirkungszusammenhangs zeigt sich empirisch ein positiver Zusammenhang). In diesem Fall beherzigen Sie bitte folgenden Hinweis: Verzweifeln Sie nicht! Selbst dann nicht, wenn keine Ihrer Hypothesen Unterstützung findet. Die Qualität einer wissenschaftlichen Arbeit bemisst sich nicht an der Bestätigungsquote von Hypothesen. Werden Sie sich vielmehr darüber bewusst, dass diese Situation einen Vorteil darstellen kann. Versetzen wir uns einmal in die Situation, dass alle Ihre Hypothesen Bestätigung finden. Was wollen Sie in diesem Fall diskutieren? Sie können lediglich darlegen, dass die aus Theorie hergeleiteten Hypothesen Bestätigung finden und einige der Kernargumente wiederholend skizzieren. Wesentlich interessanter und intensiver diskutierbar sind jedoch jene Aspekte, in denen Theorie oder aus der Theorie abgeleitete Hypothesen in Frage gestellt werden, d. h., wenn Hypothesen verworfen werden müssen und sich im Extremfall sogar Effekte zeigen, die den theoretischen Erwägungen entgegenstehen.

Hier stellt sich nun die berechtigte Frage, wie man mit solchen Ergebnissen umgehen soll. Als einen wesentlichen Punkt möchten wir Ihnen in dieser Situation folgendes nahelegen: Stellen Sie zunächst die Theorie und erst in einem zweiten Schritt (kritische Würdigung) Ihr empirisches Setting in Frage. Im Fall unbestätigter Hypothesen neigen Studenten in einem ersten Reflex dazu, die Gründe der Nichtbestätigung primär in den Limitationen ihrer eigenen Datenerhebung sowie -auswertung zu suchen. Wir möchten nicht in Frage stellen, dass dies durchaus eine relevante Quelle für Verzerrungen/Abweichungen/Fehler darstellen mag. Wenn man jedoch davon ausgeht, dass Sie in Ihrer Datenerhebung sowie -auswertung sorgsam vorgegangen sind und adäquate Auswertungsmethoden verwendet haben, ist es genauso gut möglich, dass nicht Ihr Vorgehen, sondern die Theorie in Frage zu stellen ist.

Adressieren Sie in einem ersten Schritt demnach die folgenden Fragen:

(1) In welchen Punkten bestätigen Ihre Ergebnisse die Theorie?
(2) In welchen Punkten widersprechen Ihre Ergebnisse der Theorie und/oder bisherigen empirischen Ergebnissen? (Dieses sind die wirklich interessanten Punkte.)
(3) Welche inhaltlichen (und in einem ersten Schritt nicht methodischen) Argumente, könnten die von Ihnen erzielten (nicht theoriekonformen) Ergebnisse erklären.
(4) Welche anderen empirischen Studien stützen eventuell Ihre im Widerspruch zur Theorie stehenden Ergebnisse.
(5) Wie könnte/müsste die Theorie erweitert werden?

Erst in einem zweiten Schritt sollten Sie sich kritisch mit Ihrer Untersuchungsmethodik auseinandersetzen. Scheuen Sie nicht davor zurück, Restriktionen und Schwächen Ihrer Arbeit im Allgemeinen sowie Ihrer Untersuchungsmethoden im Speziellen klar zu benennen. Führen Sie sich vor Augen, dass jede empirische Untersuchung bestimmten Restriktionen unterworfen ist, welche zum Teil bereits aus den eingesetzten Methoden oder dem gewählten Untersuchungssample resultieren. Das Aufzeigen eines kritischen Problembewusstseins schmälert demnach nicht Ihre Leistung, sondern wird vielmehr als ein elementarer Bestandteil wissenschaftlichen Arbeitens angesehen. Idealerweise gelingt es Ihnen die Limitationen Ihrer eigenen Arbeit geschickt mit dem Aufzeigen weiteren Forschungsbedarfs zu verknüpfen. Ist Ihr Untersuchungssample z. B. einer geografischen Restriktion unterworfen, da Sie eventuell nur deutsche Unternehmen untersucht haben, so könnten Sie auf die eingeschränkte Generalisierbarkeit Ihrer Ergebnisse hinweisen und zudem eine Wiederholung Ihrer Studie in anderen Länderkontexten anregen.

Im Rahmen **empirisch-qualitativer Abschlussarbeiten** sollten Sie ebenfalls zunächst davon ausgehen, dass Ihr Forschungsdesign zur Beantwortung der von Ihnen aufgestellten Forschungsfrage geeignet ist und Ihre Befunde methodisch sauber erhoben worden sind.

Anders als bei quantitativen Abschlussarbeiten besteht die größte Herausforderung in der qualitativen Forschung darin, die ermittelten Ergebnisse ordnen, interpretieren und abstrahieren zu müssen. Um dies zu leisten, können Sie die nachfolgenden Fragen als Anregungen verwenden:

(1) Wie lassen sich Ihre Ergebnisse vor dem Hintergrund des theoretischen Rahmens interpretieren? Hier ordnen Sie Ihre Ergebnisse ihrem inhärenten Sinn nach in ein bereits bestehendes Theoriegebäude ein.

(2) Welche Ergebnisse lassen sich nicht in den theoretischen Rahmen einordnen? (Dies sind die interessantesten Befunde!)
(3) Wie lassen sich die Ergebnisse schematisch, z. B. in einem Modell, abbilden? Hier leisten Sie die bedeutsame Integration Ihrer Ergebnisse in einem in sich schlüssigen Rahmen, der beispielsweise die Grundlage für nachfolgende quantitative Arbeiten darstellen kann.
(4) In welchen Punkten müssen bestehende theoretische Grundlagen ergänzt oder überdacht werden? Dies heißt beispielsweise die folgenden Fragen zu beantworten: Welche weiteren Konstrukte sollten zusätzlich in eine Theorie integriert werden? Welche bestehenden Konstrukte sollten weiter ausdifferenziert werden? Was widerspricht bestehenden theoretischen Grundannahmen?

Weiterführende Ausführungen zur Konzeption und Ausgestaltung relevanter und interessanter wissenschaftlicher Arbeiten können Sie beispielsweise Lipson (2005), Barley (2006) oder Wright (2015) entnehmen.

Literatur

Barley, S. R. (2006). When I write my masterpiece: thoughts on what makes a paper interesting. *Academy of Management Journal, 49*(1), 16–20.
Berger, D. (2010). *Wissenschaftliches Arbeiten in den Wirtschafts- und Sozialwissenschaften: Hilfreiche Tipps und praktische Beispiele* (2. Aufl.). Wiesbaden: Springer Gabler.
Karmasin, M., & Ribing, R. (2010). *Die Gestaltung wissenschaftlicher Arbeiten: Ein Leitfaden für Seminararbeiten, Bachelor-, Master- und Magisterarbeiten sowie Dissertationen* (5. Aufl.). Wien: facultas.wuv.
Lipson, C. (2005). *How to write a BA thesis: A practical guide from your first ideas to your finished paper*. Chicago, London: University of Chicago Press.
Müller-Seitz, G., & Braun, T. (2013). *Erfolgreich Abschlussarbeiten verfassen: Im Studium der BWL und VWL*. München: Pearson.
Stickel-Wolf, Ch , & Wolf, J. (2005). *Wissenschaftliches Arbeiten und Lerntechniken: Erfolgreich studieren – gewusst wie!* (3. Aufl.). Wiesbaden: Gabler.
Theisen, M. R. (1998). *Wissenschaftliches Arbeiten: Technik-Methodik-Form* (9. Aufl.). München: Vahlen.
Walgenbach, P. (2000). *Die normgerechte Organisation: Eine Studie über die Entstehung, Verbreitung und Nutzung der DIN EN ISO 9000er Normenreihe*. Stuttgart: Schäffer-Poeschel.
Wright, P. M. (2015). Rethinking "Contribution". *Journal of Management, 41*(3), 765–768.

Anhang

Anhang 1: Call for Papers: „Strategic Management Theory and Universities"

Siegel, D.; Teece, D. (2015): Special Issue of Strategic Organization: "Strategic Management Theory and Universities". Strategic Organization, 13(4): 365–367.

The university—or what Clark Kerr ([1963] 2001) called the "multiversity"—is a complex organization that has been of interest to scholars in a range of disciplines, including economists studying decision-control structures (Fama and Jensen, 1983; Williamson, 1983) or the role of the university in industrial innovations (Rosenberg and Nelson, 1994), organization theory scholars (e. g. Cohen et al., 1972), and sociologists (e. g. Zajac and Kraatz, 1993). The subject of the university is more than an academic question. Its importance in public life has long been recognized. In the United States, federal funding for university-based basic research has been an important component of science and innovation policies. University ownership of inventions developed under federal funding was a major change that resulted from the Bayh–Dole Act of 1980. A considerable body of academic research assesses the effects of intellectual property and technology transfer policies on research activity and on academic and business communities. Recognizing a dual focus on both academic research and commercially oriented activities, Ambos et al. (2008) argued that universities can resolve tension by being ambidextrous and creating dual structures. Lockett et al. (2005) highlighted the business development capability of technology transfer offices, selecting inventions with greater commercialization prospects. Studies have also focused on the roles and capabilities of technology transfer offices and pointed out limitations (Siegel et al., 2007). Zucker et al. (1998) supported the idea that star scientists are also successful in generating commercial benefits while maintaining the excellence of their academic research. While these studies draw attention to the administration of universities, they do not fully address strategic management issues confronting universities.

Universities face great pressure to make higher education more affordable and more effective. The universities' success in attracting resources and high-caliber staff and students, and perhaps fundamentally changing the universities' business model, may be essential for long-run survival. Few theoretical frameworks have been employed to address organizational changes and strategies in universities and in helping university leaders respond to challenges and achieve strategic goals. Better strategic management and planning is crucial to sustainable success (Cyert, 1983). In this Special Issue, we seek contributions that will help us understand how complex non-profit organizations like universities can be better managed to sustain and enhance by establishing new business models (and associated revenue streams), while avoiding (or managing) conflicts and sustaining commitments to the fundamental purpose of the university. We hope to spur contributions on how improved management theory can be applied to running the university. We encourage submissions that offer illumination and insight into the strategic management of universities by using strategy concepts (e. g. competitive advantage, organizational capabilities, business model designs, sustainable performance), important phenomena (e. g. the role of technology in education, resource-allocation decisions, university governance, innovation ecosystems), or theoretical streams (e. g. historical, sociological, and economic analyses of universities; evolutionary approaches to strategy; leadership; dynamic capabilities; strategic behavior). Research questions that might be addressed include the following:

Sources of competitive advantage of the university

- How do the intangible resources (such as histories and cultures) of particular universities impact their performance and ability to transition?
- How and why do certain universities gain a competitive advantage in rapidly changing markets?
- How significant are operational performance differences among universities within and across nation states?

Governance and organizational boundary issues

- How does the rise of academic entrepreneurship and university–industry partnerships affect the governance of research universities?
- How are successful universities effectively linked to external stakeholders?
- How can universities overcome localization and reach out for distant and new knowledge and resources?

Strategy formulation and implementation in universities

- What parallels exist between levels of strategy? Do strategies made at the individual faculty level affect strategies at the campus management level, or vice versa?
- How can faculty be best engaged in long-run strategic issues?
- How important are resources and capabilities in formulating strategies in universities?
- Can business model redesigns (reconfigurations) help transform smaller colleges?

Strategic change in universities

- What are the primary sources or drivers of institutional change?
- What factors influence how universities respond to organizational change?
- What do university administrators do if faculty becomes a roadblock to necessary change? [...]"

Anhang 2: Übersicht an Verbundkatalogen

Verbunddatenbank	Beteiligte Organisationen	Webseite
GVK – Gemeinsamer Verbundkatalog des Gemeinsamen Bibliotheksverbundes (GBV)	Universitäten aus Bremen, Hamburg, Mecklenburg-Vorpommern, Niedersachsen, Sachsen-Anhalt, Schleswig-Holstein und Thüringen	http://gso.gbv.de/
SWB – Südwestdeutscher Bibliotheksverbund	Universitäten aus Baden-Württemberg, Saarland, Sachsen und Spezialbibliotheken aus anderen Bundesländern	http://swb.bsz-bw.de/
BVB – Bibliotheksverbund Bayern	Bayern	
HBZ – Verbundkatalog der Hochschulbibliotheken	Nordrhein-Westfalen, Rheinland-Pfalz	http://www.hbz-nrw.de/
HeBIS – Hessisches Bibliotheks- und Informationssystem inkl. HeBIS-Retro (Bücher vor 1986)	Hessen	http://www.hebis.de/
KOBV – Kooperativer Bibliotheksverbund Berlin-Brandenburg	Berlin, Brandenburg	http://www.kobv.de/
DNB – Deutsche Nationalbibliothek	Leipzig, Frankfurt am Main	http://www.dnb.de/
StaBiKat – Kataloge der Staatsbibliothek zu Berlin	Berlin	http://stabikat.staatsbibliothek-berlin.de/
TIB – Technische Informationsbibliothek Hannover	Universität Hannover	http://www.tib.uni-hannover.de/

Anhang 3: Beispiel Abstracts

Bestandteile eines Abstracts (die Markierungen dienen der Kenntlichmachung einzelner inhaltlicher Elemente):

- Was ist der zentrale Untersuchungsgegenstand?
- **Welches Forschungsfeld (Theoriestränge) wird/werden adressiert?**
- Welche grundlegende Argumentation wird entwickelt bzw. welche zentralen Zusammenhänge werden überprüft?
- *Welche Forschungsmethode wird (an welchem Sample) angewendet („empirical setting")?*
- Was sind die wesentlichen Befunde?

Lin, K. H.; & Tomaskovic-Devey, D. (2013): Financialization and US income inequality, 1970–2008. *American Journal of Sociology*, 118(5): 1284-1329.

Focusing on *U.S. nonfinance industries*, we examine the **connection between financialization and rising income inequality.** We argue that the increasing reliance on earnings realized through financial channels decoupled the generation of surplus from production, strengthening owners' and elite workers' negotiating power relative to other workers. The result was an incremental exclusion of the general workforce from revenue-generating and compensation-setting processes. Using *timeseries cross-section data at the industry level*, we find that increasing dependence on financial income, in the long run, is associated with reducing labor's share of income, increasing top executives' share of compensation, and increasing earnings dispersion among workers. Net of conventional explanations such as deunionization, globalization, technological change, and capital investment, the effects of financialization on all three dimensions of income inequality are substantial. Our counterfactual analysis suggests that financialization could account for more than half of the decline labor's share of income, 9.6% of the growth in officers' share of compensation, and 10.2% of the growth in earnings dispersion between 1970 and 2008.

Frank, K. A.; Muller, C.; & Mueller, A. S. (2013): The embeddedness of adolescent friendship nominations: The formation of social capital in emergent network structures. *American Journal of Sociology*, 119(1): 216-253.

Although **research on social embeddedness and social capital** confirms the value of friendship networks, little has been written about how social relations form and are structured by social institutions. Using *data from the Adolescent*

Health and Academic Achievement study and the National Longitudinal Study of Adolescent Health, the authors show that *the odds of a new friendship nomination were 1.77 times greater within clusters of high school students taking courses together than between them. The estimated effect cannot be attributed to exposure to peers in similar grade levels, indirect friendship links, or pair-level course overlap, and the finding is robust to alternative model specifications.* The authors also show *how tendencies associated with status hierarchy inhering in triadic friendship nominations are neutralized within the clusters.* These results have implications for the production and distribution of social capital within social systems such as schools, giving the clusters social salience as "local positions."

MIX
Papier aus verantwortungsvollen Quellen
Paper from responsible sources
FSC® C105338

If you have any concerns about our products,
you can contact us on
ProductSafety@springernature.com

In case Publisher is established outside the EU,
the EU authorized representative is:
**Springer Nature Customer Service Center GmbH
Europaplatz 3, 69115 Heidelberg, Germany**

Printed by Libri Plureos GmbH
in Hamburg, Germany